中国新锐设计师年鉴2010

卢少夫　主编

广东省出版集团　新世纪出版社

图书在版编目(CIP)数据

中国新锐设计师年鉴·2010 / 卢少夫主编. –广州：新世纪出版社，2011.3
ISBN 978-7-5405-4531-4

Ⅰ. ①中… Ⅱ. ①卢… Ⅲ. ①艺术-设计-中国-2010-年鉴 Ⅳ.①J06-54

中国版本图书馆CIP数据核字(2011)第032198号

出 版 人：孙泽军
责任编辑：王小斌 招海萍
责任校对：郭 皓
责任技编：王建慧

主　　编：卢少夫
副 主 编：吴尚君　张燕根　周晓青
编　　委：杨在珽　张　剑　张国锋　高　铁
周阳荪　张淑华　郭　艳　周　游
张永年　霍　楷　王　爽　邓水清
雷海波　冯家敏　邱高桥　林慧敏
制作总监：区文翔　邹　望

网络协作：红动中国 http://bbs.redocn.com
专业合作：视觉中国 http://www.chinavisual.com
特邀媒体：中国设计之窗 http://www.333cn.com
数字设计作品备案中心 http://www.szdc.org
媒介支持：中国艺术设计联盟 http://www.arting365.com
创意在线 http://www.52design.com
插画中国 http://www.chahua.org

中国新锐设计师年鉴·2010
主　　编：卢少夫

出版发行：新世纪出版社
地　　址：广州市大沙头四马路10号
经　　销：新华书店
印　　刷：广州汉鼎印务有限公司
地　　址：广州天河区棠东高沙工业区广棠路21号
开　　本：889mm×1194mm 1/16
印　　张：18
字　　数：180千
印　　数：1-2000册
版　　次：2011年3月第1版 2011年3月第1次印刷
书　　号：ISBN 978-7-5405-4531-4

目 录

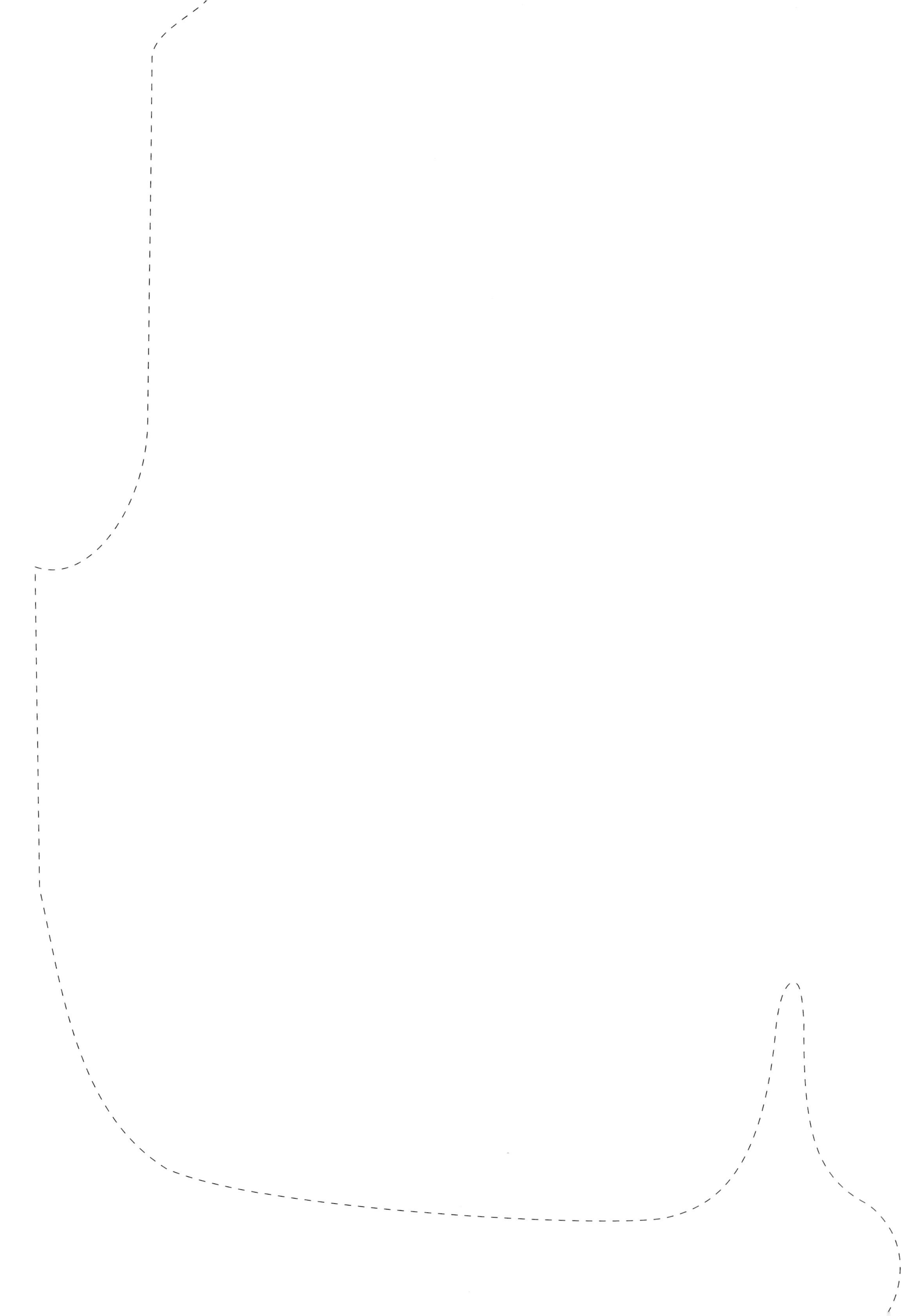

前 言

诺贝尔奖得主杨振宁教授曾在2000年于香港召开的第三届全球华人物理学大会上演讲时提到了“aggressive”，“aggressive”一词有“敢做敢为、锐意进取”的含义，也是对于“勇敢提出新的看法，敢于挑战学术权威”的概括，还可以理解为个人奋斗作风威猛。泛指各领域的后起之秀具有打破陈规的勇气和实力，将来很可能成为某个领域的实力人物或代表。

本书以“70后”及“80后”正处在成长阶段的中青年设计师为主体，以国际风格与本土文化结合为创新主轴，积极引导主动设计意识，打破现有设计隔阂，强调系统思考，将一部分善于发现问题并能解决问题的综合能力较高的新锐设计者及其作品展示出来。

随着中国改革开放所带来的政治、经济及社会的持续快速变化，新的社会环境中已经产生新生代设计师，聚集在这本书里的二百余名设计师就是其中的一部分，他们绝大多数还没有达到自己艺术创作的巅峰，从更高的角度来讲，他们都还没有形成强有力的个人风格，他们的艺术语言还不具备足够强大的表现力，他们触及到的精神世界在深度和广度上都还有待更深地发掘，但是，这是一群在自己的坚定方向上一直努力的创作群体，他们具有“aggressive”的品质，他们在探索进取的同时，也在逐渐形成自身独特的表现语言及艺术风格。不同环境、不同个体、不同思路、不同特征的创作，使中国当代设计界呈现出多元化的设计风貌，虽然其中还有不少缺欠，还不够成熟，但却使中国当代设计艺术的未来发展非常值得期待。

卢少夫

平面类

001

002

姓名：朱睿

性别：男

出生时间：1983年4月

所在城市：深圳

邮箱：Zhu132111@163.com

1983年4月出生，江西九江人，专业从事酒类产品的品牌传播、产品推广、设计以及配套的产品的设计。

001　塞上江南(青花瓷)
002　世纪呼白(量大福大)
003　龙岩(酒具)
004　儒家客
005　唐宋(远缘圆)
006　龙岩
007　翰林春(品系列)
008　梦回湘西(钻石版)

003

004

005

006

007

008

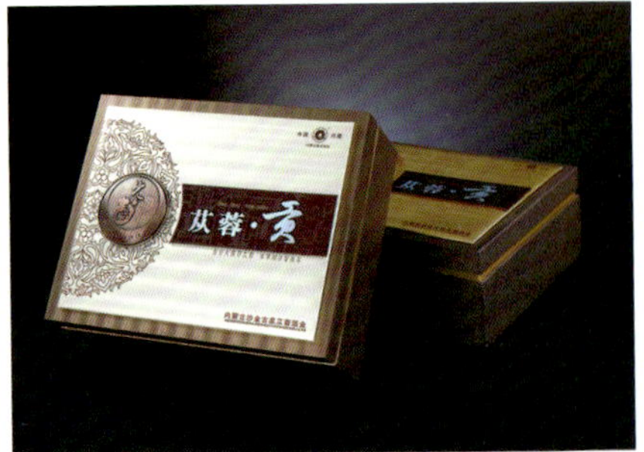

002

003

004

001

姓名：宋斌

性别：男

出生时间：1983年11月

毕业院校：四川美术学院

学位：学士

所在城市：深圳

邮箱：Songbin6666@126.com

四川人，毕业于四川美术学院广告专业。2008年踏入深圳这片美丽的土地，进入白酒包装行业，先后就职于深圳知名白酒包装设计公司。作品曾入选《中国设计年鉴》、获得2009第6届平面包装设计展银奖。

001 祁州

002 苁蓉·贡

003 大窖老酒

004 武夷王

005 红色经典(柳牌)

006 金钢山

007 四川醇(和谐)

008 唐殿春(礼韵)

005

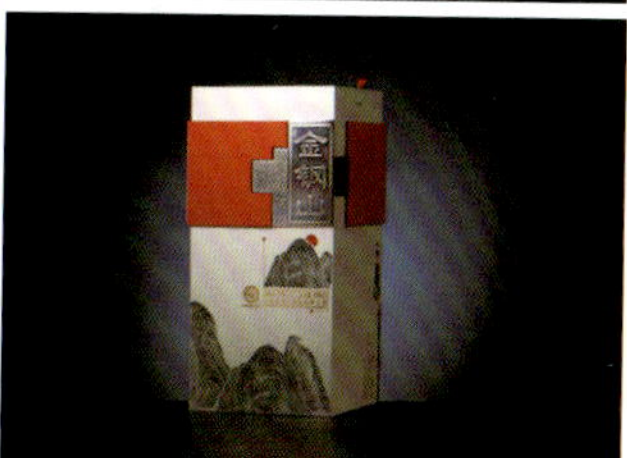

006

007

008

001

002

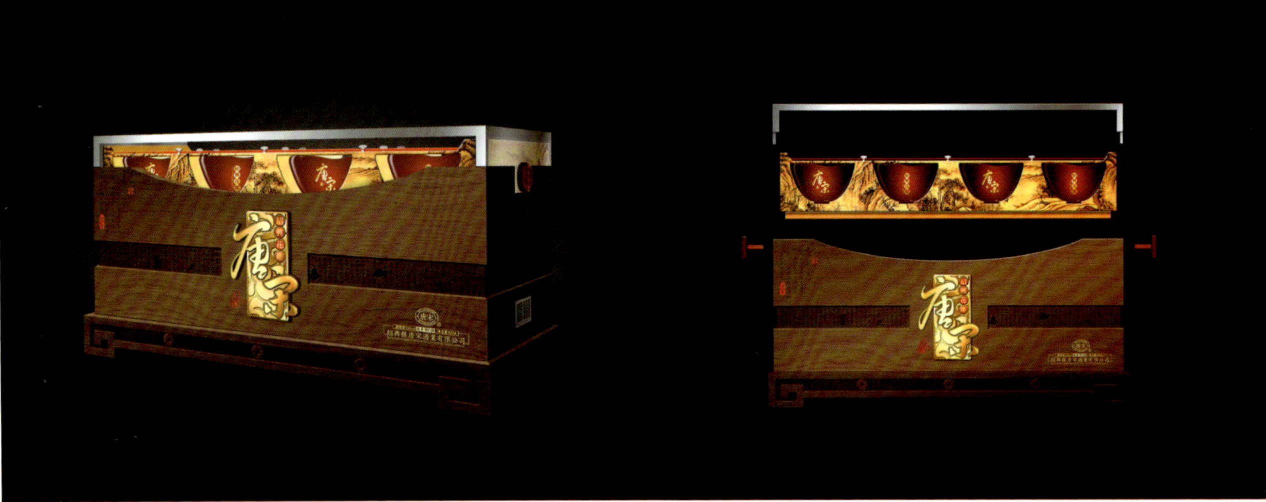

003

姓名：方贵珠
性别：男
出生时间：1984年7月
毕业院校：广西工艺美术学校
学历：大专
所在城市：深圳
邮箱：520fangzhilin@163.com

广西人，2005年毕业于广西工艺美术学校，获大专学历，B级ICAD国际商业美术设计师。曾任广州火太阳包装设计有限公司设计师，现任深圳新思域包装设计有限公司设计总监。

001 尧帝
002 儒家窖
003 唐宋
004 考拉王
005 女儿红
006 肉苁蓉酒
007 汾酒
008 兴隆酒

004

005

006

007

008

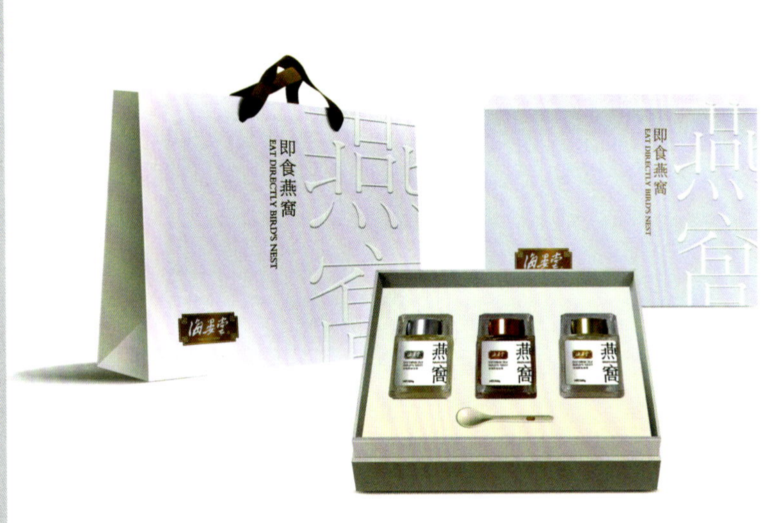

001

004

002

003

姓名：李华清

性别：男

出生时间：1979年12月

所在城市：石家庄

邮箱：Logo607@163.com

2005年创办石家庄华清品牌设计有限公司，担任艺术总监。包装与设计杂志理事，2007年成立“李华清希望基金”，国际流行色协会会员，2009年创立卡勒国际商业色彩公司，CCII国际设计中心全权会员，中国包装联合会设计委员会委员。

001　海晏堂即食燕窝包装
002　北京善谷庄园品牌形象
003　长城果品品牌形象
004　缔道汽车配件品牌形象
005　香港赢和饮品“仲景汤”包装
006　稻香村双蛋饼礼盒包装
007　稻香村酒花面包包装
008　悦力瑜伽品牌形象
009　奇朴奇朴食品包装
010　多可良品干果品包装(1-2)
011　多可良品形象展示

005

006

007

008

009

010

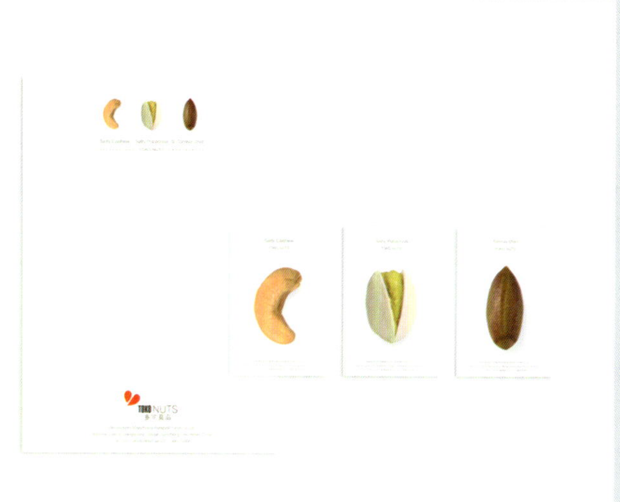

011

INZONE
SOHO
银座公寓

With the word moving my
世界在 我在
电话:0532-82857777
地址: 青岛香港中路与南京路交汇处
银座集团

001

掌控世界的脉搏

002

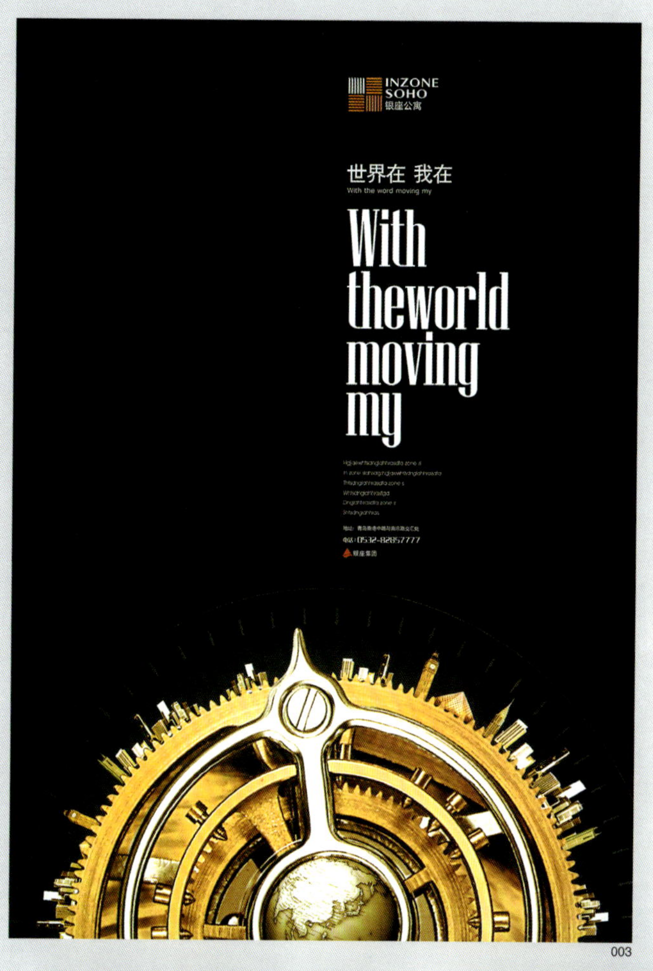

003

004

005

姓名：谢部阳
性别：男
出生时间：1982年9月
毕业院校：湖南商学院
学位：学士
所在城市：深圳
邮箱：xby125@163.com

从事广告设计7年余。曾担任多家广告公司设计总监。曾服务过的客户有中国移动、中国电信、中国联通、亿通手机、万科地产、水榭花都地产、澳达实业、中粮地产等知名品牌。作品被多家专业刊物刊登。曾获2009年中华元素创意设计大赛金翎设计奖、临商银行海报设计二等奖及入围奖、武汉日报60周年徽标设计入围奖、柳州日报60周年徽标设计入围奖、渭南旅游区标志设计三等奖和入围奖等奖项。

001 银座中心——银座公寓广告(1)
002 银座中心——银座国际广告(1)
003 银座中心——银座公寓广告(2)
004 银座中心——银座国际广告(2)
005 云东海高尔夫花园报纸广告(1-3)

001

002

003

004

005

006

007

008

009

010

011

姓名：申健
性别：男
出生时间：1976年4月
毕业院校：山西师范大学
学历：大专
所在城市：上海
邮箱：hadshen@163.com

2003年入行，根据市场倾向设计了大量房产广告，主要为上海置业、仁恒、中邦、万科、红豆集团、华润、瑞安集团等房地产客户提供设计服务，也兼及家具、电器、建筑、咖啡馆、酒店等商业类设计。相信好的作品永远是下一个。

001 NEO咖啡馆标志
002 玲珑翠谷标志
003 绿金记标志
004 君玺标志
005 海仕名门标志
006 中邦・无锡MOHO标志
007 魏玛公馆标志
008 魏玛公馆楼盘广告(1-6)
009 《御花苑》楼书
010 NEO 咖啡馆视觉形象
011 《coast villa》楼书
012 玲珑翠谷视觉形象

012

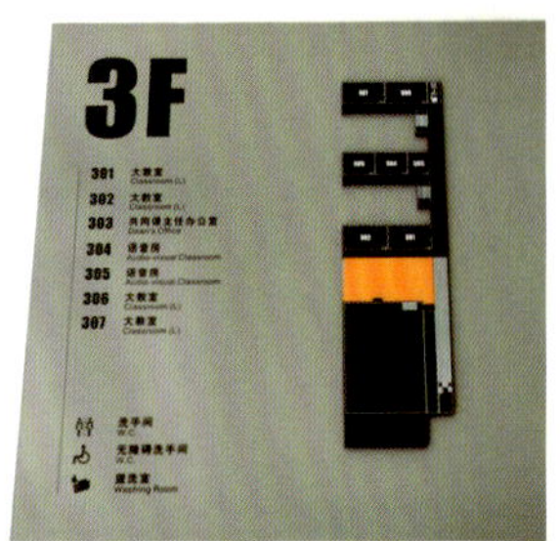

001

商业街区

艺术街区

生态街区

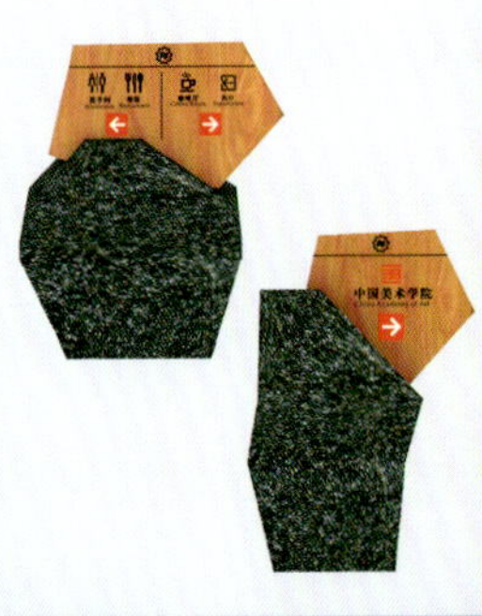

002

姓名： 杨晨曦

性别： 男

出生时间： 1980年7月

毕业院校： 中国美术学院

学位： 博士(在读)

所在城市： 杭州

邮箱： 149059435@qq.com

中国美术学院硕士研究生毕业，博士研究生在读，现为中国美术学院影视广告系教师。创作面涉及平面设计、视觉策划、影视拍摄、动画制作等多个领域。视觉风格稳重务实，长于策划文化类综合性的视觉项目。获得多项国家级奖项，完成多个大型的视觉策划设计项目。2005年完成中国美术学院象山校区指示系统，2008年完成杭州之江国家旅游度假整体形象策划，2009年完成中国国际动漫节官方栏目策划包装，2010年完成赖声川导演《暗恋桃花源》全国巡演宣传及浙江省商务厅形象整合等项目。

001 中国美术学院象山校区指示系统

002 之江国家旅游度假区形象整合

003 中国美术学院传媒动画学院2007届毕业展视觉策划案

004 《象山三望》画册

005 《暗恋桃花源》巡演海报

Three Views of Xiang Shan
象山三望

003

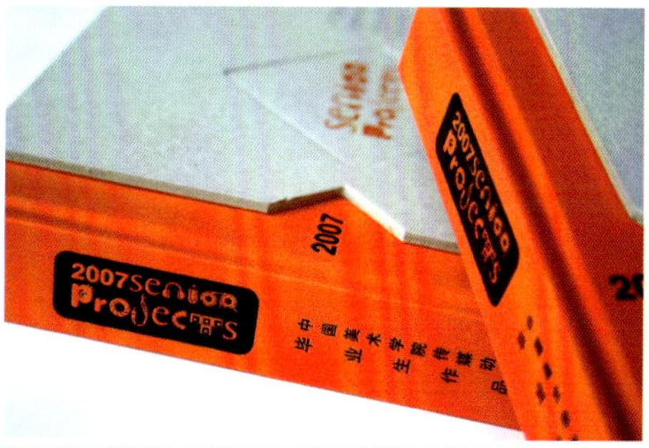

新
暗恋
桃花源
惊艳 2010
赖声川开年首部力作
经典再创造
当话剧混搭越剧
赖声川颠覆赖声川
笑更鲜明 泪更惆怅

005

001

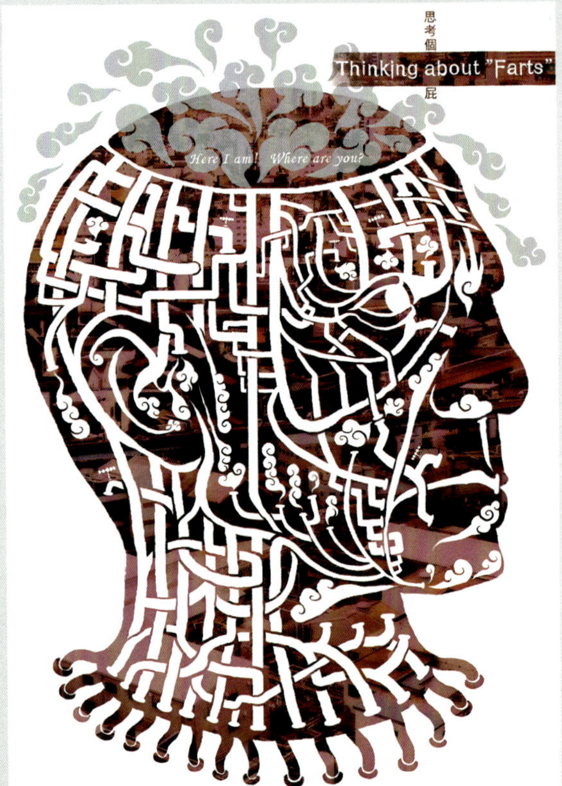

002

003

004

姓名：刘明桦
性别：男
出生时间：1983年1月
毕业院校：“国立东华大学(台湾)”
学位：硕士
所在城市：花莲(台湾)
邮箱：liubig2000@hotmail.com

“台湾国立东华大学”科技艺术研究所研究生。在第13届华文地区时报广告金犊奖大赛中获得金犊奖、银犊奖各一项，在统一企业7-11社区自然故事征文比赛中获得文采首奖，在文建会清心过好年“我们这一家”纪录片征选中获得首奖，在第三届台湾安宁绘画比赛中获得第一名，在第18届华文地区时报广告金犊奖大赛中获得铜奖。

001 Goodbye My Brain
002 Thinking About Farts
003 Naturally as an Animal
004 Simply as a Tree
005 Lonely Fantasy(1-7)
006 什么话都没说
007 意境
008 带我回家

005

006

007

008

001

002

003

004

姓名：霍楷
性别：男
出生时间：1979年4月
毕业院校：鲁迅美术学院
学历：硕士
所在城市：沈阳
邮箱：Ln_huokai@163.com

鲁迅美术学院硕士研究生毕业，现为东北大学艺术学院教师。获国内外设计奖项逾百，指导学生获奖项数百。设计作品曾参加美国巡回展，2007-2010年韩国国际数码邀请展，第六、第七届首尔亚细亚国际海报三年展，韩国大邱国际海报展，中国之星，中南星奖，广东之星，西部之星，华东大奖等各大展赛，荣获最佳设计奖、金、银、铜等各类奖项，并荣获“中国百名杰出青年设计人才”称号、“东三省青年设计百杰”称号及多项“最佳指导教师奖”、“最佳组织奖”和“2008、2009两次全国高校美术名师奖”等。出版著作《招贴设计基础》、《广告理论研究与设计实践教程》、《现代招贴设计与实训》等。

001 庆祝新中国60年华诞
002 庆祝澳门回归10周年——清水出芙蓉
003 时间与生命
004 支离破碎的保护伞
005 关注地球
006 保护原创设计
007 索取与拯救能源
008 索取与拯救
009 索取与拯救水资源
010 我们的地球 我们的母亲
011 一滴恒久远 生命永流传
012 如此循环
013 警惕牛奶安全
014 团结就是力量
015 保护环境 关注水源

005

006

007

008

009

010

011

012

013

014

015

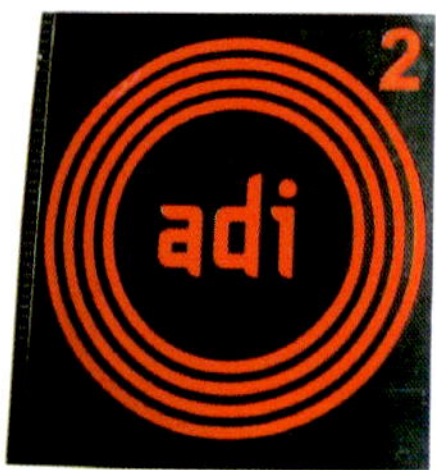

001

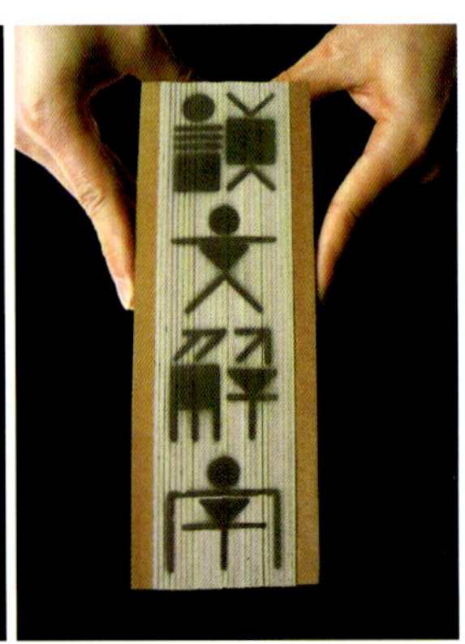

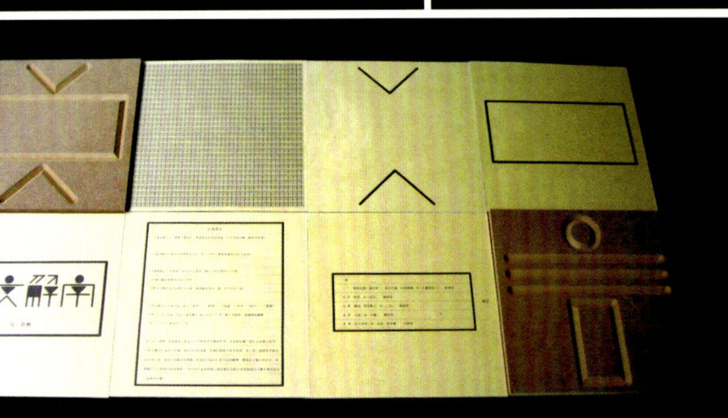

002

003

004

005

006

007

姓名：李朝胜
性别：男
出生时间：1983年10月
毕业院校：中国美术学院
学位：硕士(在读)
所在城市：杭州
邮箱：aotu1012@163.com

作品曾入选GDC平面设计在中国2009展、澳门「十」海报作品展、第九届富山国际海报三年展。曾获得第五届“方正奖”中文字体设计大赛优秀奖，中国印象·我爱中国主题创意海报展优秀设计奖，靳埭强设计奖2008全球华人大学生设计比赛入选奖，2008中国之星设计艺术大奖优秀设计奖，靳埭强设计奖2007全球华人大学生设计比赛优秀奖，第四届“方正奖”中文字体及海报设计大赛入围奖等多项奖励。

001 《adi2》装帧
002 《说文解字》装帧
003 包装之美
004 全球变暖 长城在消失
005 十全十美
006 爱中国
007 “活”的压力

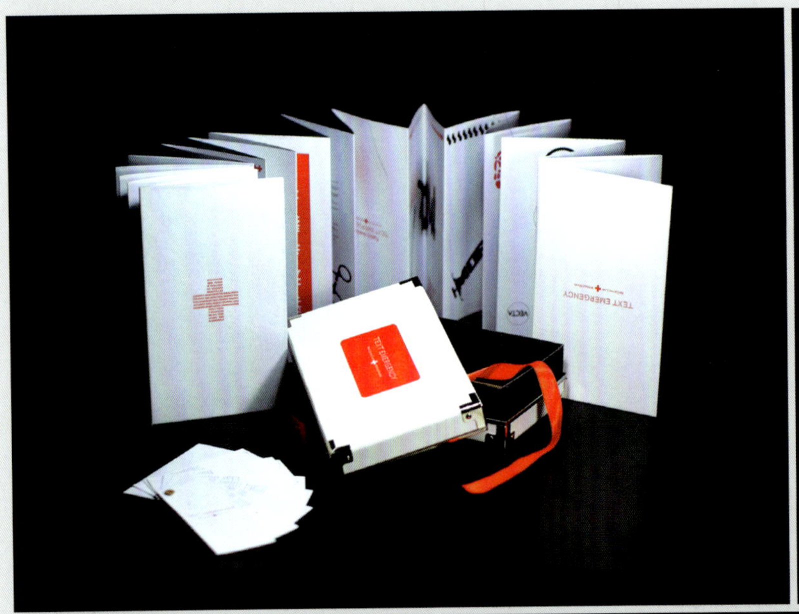

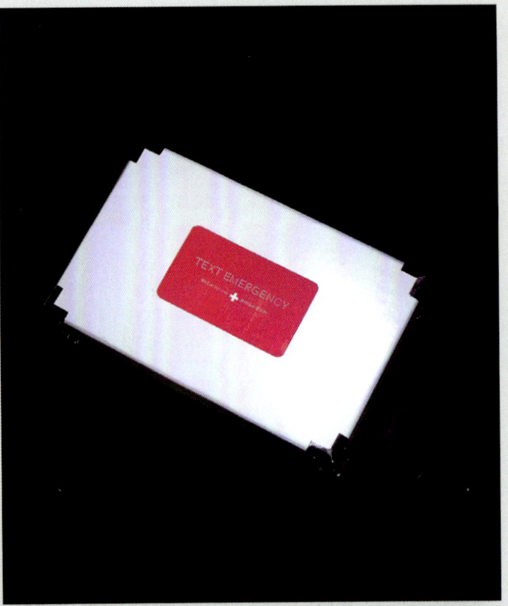

001

002

003

004

005

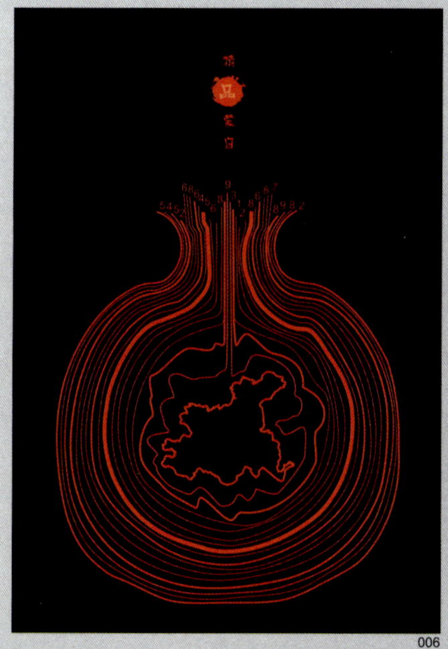
006

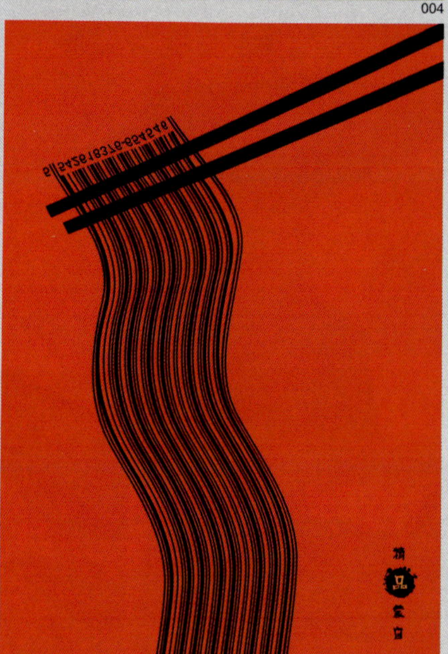
007

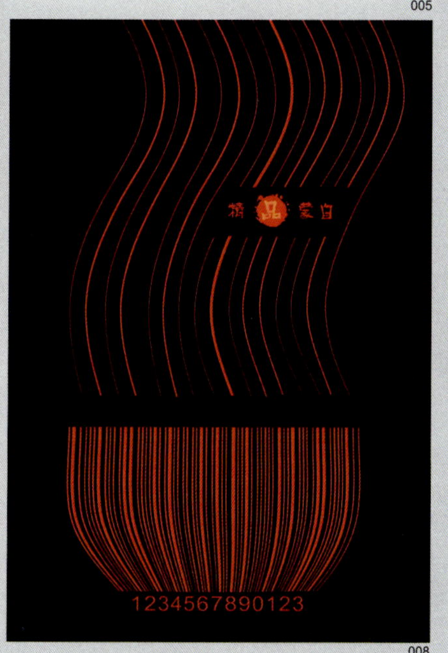

008

姓名：刘宝

性别：女

出生时间：1987年 6月

毕业院校：鲁迅美术学院

学位：硕士

所在城市：大连

邮箱：lafagao@163.com

现为鲁迅美术学院教师助教。2009年，系列海报作品《精品蒙自》获金犊奖全场大奖。获大连啤酒节节旗设计二等奖，沙雕设计作品《海之韵》获大连沙雕比赛银奖，全球暖化公益广告设计(拯救篇)荣获第十九届金犊奖大陆地区二等奖，海报作品《斗牛篇》荣获第十九届金犊奖大陆地区一等奖，《牛角篇》荣获第十九届金犊奖大陆地区二等奖，《文字急救》获天鹅奖。多件作品入选国内专业出版物。

001　《文字急救》装帧

002　台北6636全球暖化公益广告(拯救篇)

003　台北6636全球暖化公益广告(流淌篇)

004　精品蒙自(1)

005　精品蒙自(2)

006　精品蒙自(3)

007　精品蒙自(4)

008　精品蒙自(5)

009　黑白世界(包装)

009

001

002

003

004

005

006

007

008

009

010

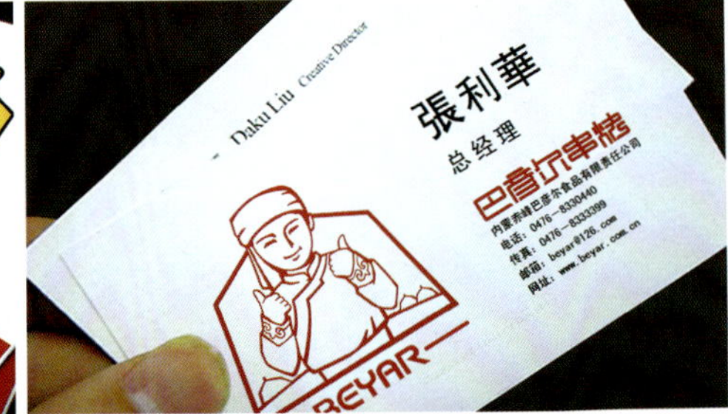

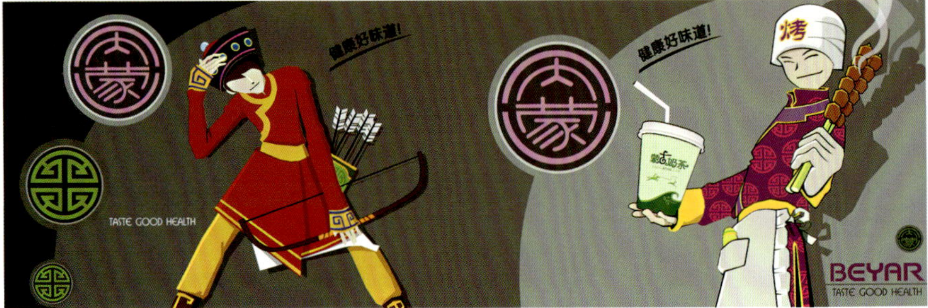

011

包装辅助标志

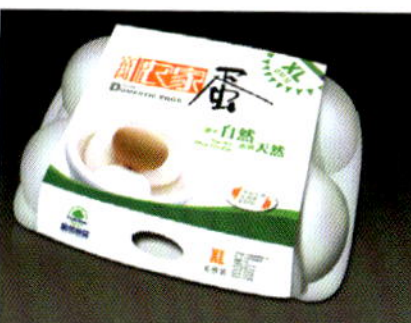

012

013

姓名：张野
性别：男
出生：1980年6月
毕业时间：北京理工大学
学位院校：博士
所在城市：北京
邮箱：531892226@qq.com

北京交通大学建筑与艺术系教师，硕士研究生导师。曾在多个公司兼任设计总监及美术指导，参与和实施各类设计项目近百项，多次获国家级设计竞赛奖励。较擅长围绕品牌形象整合创新进行视觉传达设计和展示设计，曾服务过新浪、百强家具、华鹤家具、蓝鸟家具、丰田、西门子、清华大学等国际国内知名企事业单位，并为数十家新兴企业进行了品牌形象的咨询开发与设计工作。

001 神璧标志
002 宏悦美厨标志
003 开心蛙标志
004 牛城牛酒标志
005 哈利木屋标志
006 一棵一阁木门标志
007 巴彦尔串烤标志
008 优觅超市标志
009 宏达集团宏悦美厨视觉形象
010 百强家具哈利木屋视觉形象
011 巴彦尔串烤连锁店视觉形象
012 富岗食品品牌形象
013 大狗文化吉祥物
014 加分猫吉祥物
015 一棵一阁木门品牌形象

吉祥物主形象

标志与产品标准字

吉祥物应用

014

015

001

002

003

004

005

006

姓名：刘磊
性别：男
出生时间：1984年7月
毕业院校：郓城县树人中学
学历：高中
所在城市：烟台
邮箱：dxmian@126.com

山东郓城人，山东非物质文化遗产研究中心老字号设计艺术研究所所长。曾获第十届华东设计大奖赛未来之星设计奖、山东省艺术院校美术大赛一等奖、齐鲁之星银奖、首届山东省泰山文艺奖以及多项其他各类专业奖项。《非物质文化遗产档案・周村烧饼》由文化艺术出版社出版发行。

001 银界饰品礼品店标志
002 清梅居食品有限公司标志
003 东富豪跑马俱乐部标志
004 山东福胶集团标志
005 点线面品牌设计管理机构标志
006 《潍坊红木嵌银漆器传统手工技艺》装帧(1)
007 《崔字小磨香油传统技艺》装帧
008 《潍坊红木嵌银漆器传统手工技艺》装帧(2)

007

008

001

002

姓名：范珺
性别：男
出生时间：1982年10月
毕业院校：福建师范大学
学位：学士
所在城市：福州
邮箱：7681659@qq.com

毕业于福建师范大学美术学院，现为东南卫视广告部设计指导，主要负责东南卫视自身品牌的平面宣传，包括各种媒体、会议及推广活动，在媒体的风格定位、品牌推广、平面广告宣传方面有着自己的独特见解和出众的塑造能力。

001　东南卫视2009新年贺卡
002　东南卫视请柬(1)
003　东南卫视杂志
004　东南卫视2010新年贺卡
005　东南卫视请柬(2)
006　东南卫视画册

003

THE
SOUTH EAST
TV
STATION
HAPPY
NEW
YEAR
&
BEST
WISHES
2010
HAPPY
NEW YEAR
有人说，电视像一面镜子，
折射出生活的影子
请柬
Invitation
Invitation
from
SETV
东南卫视
东南
卫视

004

005

006

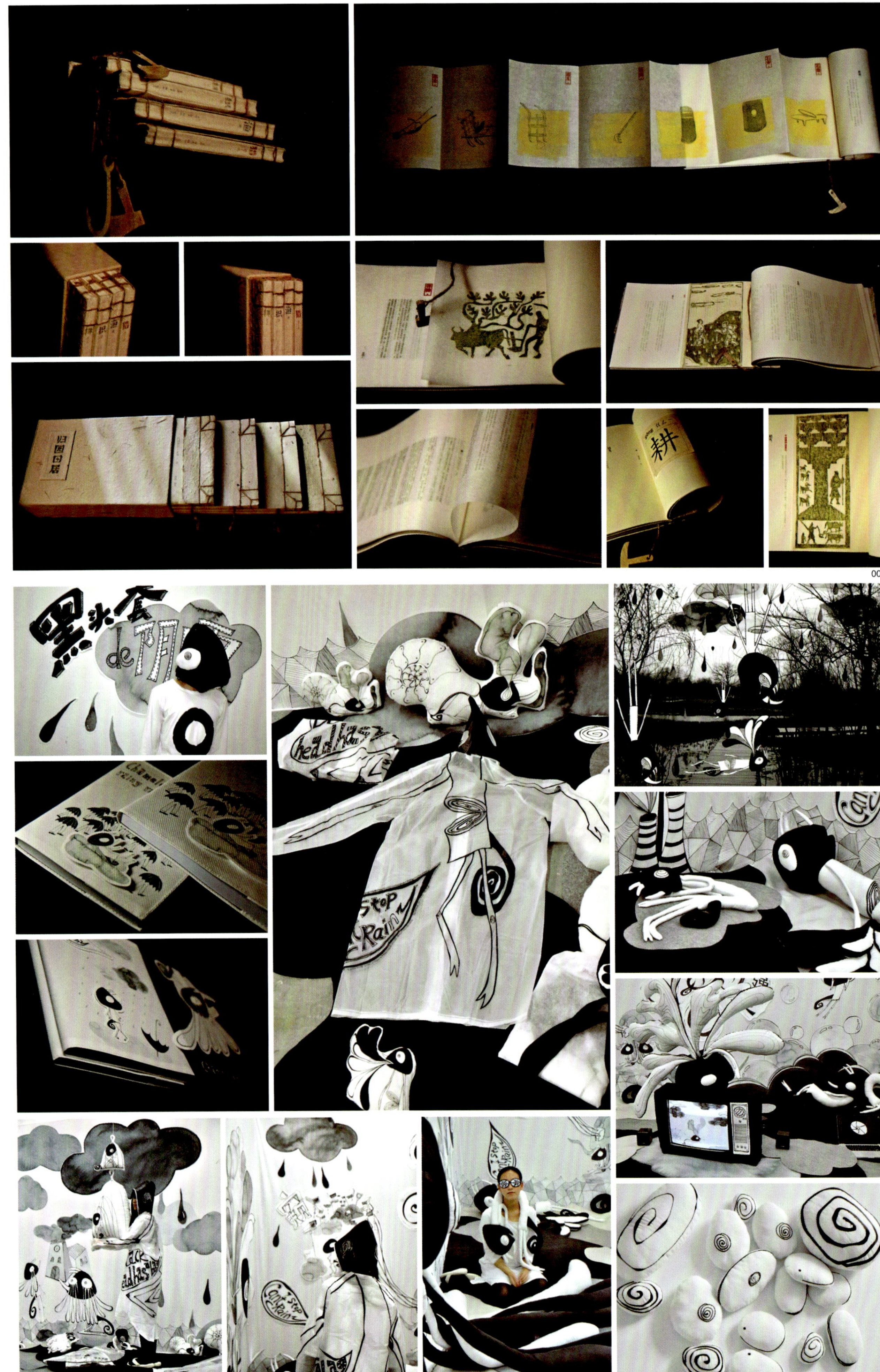

001

002

003

姓名：苗倩

性别：女

出生时间：1987年12月

毕业院校：中国美术学院

学位：学士

所在城市：杭州

邮箱：ala871208@sina.com

毕业于中国美术学院平面设计系，多次在世界之星、中国包装之星、白金创意等国内外专业比赛中获奖，做过多个项目的品牌设计，参与多个奢侈品牌和高端地产的策划和设计工作。

001 《归园田居》装帧

002 黑头套的阴霾

003 纽扣商店

004 King oak葡萄酒包装

004

001

002

003

004

005

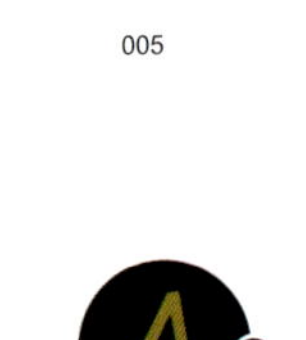

006

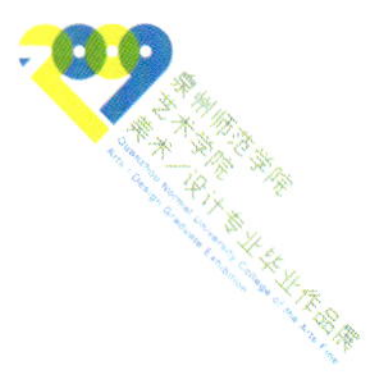
007

008

姓名：黄磊

性别：男

出生时间：1988年10月

毕业院校：泉州师范学院

学位：学士

所在城市：泉州

邮箱：Huang_0046@163.com

泉州锦绣文化传播有限公司创意总监。2009年标志作品入选GDC平面设计在中国2009展；2008年获福建省首届艺术设计大展铜奖两项；2008年数件作品入围第十六届时报金犊奖并获大陆优选奖。

001	鲤城大酒店标志
002	三石设计标志
003	锦绣庄民间艺术园标志
004	花之源标志
005	中源房地产标志
006	A8台球俱乐部标志
007	毕业作品展标志
008	《反正是设计》装帧
009	锦绣庄民间艺术园视觉形象
010	中源房地产视觉形象
011	晕红篇(化妆品广告)
012	脱落篇(化妆品广告)

010

009

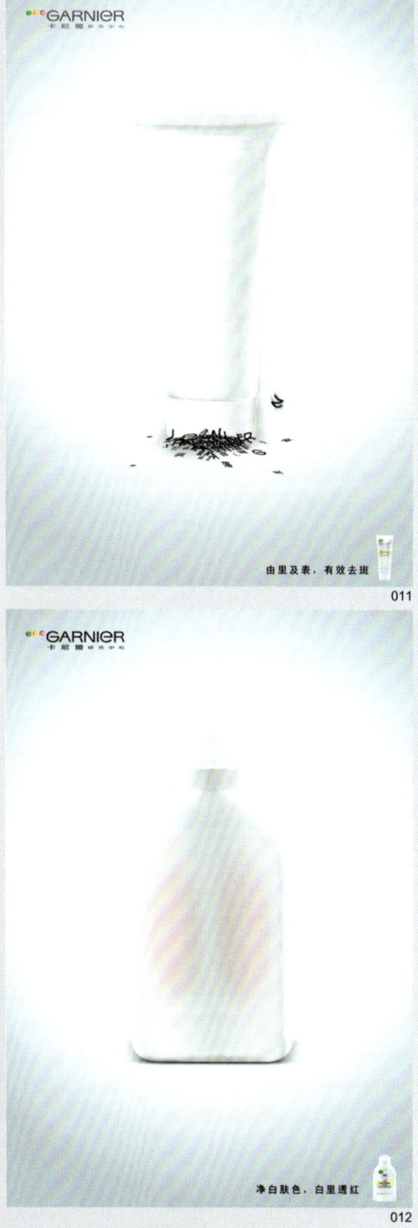

011

012

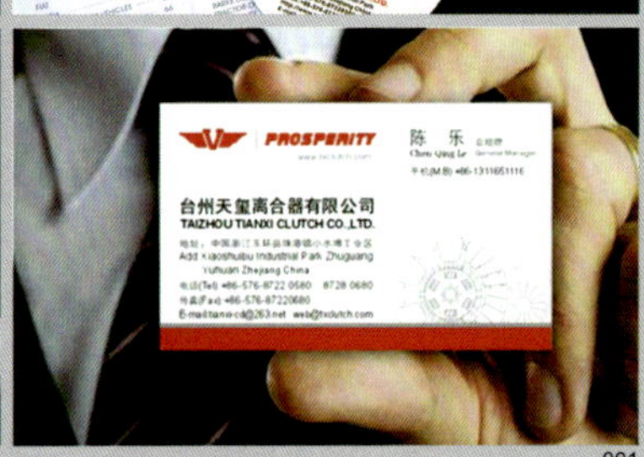

001

002

姓名：吴龙
性别：男
出生时间：1978年7月
学历：高中
所在城市：玉环
邮箱：HTVIS@163.com

很庆幸走上了艺术的道路，"鸿图"公司是其实现梦想的地方。带领团队废寝忘食去创作，为了突破自我，走遍中国。2007年在众多设计公司竞争中脱颖而出，成功竞得"浙江双友股份有限公司"上市公司画册的设计项目，经过深入沟通，圆满完成设计任务，深受客户赞誉，并在行业中确定了高端品牌设计的定位。公司目前有300多家长期客户，公司为客户提供全面、专业、贴心的品牌服务，为企业创造更多的价值。

001　天玺离合器有限公司视觉形象
002　艺禾汽车配件制造厂视觉形象
003　波格机械有限公司视觉形象
004　艾特公司产品画册
005　凯迪汽车零部件有限公司视觉形象
006　浙江天元机电有限公司视觉形象
007　芜湖禾田汽车工业有限公司视觉形象

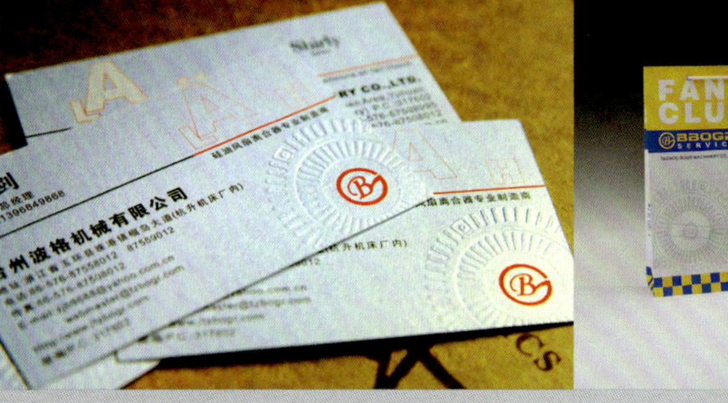

003

004

005

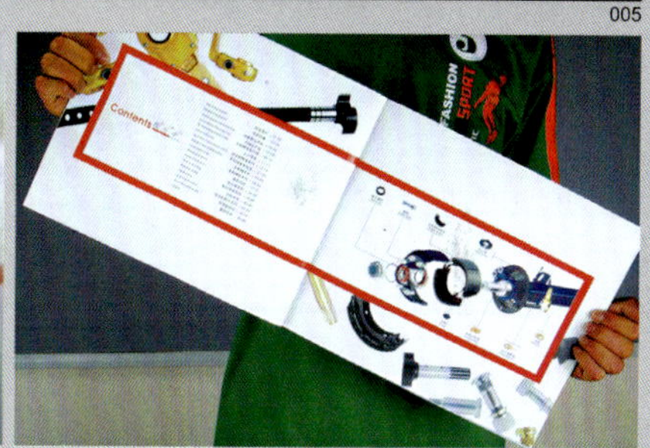

006

007

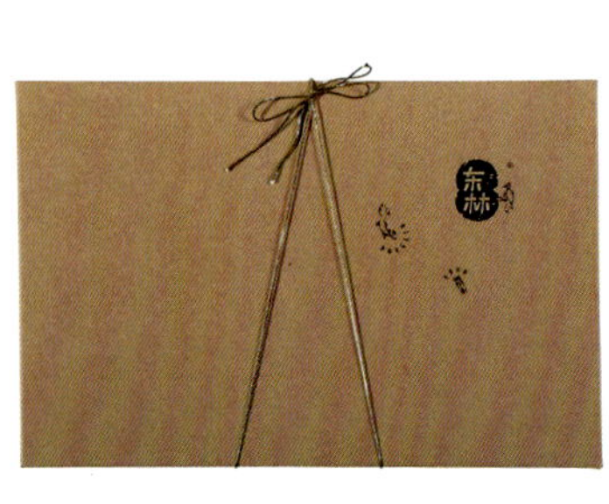

001

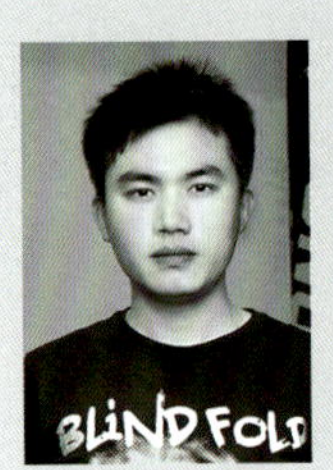

姓名：梅竞放

性别：男

出生时间：1979年6月

毕业院校：中国美术学院

学历：本科

所在城市：杭州

邮箱：hzdyad@126.com

毕业于中国美术学院，现为杭州东韵广告策划有限公司创作总监，国际平面设计社团协会联合会员，首都企业形象研究会全权会员。中国美术学院DMBA合作伙伴。专注于品牌形象识别设计及推广服务，作品多次获得国内外众多奖项，包括第5届国际商标标志双年展优秀奖、国际扇面设计邀请展优秀奖、GDC平面设计在中国2007展优秀奖、第6届国际商标标志双年展优秀奖、GDC平面设计在中国2009入选奖2项等，作品多次入选国内专业出版物。

001 东林食品品牌形象

002 东林山核桃专业合作社品牌形象

003 东韵品牌顾问品牌形象

004 金桥印刷品牌形象

005 八年抗战品牌形象

006 老油车品牌形象

007 康美来品牌形象

008 安驿快递品牌形象

002

003

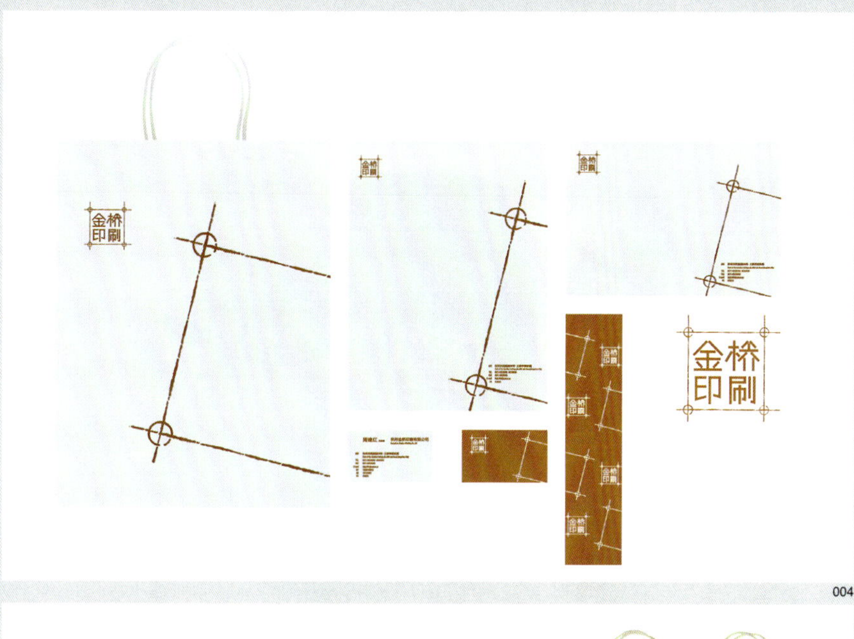

004

006

005

007

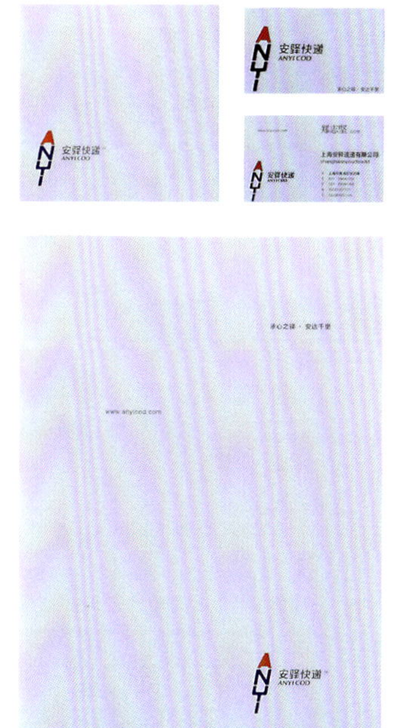

008

001

002

005

003

004

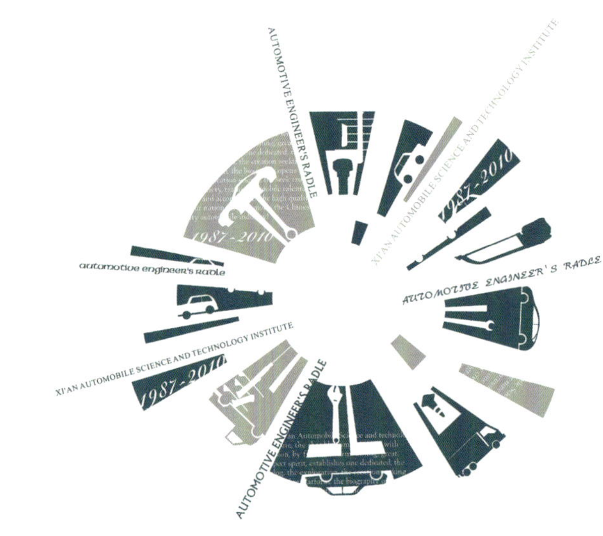

姓名：何建华

性别：男

出生时间：1984年4月

毕业院校：陕西科技大学

学位：学士

所在城市：西安

邮箱：sunflowerriver@163.com

2002年本科毕业于陕西科技大学。一直从事平面设计行业，现为西安品艺堂品牌设计公司设计总监。坚信设计能改变世界。

001	西安汽车科技学院标志
002	SSC 陕西省标识协会标志
003	西安铂丽婚纱定制会馆标志
004	西安 “龙” 装饰标志
005	CAA 田径协会视觉形象开发
006	西安汽车科技学院视觉形象开发
007	武汉体育中心导视符号设计
008	万科集团西安公司办公环境装饰符号

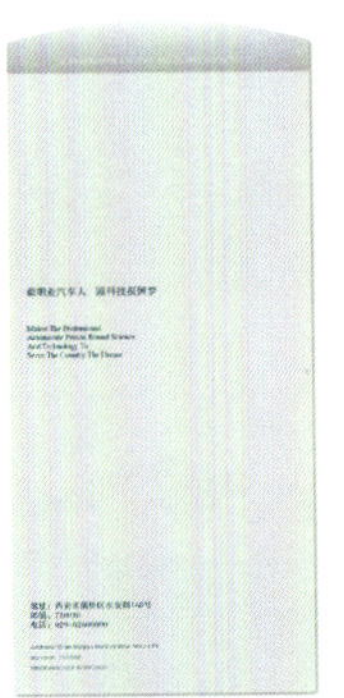
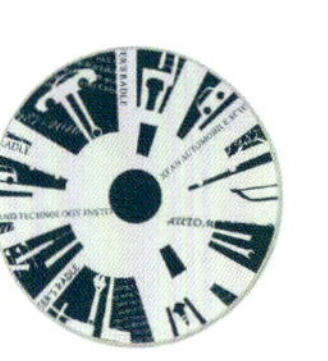

006

Football Centre
足球中心

Tennis Ball Centre
网球中心

Croquet Centre
门球中心

Swimming Hall
游泳中心

Basketball Centre
篮球中心

Gymnasium
主场馆 符号

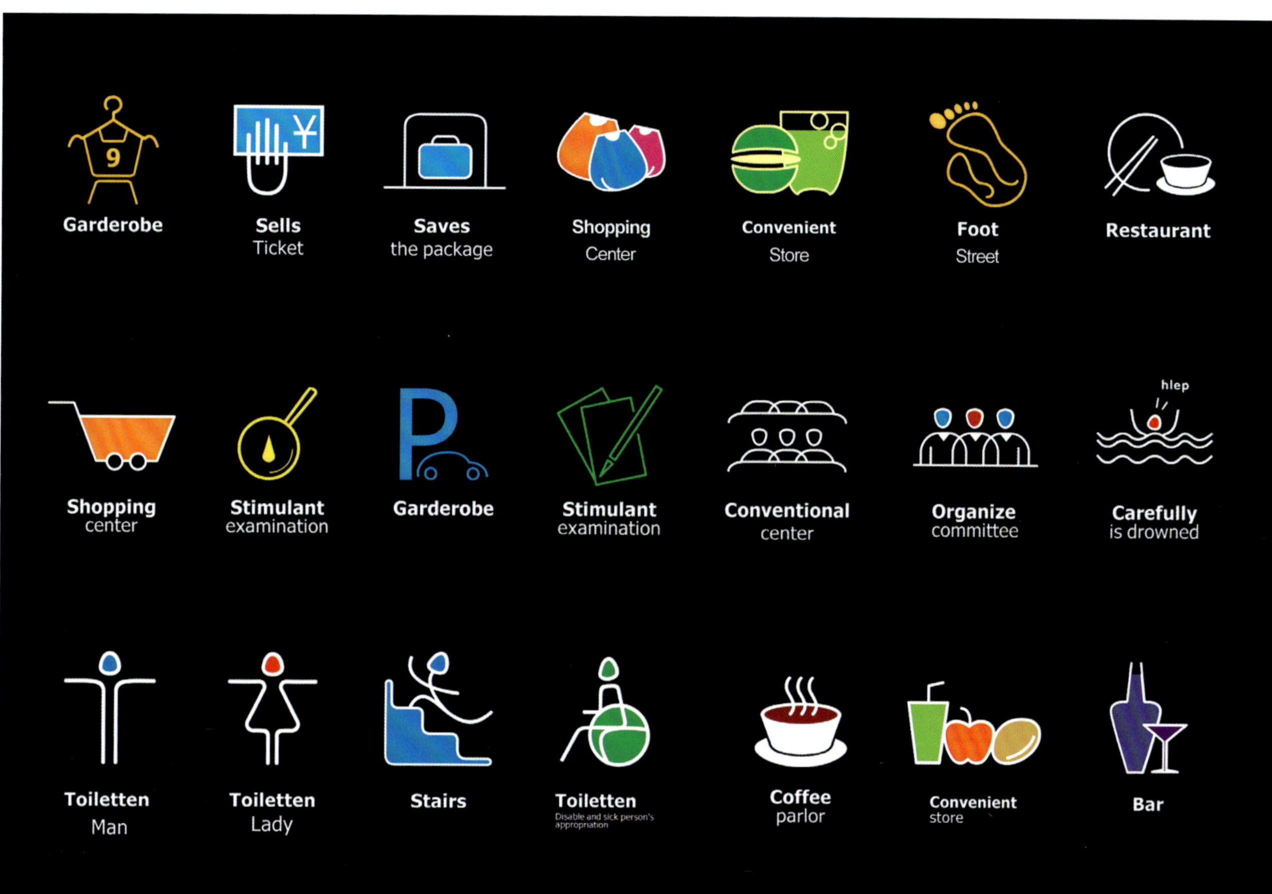

007

008

001

002

003

004

姓名：王玉珏

性别：女

出生：1983年7月14日

毕业时间：广西艺术学院

学位院校：硕士(在读)

所在城市：南宁市

邮箱：wyj670@sohu.com

广西艺术学院硕士研究生在读。插画作品《数字物语》获2009第二届全国插画艺术展学生组金奖，插画作品《绘趣》获GDC平面设计在中国2009学生组银奖。海报《汉王绘画板》荣获第三届全国大学生广告艺术大赛全国二等奖、第三届全国大学生广告艺术大赛广西赛区二等奖，并入选第一届德中平面设计双年展。作品《维纳斯之美——自然美》荣获绿色和平公益海报设计优秀奖，作品《心维联络》入选靳埭强设计奖2008全球华人大学生设计比赛，插画作品《数字物语》入选靳埭强设计奖2009全球华人大学生设计比赛，作品《Heart to thought》入选庆祝中华人民共和国成立60周年广西美术作品展览。

001	木面之艺(1)
002	木面之艺(2)
003	木面之艺(3)
004	木面之艺(4)
005	数字物语
006	汉王绘画板系列之中国力量
007	汉王绘画板系列之中国气派
008	汉王绘画板系列之创意中国
009	惑活?
010	绘趣(1)
011	绘趣(2)
012	维纳斯之美——自然美
013	减碳达人(1)
014	减碳达人(2)

005

006

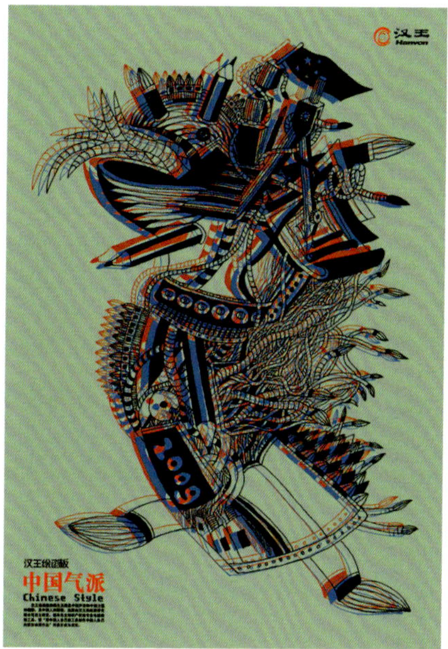

007

008

009

010

011

012

013

014

001

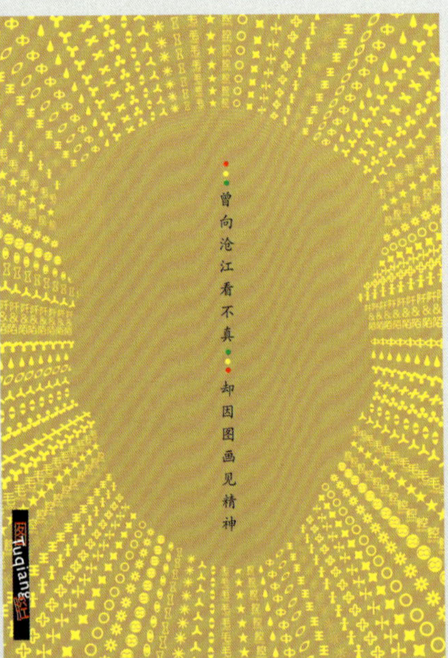

002

003

004

005

006

007

姓名：陈陌
性别：男
出生时间：1984年1月
毕业院校：湖南信息职业技术学院
学历：大专
所在城市：长沙
邮箱：864161163@qq.com

从事设计行业五年余，现为长沙市晶点广告公司高级平面设计师。把设计看成是门“科学”，以“科学”的方式来实践艺术，当天马行空的设计构思落地后变为关联紧密的实物时，感叹表现艺术的手段存在太多不同的方式。主要设计项目有猎豹汽车品牌形象的推广、五叶神品牌形象设计、中国农业信合(湖南)品牌形象推广、湖南云箭集团形象导入、九子龙品牌形象设计等。

001　毛脸系列之影脸
002　毛脸系列之图脸
003　毛脸系列之花脸
004　中国字符(1-5)
005　创!
006　观润
007　中国奥运

001

002

003

004

005

006

姓名：陈宇玺
性别：男
出生时间：1985年2月
毕业院校：广州美术学院
学历：学士
所在城市：广州
邮箱：Cyx758@163.com

2008年毕业于广州美术学院，获学士学位；先后任职于平面设计公司及美术教育部门，设计作品多次获奖。现为自由创作人，作品多关注中国传统文化在全球化进程中的发展，表现形式多元化，并取得了一定的成绩。

001　汉语的危机之飞鸽传书
002　汉语的危机之结绳记事
003　汉语的危机之烽火传情
004　喜力啤酒(风筝篇)
005　喜力啤酒(飞机篇)
006　喜力啤酒(跳伞篇)

001

002

003

004

005

006

姓名：罗静松
性别：男
出生时间：1976年10月
毕业院校：四川师范大学
学位：学士
所在城市：内江
邮箱：ljsr1976@163.com

2001年毕业于四川师范大学，现为内江师范学院张大千美术学院专业教师。曾获河北省青年艺术设计大赛暨"燕赵家园"主题海报设计大赛优秀奖，作品入选四川省新人新作展，获第三届"印象·中国"全国青年美术与设计艺术双年展银奖及2009中国高校美术作品年展三等奖。

001 新概念生活系列之衣
002 新概念生活系列之食
003 新概念生活系列之住
004 新概念生活系列之行
005 将"山寨革命"进行到底
006 庄严的承诺
007 止污之殇
008 污罪之殇

007

008

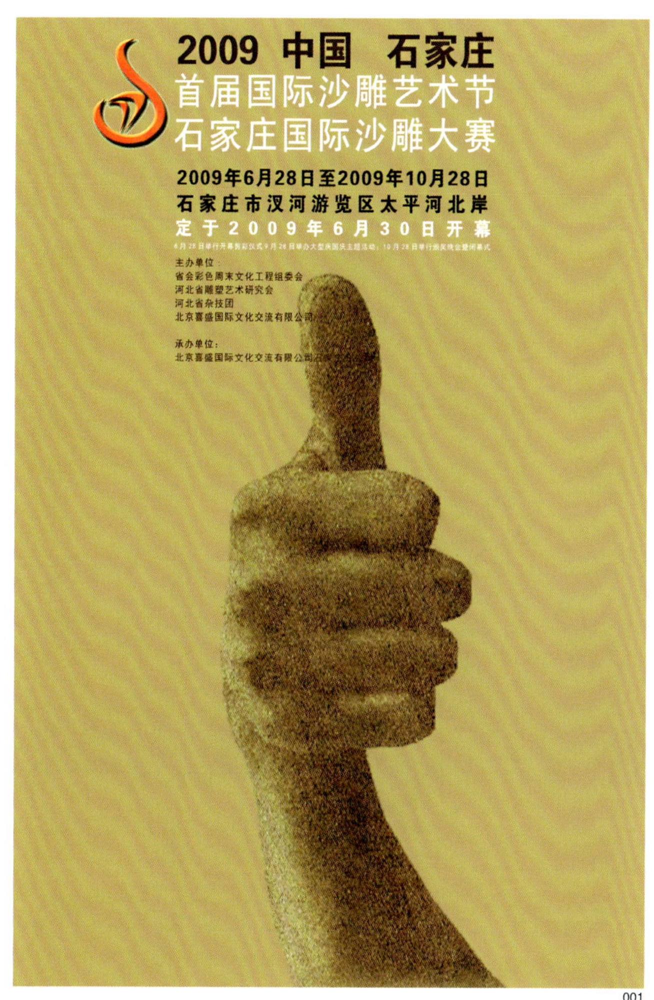

001

002

003

004

005

姓名：刘以畅
性别：男
出生时间：1975年6月
毕业院校：河北师范大学
学位：学士
所在城市：石家庄
邮箱：Yichangdesign@163.com

1998年毕业于河北师范大学美术系油画专业，2000年毕业于中央工艺美术学院装潢系研究生课程班，2006年毕业于中央美院设计学院设计管理研究生课程班，现为河北师范大学美术与设计学院视觉传达设计系教师，多年来一直从事平面设计实践和教学工作。

001 石家庄沙雕节海报(1)
002 石家庄沙雕节海报(2)
003 新中国美术60年讲座海报(1)
004 新中国美术60年讲座海报(2)
005 解读设计讲座海报

001

002

003

004

005

006

007

008

009

010

011

012

013

001	天津市人民体育馆标志
002	神果诺丽保健饮品标志
003	淇天装饰设计标志
004	玛奇朵音乐餐吧标志
005	保利达中信地产标志
006	天津职业大学标志
007	天津市体育局蓟县训练基地标志
008	香榭蕾德标志
009	东方卓群教育培训机构标志
010	海益置地标志
011	罗玛快捷酒店标志
012	香榭蕾德化妆品包装
013	淇天装饰视觉形象

姓名：王浩
性别：男
出生时间：1980年3月
毕业院校：天津美术学院
学历：硕士
所在城市：天津
邮箱：Chenhuishu3@126.com

2009年7月毕业于天津美术学院，获硕士学位，研究方向为视觉艺术设计与理论研究。现为天津包装设计协会会员，天津师范大学美术与设计学院讲师。曾获得华北地区包装设计大奖赛银奖、天津市包装设计大奖赛金奖。多次参与设计竞赛与企业招投标，作品入选相关设计年鉴及期刊。

姓名：陈慧姝
性别：女
出生时间：1980年10月
毕业院校：天津美术学院
学历：硕士
所在城市：天津
邮箱：Chenhuishu3@126.com

2008年7月毕业于天津美术学院，获硕士学位，研究方向为视觉艺术设计与理论研究。现为天津青年美术家协会会员，天津包装设计协会会员，天津美术学院女子同学书画会理事。在专业设计方面有自己独特见解，多次参与设计竞赛并获奖，作品入选相关设计年鉴及期刊。

001

004

002

005

003

006

姓名：胡涛

性别：男

出生时间：1974年3月

毕业院校：山东工艺美术学院

学位：学士

所在城市：济南

邮箱：hutao74@126.com

山东工艺美术学院毕业。曾供职于多家设计机构，2007年创办纳高视觉设计公司。主持过鲁能软件VI设计，浦东发展银行山东分行视觉设计全案，中国联通山东分公司广告全程推广，寺库寄卖VI设计，芙尔玛海洋食品品牌创建等设计项目。作品涉及平面设计、工业造型等领域。重视用户体验，主张设计以促进销售及提升形象为目的。多件作品入选国内专业出版物。

001	“移动本地搜”广告(1)
002	“移动本地搜”广告(2)
003	“移动本地搜”广告(3)
004	山东省省长质量奖奖杯设计
005	芙尔玛大鲅鱼水饺包装
006	趵突泉啤酒广告

001

002

003

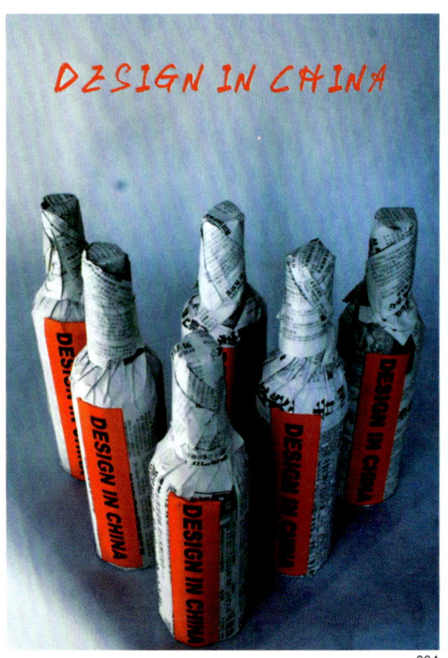

004

姓名：杨巍
性别：男
出生时间：1983年5月
毕业院校：江汉大学
学位：硕士
所在城市：武汉
邮箱：adam-yw@126.com

江汉大学艺术学院艺术设计实验中心教师。长期从事设计教育及设计实践。个人名录入选《中国设计师特辑》，作品《滇视界》入选《中国设计年鉴》第六卷，海报《CHINA》获湖北省第十一届美展设计类优秀奖，陶艺作品《海之韵》获中国第八届艺术节艺术设计大赛优秀奖，获中国包装艺术大赛优秀指导教师奖。完成项目有三江航天物业公司VI、三江航天幼教VI、武汉市金凯购物广场导向设计等。

001 《滇视界》
002 汉字艺术
003 CHINA
004 DESIGN IN CHINA

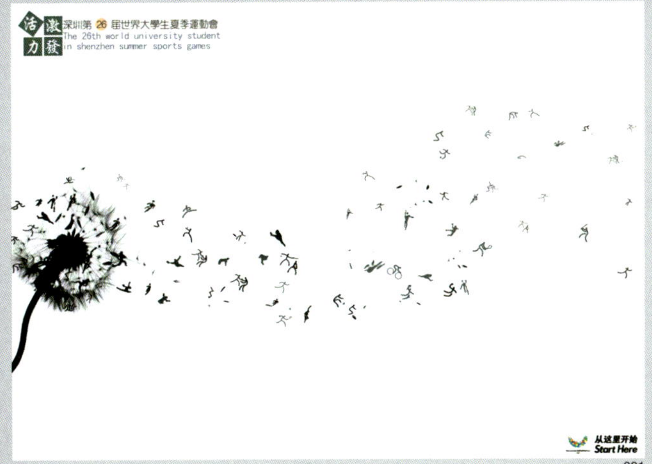

001

002

003

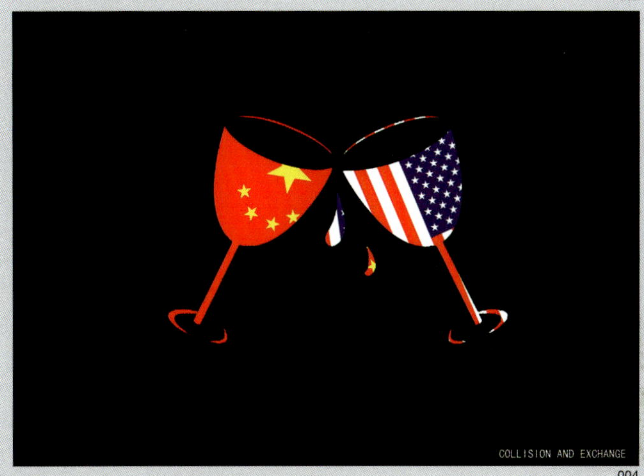

004

005

006

007

姓名：尹长根
性别：男
出生时间：1984年6月
毕业院校：孝感学院
学位：学士
所在城市：凯里
邮箱：yinchanggeng521@163.com

贵州电子信息职业技术学院教师。曾获第二届全国大学生广告艺术大赛湖北赛区优秀奖、第17届国际时报金犊奖入围奖、深圳第26届世界大学生运动会海报设计大赛入选奖、第二届全国节能减排招贴设计大赛入围奖、第三届及第四届税收公益广告创意设计大赛优秀奖、第三届全国大学生广告艺术大赛湖北赛区三等奖及优秀奖、中国知识产权宣传海报创意设计大赛入围奖等等，设计作品入选第一届上海·亚洲平面设计双年展。

001	第26 届大运会蒲公英系列(1)
002	第26 届大运会蒲公英系列(2)
003	第26 届大运会蒲公英系列(3)
004	Collision and exchange
005	画废为美系列(1)
006	画废为美系列(2)
007	画废为美系列(3)

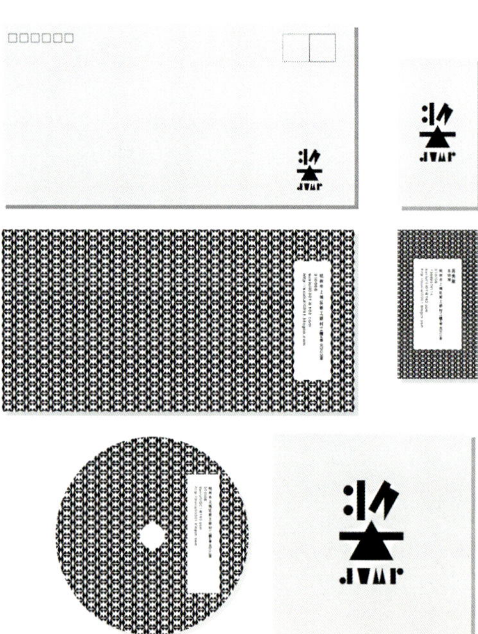

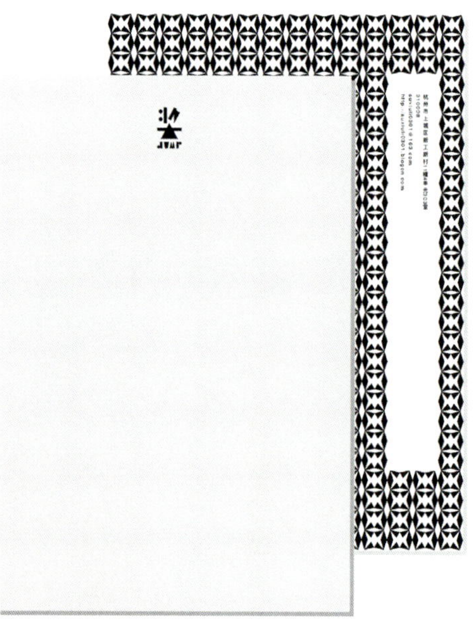

001

002

003

004

005

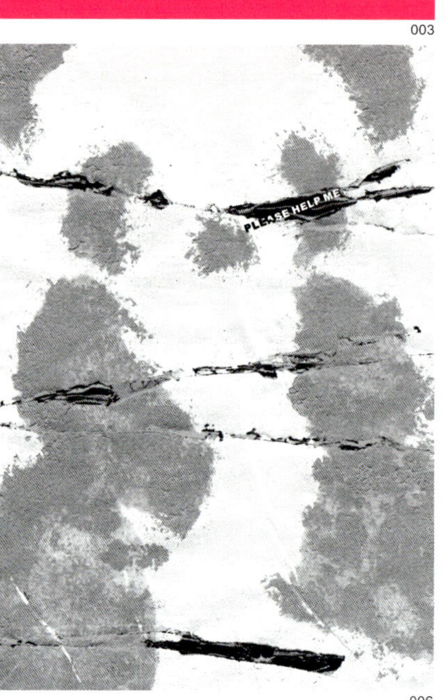

006

姓名：苏秀丽

性别：女

出生时间：1984年1月

毕业院校：浙江工商大学

学位：硕士

所在城市：杭州

邮箱：Suxiuli0301@163.com

作品入选第十一届全国美展，曾获第十届德黑兰国际海报双年展入选奖、第十届白金创意标志类金奖、ADI Design Award 优秀奖、2007-2009年连续三届获得靳埭强设计奖全球华人大学生设计比赛入选奖、2004-2009年连续五届获得白金创意奖项、第一届“东+西”大学生国际海报双年展入选奖等众多奖项。

001　奖

002　第二届中国美术学院平面设计艺术节海报

003　和平是福

004　《彩云之南》

005　文化的侵略

006　PLEASE HELP ME

001

002

003

004

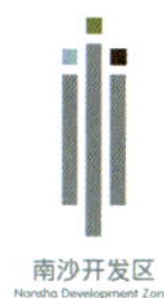

005

006

007

008

009

010

姓名：孙松松

性别：男

出生时间：1987年7月

毕业院校：鲁东大学

学位：学士

所在城市：烟台

邮箱：cnsdscl@126.com

鲁东大学美术学院优秀毕业生，海报曾获山东省廉政公益广告大赛三等奖，获2009齐鲁之星设计艺术大奖赛评委奖，多件设计作品被国内专业出版物收录。

001 点间设计有限公司标志
002 凡兜童装标志
003 曹妃甸国际生态城标志
004 菏泽城建集团标志
005 南沙开发区标志
006 华阳景区标志
007 华阳景区视觉形象
008 六十年交响乐(1)
009 六十年交响乐(2)
010 六十年交响乐(3)

001

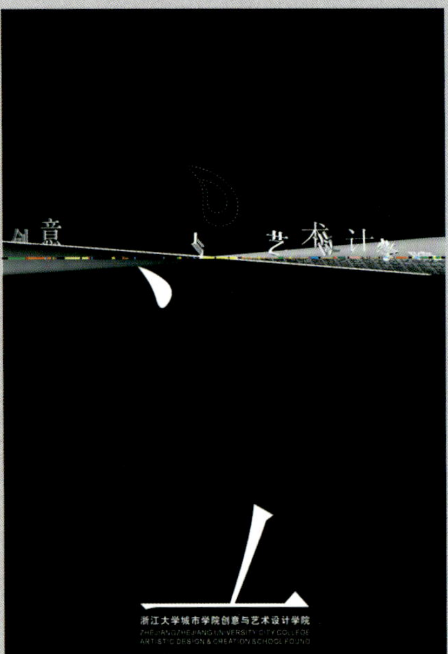

002

003

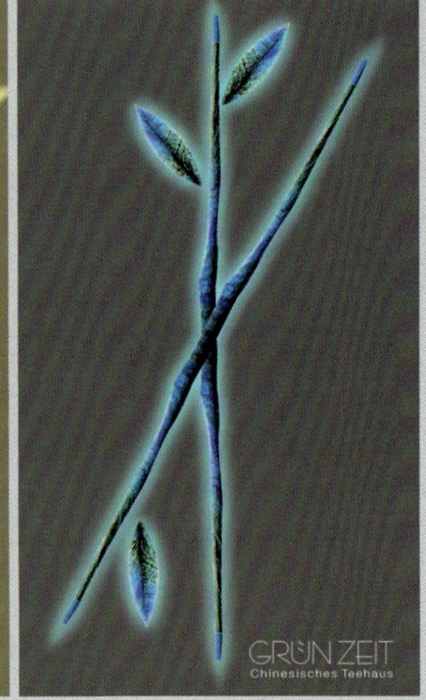

004

姓名：方华
性别：女
出生时间：1976年11月
毕业院校：布伦瑞克造型艺术学院(德国)
学历：硕士
所在城市：杭州
邮箱：fangh@zucc.edu.cn

2000年毕业于中国美术学院，获文学学士学位。2006年毕业于德国布伦瑞克造型艺术学院，获设计学硕士学位。2007年任教于浙江大学城市学院创意与艺术设计学院，担任视觉传达设计系主任职务，中级(讲师)职称。

001 Bedroom个人表演海报
002 浙江大学城市学院创意与艺术设计学院成立海报
003 Peter Campus
004 gruenzeit(1-4)
005 love
006 NDM-1

005

006

001

002

003

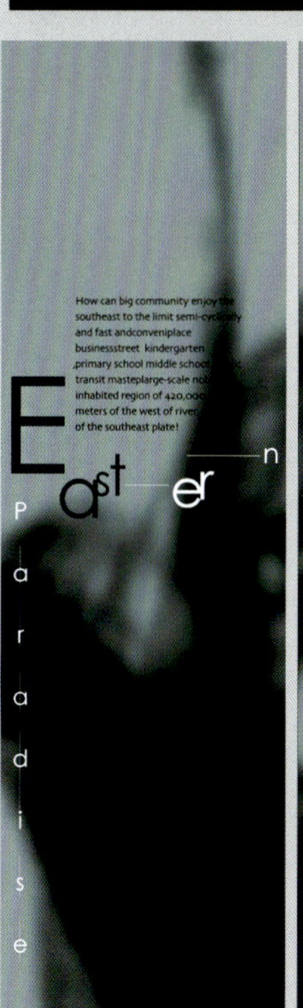

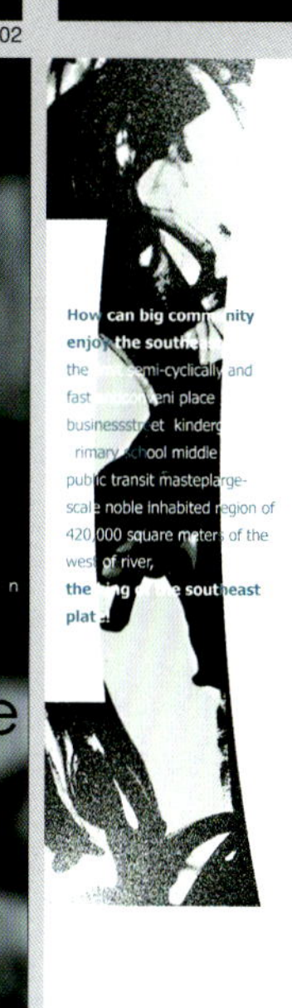

004

姓名：王津凯
性别：男
出生时间：1982年4月
毕业院校：天津工业大学
学位：学士
所在城市：天津
邮箱：Jingang_423@126.com

2002年本科毕业于天津工业大学，闯荡津、京、沪三地，于2009年成立Balance design studio，担任设计总监职务。多件作品被国内专业出版物收录。

001 水·永恒生机
002 融合
003 鲸灭
004 现代水墨海报
005 蝶(1)
006 蝶(2)

005

006

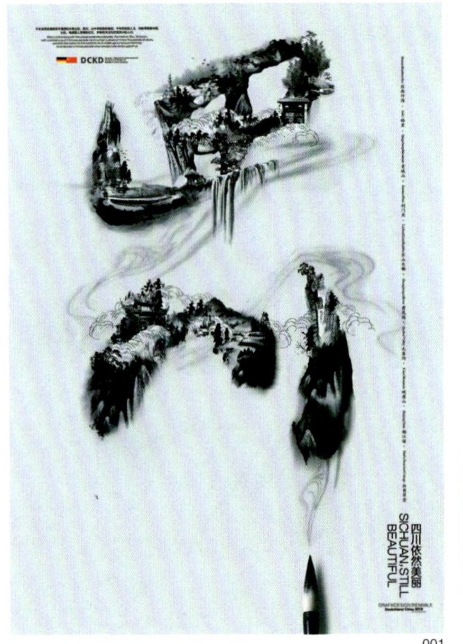

001

002

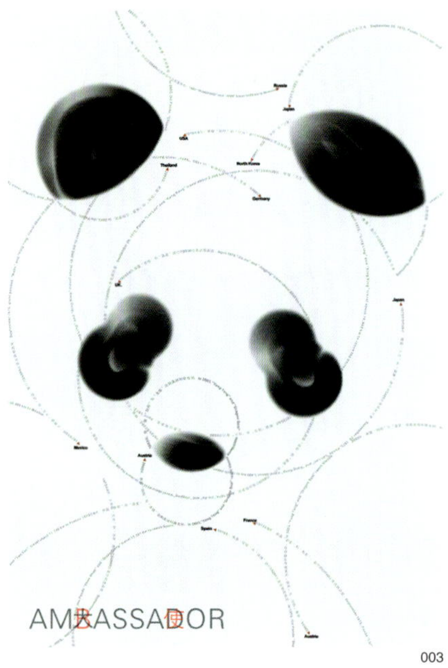

003

004

005

006

007

008

姓名：杨晓昆

性别：男

出生时间：1982年3月

毕业院校：西华大学

学历：大专

所在城市：成都

邮箱：360331828@qq.com

2009年海报作品《四川依然美丽》入选第四届中国国际海报双年展，2010年海报作品《四川依然美丽》入选德国第一届德中平面设计双年展。多幅作品入选成都设计十年展，多幅作品被国内专业出版物收录。

001	四川依然美丽
002	态·生·活
003	大使
004	拉系列(1)
005	拉系列(2)
006	拉系列(3)
007	中国·世界的舞台
008	汽车人归来

001

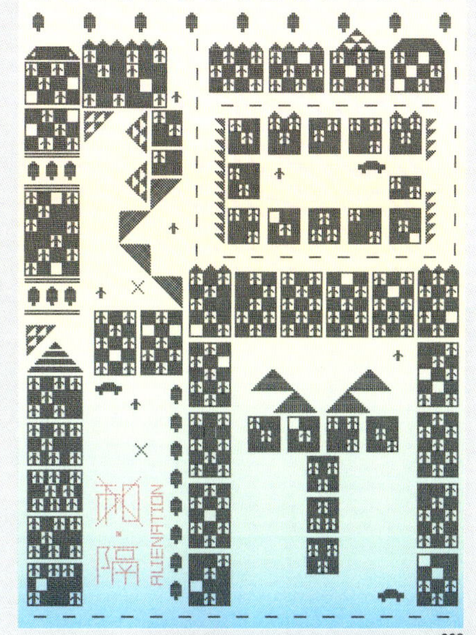

002

003

004

005

006

007

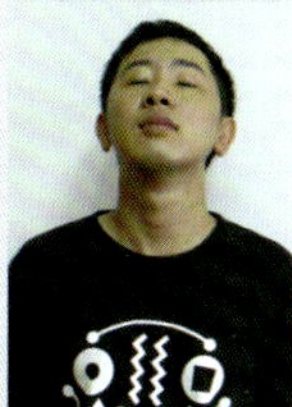

姓名：穆旭龙

性别：男

出生时间：1984年5月

毕业院校：鲁迅美术学院

学位：硕士

所在城市：沈阳

邮箱：muxulong530@163.com

鲁迅美术学院硕士研究生，北欧设计研究者，设计专业翻译。曾获首届“和谐绿城”高校公益广告大赛银奖，2009中国高校美术作品学年展一等奖，辽宁省第十一届运动会会徽设计中标奖，靳埭强设计奖2010全球华人大学生设计比赛优秀奖，第十三届全国大学生设计“大师奖”优秀奖，作品入选《中国设计年鉴》，3件作品被中国国家大剧院永久收藏，获第三届“东+西”大学生国际海报设计双年展奖等多个设计奖项。

001 和・隔系列(和篇)
002 和・隔系列(隔篇)
003 家
004 文明的交响乐
005 礼物
006 可怕的汽车尾气
007 成长・新生(1-4)

001

002

003

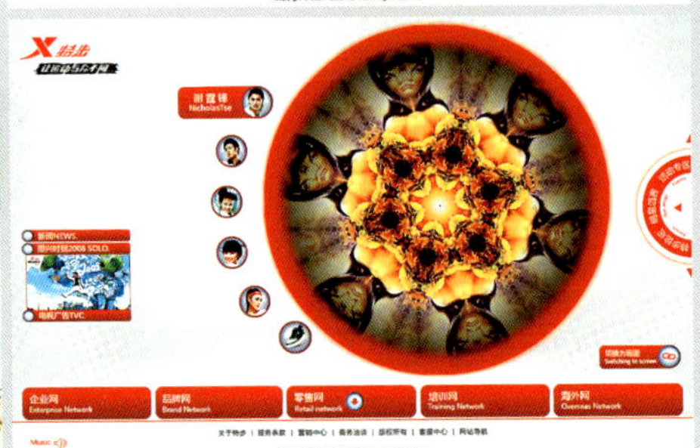
004

005

姓名：江海峰
性别：男
出生时间：1984年11月
毕业院校：武夷学院
学位：学士
所在城市：厦门
邮箱：nov11.11@163.com

福建南平人。2006年毕业于武夷学院美术系网络动画专业。目前涉足标志品牌、网络互动、地产策划、三维动画等设计领域。2007年任前线文化传播创意组长，现任厦门有巢氏房地产代理有限公司美术指导。为迪士尼、Calvin Klein、中国移动、金龙客车、劲霸男装、七匹狼、国美电器、特步、鸿星尔克、万科集团、禹洲集团、建房集团、美克、富贵鸟等国内外知名品牌提供设计服务。

001 赢的“冻”力(虎篇)
002 赢的“冻”力(凤篇)
003 赢的“冻”力(龙篇)
004 特步2008品牌网
005 迪士尼“天空城堡”

004

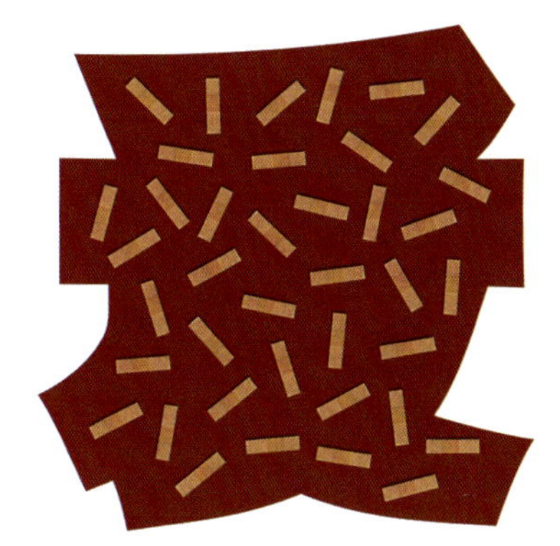

002

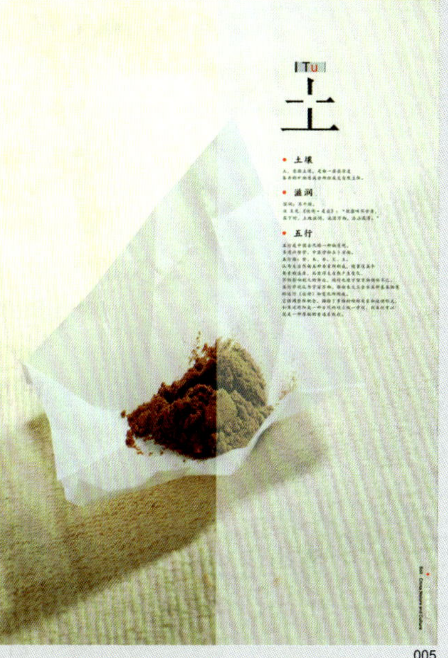

005

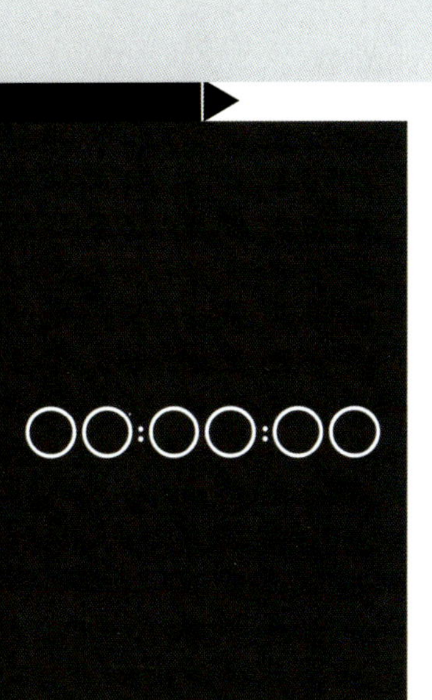

001

003

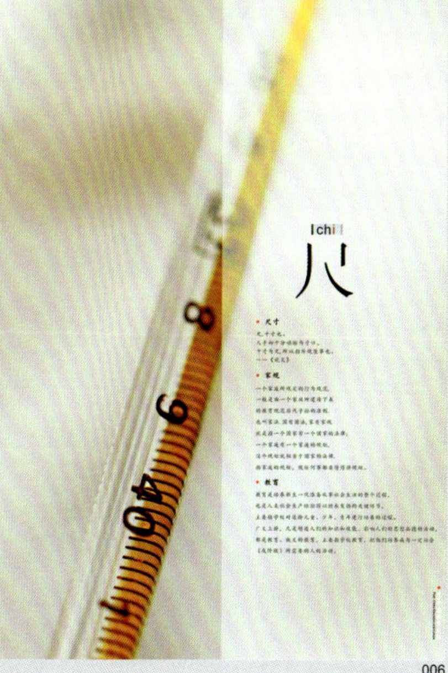

006

姓名：李僮

性别：男

出生时间：1990年4月

毕业院校：首都师范大学

学位：学士(在读)

所在城市：北京

邮箱：Lz9042@163.com

首都师范大学在校学生，武汉一峰广告公司设计师，湖北美术出版社特约编辑。曾获第11届全国大学生设计大师奖银奖、第四届国家教育部广告大赛北京赛区优秀奖及入围奖、全国节能减排招贴设计大赛优秀奖及入围奖、三件作品入选中国大学生美术年鉴并获得年度银奖、我爱中国招贴设计大赛学生组最佳设计奖、两件作品获澳门"+"海报设计展入选奖，作品在澳门民政总署陈列馆展览并永久收藏。

001 One day is only 24 hours?

002 大爱无痕

003 璀璨之星

004 中国文化系列(粹)

005 中国文化系列(土)

006 中国文化系列(尺)

001

MUSEO DEL DESIGN

002

003

004

005

006

007

008

姓名：邢宏亮

性别：男

出生时间：1983年6月

毕业院校：法国INGEMEDIA多媒体工程师学院

学位：硕士(在读)

所在城市：巴黎

邮箱：xhl_1_2_3@hotmail.com

本科毕业于沈阳航空航天大学，现为法国INGEMEDIA多媒体工程师学院数字多媒体专业在读硕士研究生，作品入选百优艺术新秀展、第四届创意中国·全国设计双年展，应邀参加2010海峡两岸优秀设计师海报作品展。现在巴黎工作。

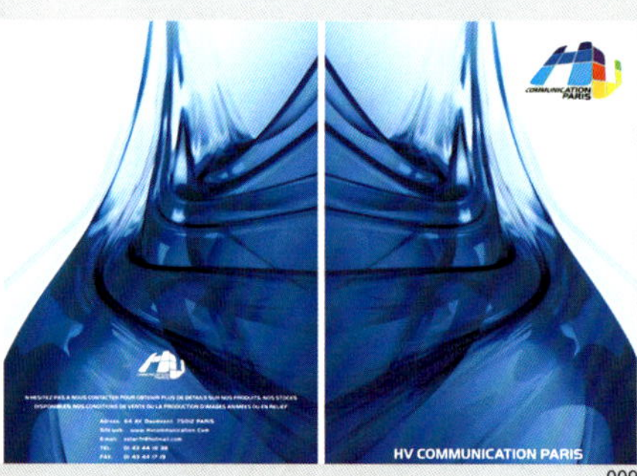

009

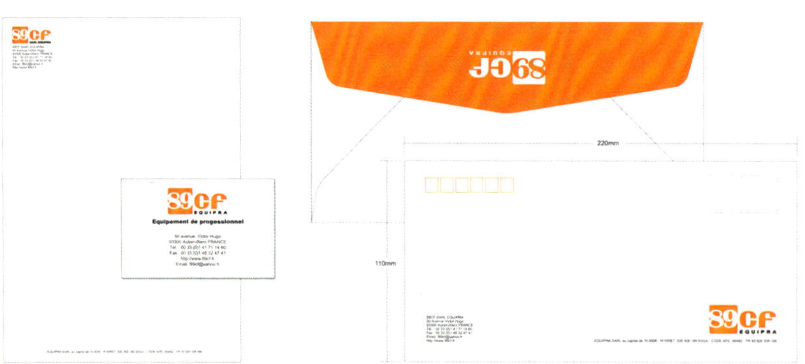

010

001 皇家雨果酒窖标志
002 MUSEO DEL DESIGN标志
003 法国巴黎 HV communication设计公司标志
004 ILLICO RESTO标志
005 Trait d'union标志
006 2009年中法文化交流招贴
007 皇家雨果酒窖招贴
008 GREEN+YOU招贴
009 法国巴黎 HV communication设计公司视觉形象
010 法国89CF公司视觉形象

001

002

003

004

005

006

007

姓名：余光华

性别：男

出生时间：1986年8月

毕业院校：西南交通大学

学位：硕士(在读)

所在城市：成都

邮箱：156207233@qq.com

西南交通大学艺术与传播学院艺术设计学专业硕士研究生。2007年6月获台湾金犊奖设计大赛平面类优秀奖，2007年12月获四川省大学生旅游产品艺术设计大赛金奖，2008年1月"三星堆"旅游产品包装作品参展于四川美术馆，2008年12月获全国"首届云南民族服装服饰文化节"标识采用奖，2008年9月与商家签约合作开发甲骨文字创意玩偶。

001　熊猫玩具系列

002　象形文字原创玩偶系列

003　鱼窝子火锅标志

004　贝来室内设计公司标志

005　林华园林标志

006　象形文标志

007　木鱼设计标志

001

002

003

004

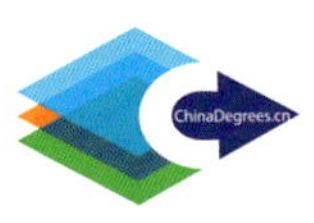
005

006

007

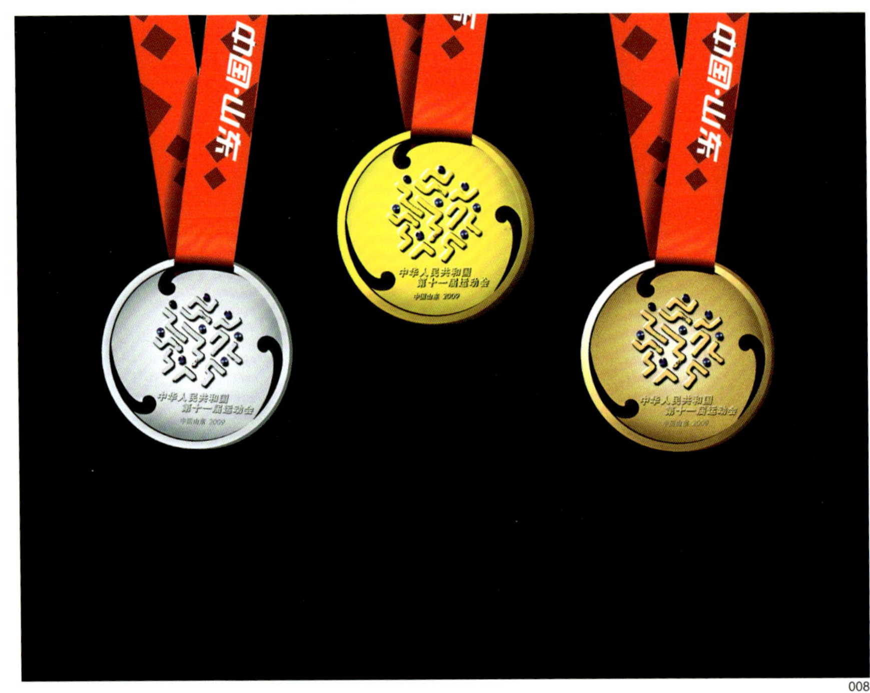

008

009

010

姓名：王晓峰
性别：女
出生时间：1975年1月
毕业院校：山东大学
学位：硕士
所在城市：济南
邮箱：designbb@126.com

山东工艺美术学院视觉传达设计学院品牌与企业形象教研室主任。担任品牌形象设计教学12年，在国内外多个重要设计赛事中获奖。曾参与第十一届全国运动会会徽设计，为第十一届全国运动会奖牌设计者，为第十一届全国运动会整体城市形象设计主创人员之一，泉城济南城市形象设计主创人员。多件设计作品被国内专业出版物收录，学术论文发表于《艺术与设计》杂志。

001 中国社区教育青年组织标志
002 齐鲁先锋标志
003 京萃手工皂标志
004 山东省博物馆标志
005 中国学位与研究生教育信息网标志
006 泉景大酒店标志
007 中华人民共和国第十一届全运会奖杯方案
008 中华人民共和国第十一届全运会奖牌设计(正面)
009 现代森林
010 低碳生活 快乐生活

001

002

003

004

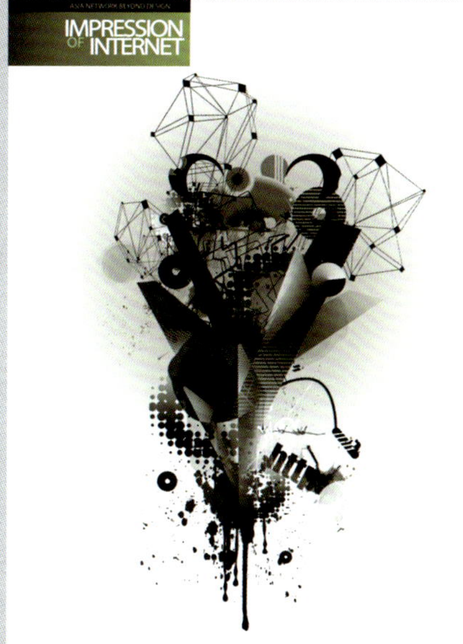

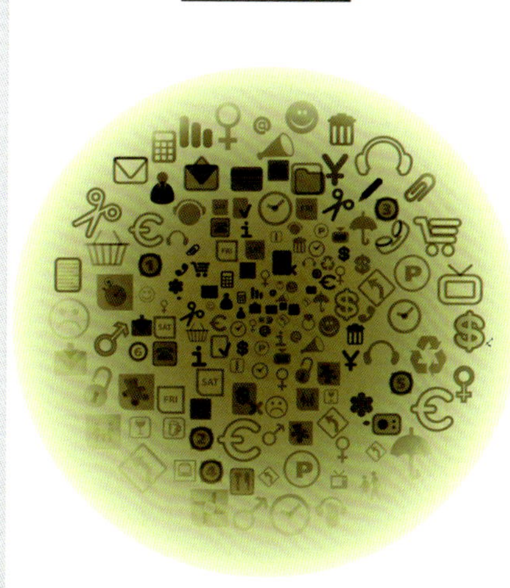

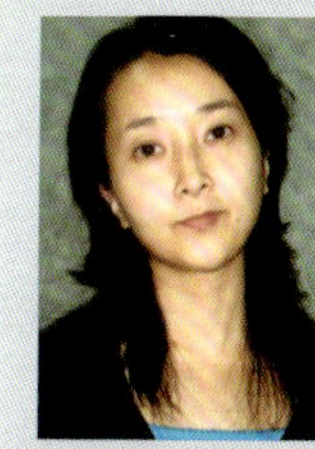

姓名：商毅

性别：女

出生时间：1976年1月

毕业院校：天津美术学院

学位：硕士

所在城市：天津

邮箱：eve.sirene@hotmail.com

2004年毕业于天津美术学院视觉传达设计系，获硕士学位，现任教于天津美术学院。主要从事视频类广告类课程的教学与设计实践研究工作。承担多项对外交流活动。天津包装协会设计委员会委员。作品参加第十一届全国美术作品展览、超越设计国际邀请展、亚洲基础造型联合会国际作品展、篱笆墙外国际邀请展、德国AIAS国际设计独立联盟邀请展、第三十二届国际藏书票双年展等。曾获2009年西部之星铜奖、"我爱中国"设计大赛优秀设计奖。发表多篇论文，编写教材《动漫造型设计基础》。

001	印象·水墨(1)
002	印象·水墨(2)
003	印象·水墨(3)
004	印象·水墨(4)
005	印象·网络(1-4)

005

001

002

003

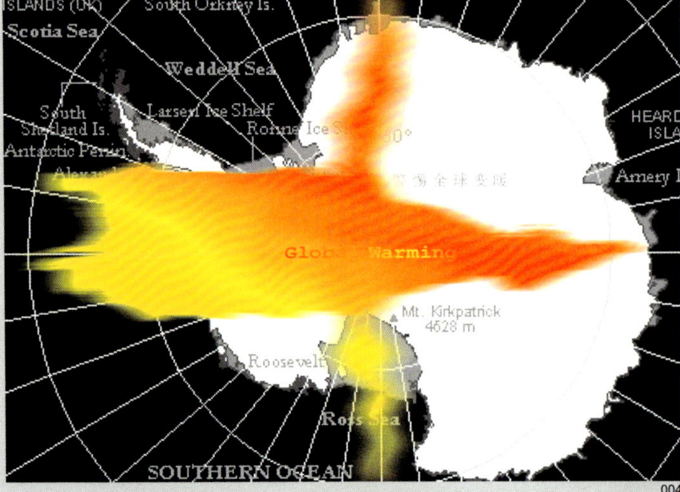

004

005

姓名：张雨露
性别：女
出生时间：1983年7月
毕业院校：中国美术学院
学位：硕士(在读)
所在城市：杭州
邮箱：Zyl703@163.com

中国美术学院本科毕业，现为中国美术学院在读硕士研究生。曾获第一届“东+西”国际大学生海报双年展入围奖，海报作品《节能减排》参加中国美术学院附中八十周年校庆校友作品邀请展(1982-2000级)并收录于校友作品集，多件作品被国内专业出版物收录。

001　考古与艺术史的交汇海报
002　节能减排
003　时尚的牺牲品
004　警惕全球变暖
005　草——中草药包装

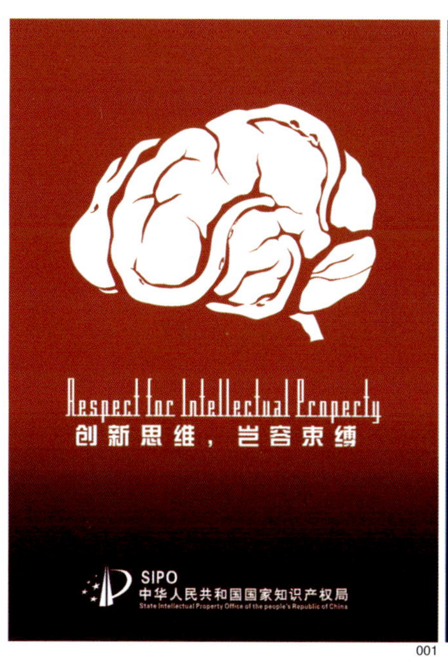

001

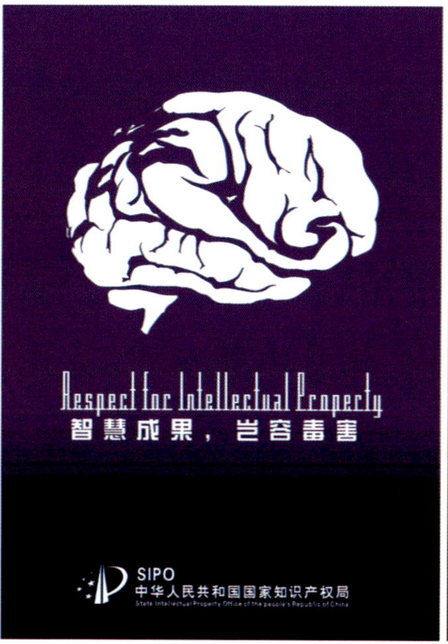

002

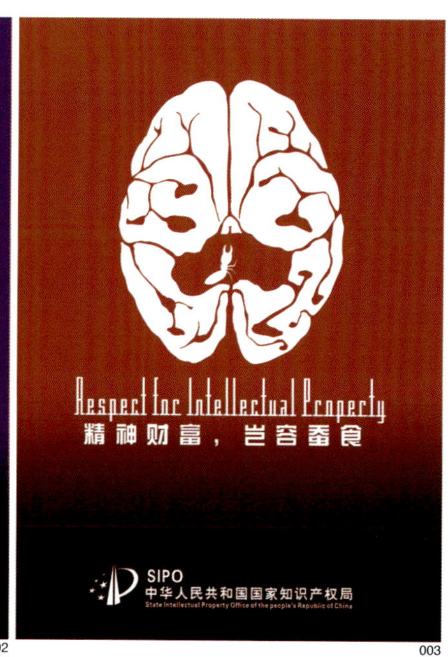

003

004

005

006

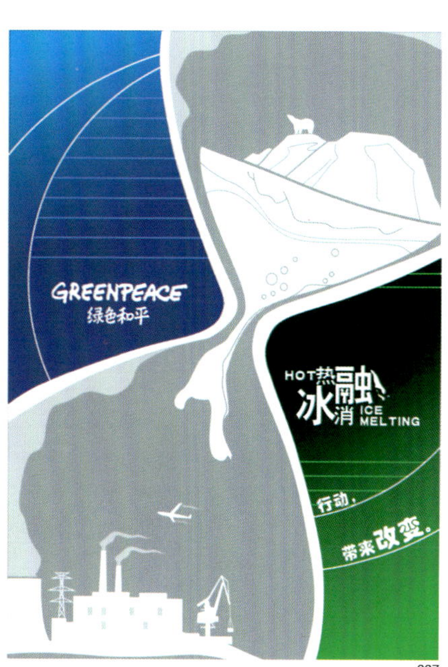

007

姓名：黎健敏
性别：男
出生时间：1985年8月
毕业院校：韶关学院
学位：学士
所在城市：广州
邮箱：Ljm10764@126.com

本科毕业于韶关学院，获国家中级景观设计师资格。爱好参加各类型社会公益活动以及比赛项目，力求全方位发展自我。曾获2008IBLIDA首届国际建筑景观室内设计大赛景观方案设计学生组特等奖，第四届中国青少年美术书法大赛青年院校组美术优秀奖，第三届中国大学生美术作品年鉴年度大奖赛铜奖等奖项。相信只有不断磨炼自己，才能达到更高的境界。

001 现象与未来(墨鱼篇)
002 现象与未来(蝎子篇)
003 现象与未来(白蚁篇)
004 正视爱勿漠视唉
005 佳洁士之固齿强根
006 释放·未来
007 热融冰消

001

002

003

004

005

006

007

008

姓名：陈计成

性别：男

出生时间：1986年4月

毕业院校：南通纺织职业技术学院

所在城市：南通

邮箱：Wochenjicheng999@qq.com

毕业于南通纺织职业技术学院，现就职于南通新视觉广告有限公司。曾获得第三届中国大学生美术作品年鉴年度大奖赛银奖、创意中国·第四届全国青年设计艺术双年展提名奖、2010文明南通公益广告大赛三等奖等奖项。

001	瑞麟家纺标志
002	新敦煌标志
003	长兴隆面馆标志
004	敦煌国际家纺布艺研究所标志
005	干锅煮意标志
006	VE/eternal 伊特侬标志
007	五度空间标志
008	7580法宣社标志
009	新敦煌视觉形象
010	敦煌国际家纺布艺研究所视觉形象
011	VE/eternal 伊特侬品牌形象

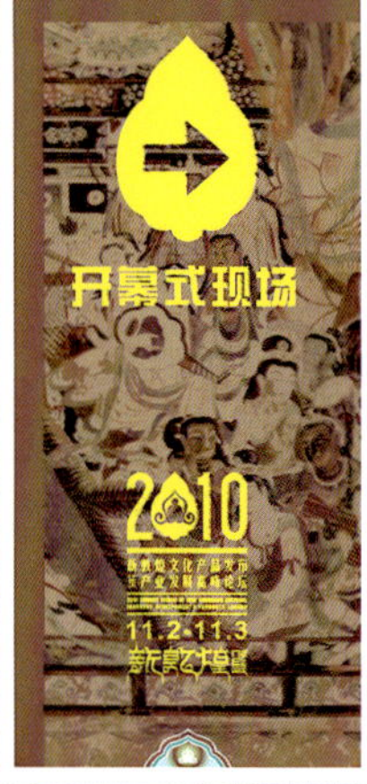

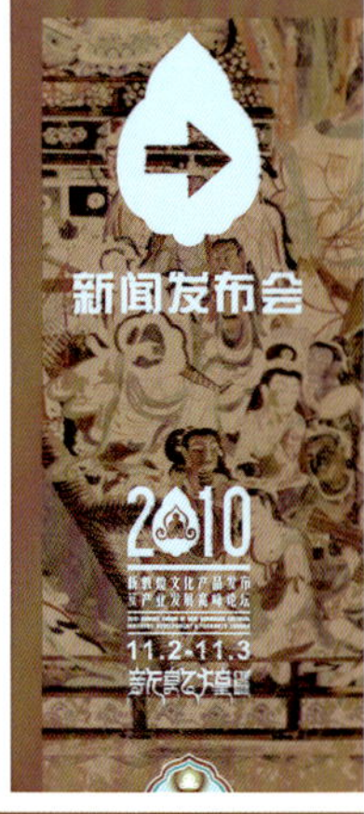

009

010

011

魅力齐鲁 全民全运

国人给我十三天 我报国人五千年

蹴鞠 足球 起源于春秋战国时期的齐国。

001

魅力齐鲁 全民全运

国人给我十三天 我报国人五千年

002

魅力齐鲁 全民全运

国人给我十三天 我报国人五千年

003

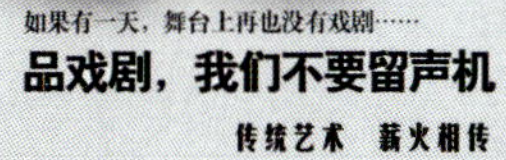
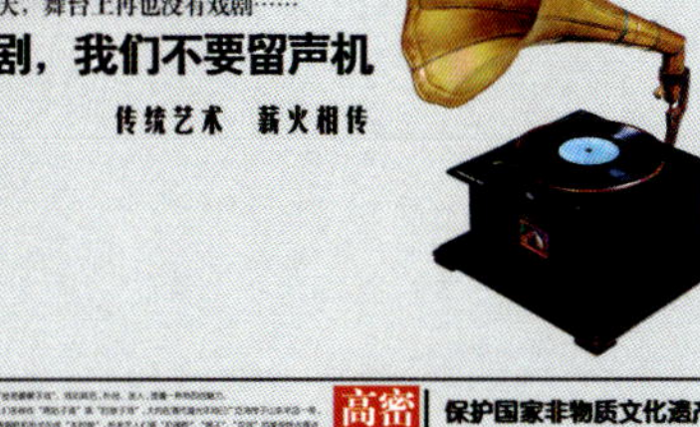

如果有一天，舞台上再也没有戏剧……

品戏剧，我们不要留声机

传统艺术 薪火相传

高密茂腔

保护国家非物质文化遗产

共同建设文明魅力新潍坊

004

如果有一天，核雕只能在照片上见到……

玩核雕，我们不要照相机

传统艺术 薪火相传

潍坊核雕

保护国家非物质文化遗产

共同建设文明魅力新潍坊

005

如果有一天，年画只能见到印刷品……

赏年画，我们不要印刷机

传统艺术 薪火相传

木版年画

保护国家非物质文化遗产

共同建设文明魅力新潍坊

006

姓名：陈杰

性别：男

出生时间：1979年1月

毕业院校：潍坊学院

学历：大专

所在城市：潍坊

邮箱：chenjiewfsd@163.com

2002年毕业于潍坊学院美术系，就职于潍坊日报社，现为潍坊晚报传媒有限公司美术编辑。热心公益事业，积极参与公益类广告的创作，作品多次荣获省级以上大奖。2008年在山东省"反腐倡廉"公益广告大赛中荣获包括一等奖在内的5个奖项。荣获2009年山东省广告节金奖。作品入围中国环境健康周宣传画征集和中国国际广告节。

001	魅力齐鲁全民全运(蹴鞠篇)
002	魅力齐鲁全民全运(御篇)
003	魅力齐鲁全民全运(射篇)
004	传统艺术 薪火相传(戏剧篇)
005	传统艺术 薪火相传(核雕篇)
006	传统艺术 薪火相传(年画篇)

001

002

003

004

005

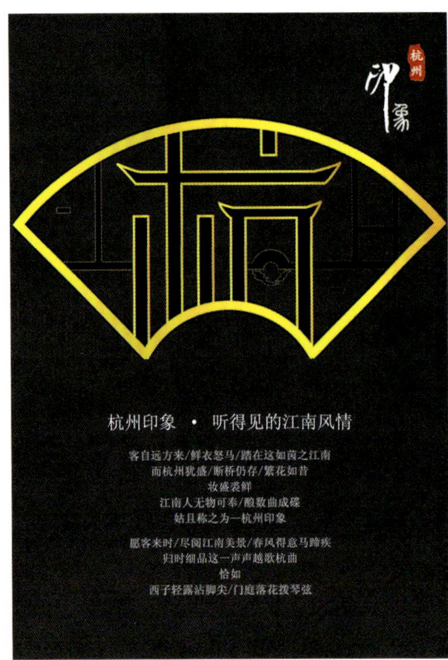

006

007

008

姓名： 于洋

性别： 女

出生时间： 1984年1月

毕业院校： 东北师范大学

学位： 硕士

所在城市： 长春

邮箱： peach2391@163.com

吉林动画学院教师。2009年毕业于东北师范大学美术学院，获得设计艺术学硕士学位。多次参加国内外比赛并获奖，多项品牌形象设计被社会采用。曾获得亚洲冬季运动会招贴画优秀奖、全国大学生广告节优秀奖、第二届全国大学生广告节优秀奖、杭州印象海报比赛优秀奖。

001	长春嘉馨商务宾馆标志
002	广源贷款标志
003	三和电器标志
004	飞宇超市标志
005	中国知识产权高层论坛标志
006	杭州印象
007	品茶·品书·品人生(世界读书日宣传海报)
008	《绝妙美文》装帧设计

001

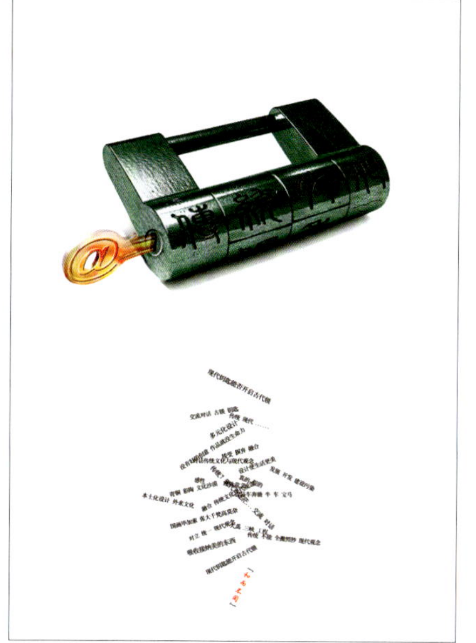
002

Low-carbon life
绿色出行·享受生活

003

004

007

008

009

010

011

005

006

姓名：董雪莲
性别：女
出生时间：1976年11月
毕业院校：山东大学
学位：硕士
所在城市：济南
邮箱：Dongxuelian76@sina.com

山东工艺美术学院副教授。从事艺术设计教学与科研，进行了大量的艺术设计实践、研究和交流活动。出版多部教材专著，多次在国家级及省级以上大赛中获奖，多件作品被国内外专业出版物收录，三件作品入选第九届及第十届全国美术作品展览，并获山东省美展一等奖，数篇论文发表于专业刊物，设计作品被社会广泛采用。

001　诚心才能诚信
002　沟通
003　绿色生活
004　科技世博
005　根深叶茂与低碳生活
006　文化盛宴 视觉震撼
007　山东新闻出版奖
008　生之灵生物科技有限公司标志
009　长岛碧海浴场标志
010　生之灵生物科技有限公司标志
011　三思设计标志

001

002

003

004

005

006

姓名：曹明辉

性别：男

出生时间：1978年3月

毕业院校：长沙理工大学

学位：学士

所在城市：北京

邮箱：978729632@qq.com

2000年毕业于长沙理工大学，2002年进修于中央美术学院，主修平面艺术设计。曾任AICI公司美术指导、杰威国际设计总监，现任北京水晶石数字科技有限公司主任平面设计师。2006年创建个人设计工作室。VI作品多次被《中国CIS年鉴》收录。作品曾获全国多个大赛金、银、优秀等奖项，其中2007年获得“第八届全国民族运动会”会徽(全国征集)特等奖。策划和主持包括2008年北京奥运会相关平面设计任务在内的多个重大项目和社会活动。

001　北京奥运博物馆标志

002　中国西藏文化博物馆标志

003　GEELY标志

004　第八届全国民族运动会会徽

005　三创论坛标志

006　《全国设计单位暨设计师推介》装祯

007　魔方欢唱派(水果篇)儿童唱片包装

007

001

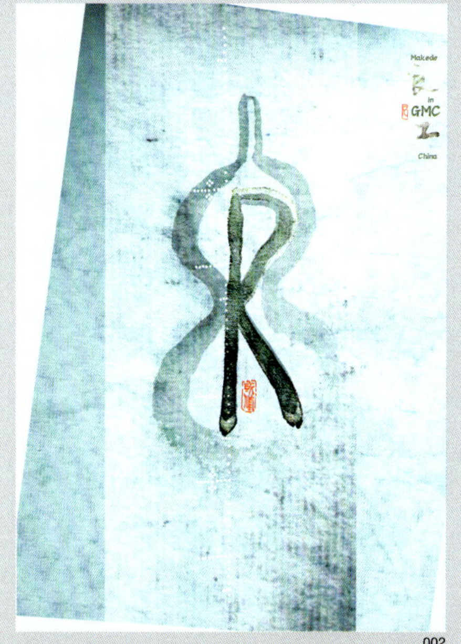
002

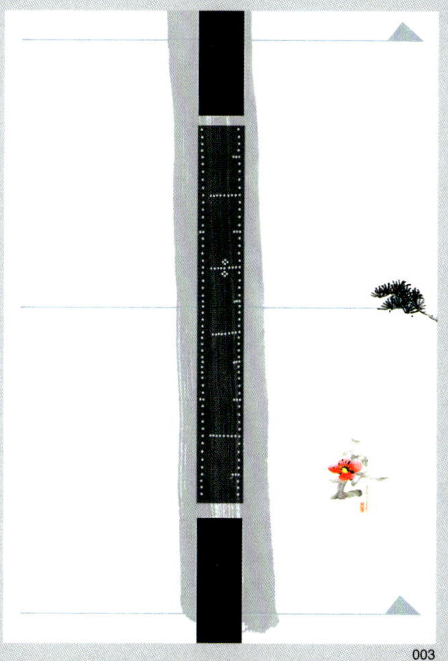
003

姓名：陈春雨
性别：男
出生时间：1980年1月
毕业院校：中国传媒大学
学位：学士
所在城市：重庆
邮箱：eyes_cn@126.com

重庆大学艺术设计专业及中国传媒大学电影电视导演专业双本学历。六艺闻达视觉机构创建人，现在就职于重庆广播电视集团(总台)。作品入展“创意中国”全国设计双年展并获荣誉提名奖，获第五届“中国元素”国际创意大赛入围奖，三件作品获中国知识产权海报设计大赛优秀奖。五件作品获重庆公益广告大赛优秀奖，获第四届广告大赛入围奖及铜奖。2010年两件作品入选第四届秘鲁YAKU国际设计展。

001 句逗方寸系列之“句”
002 中国制造之“良工”
003 中国制造之“国货”
004 容
005 谷
006 意
007 活在当下之淡中生“活”

004

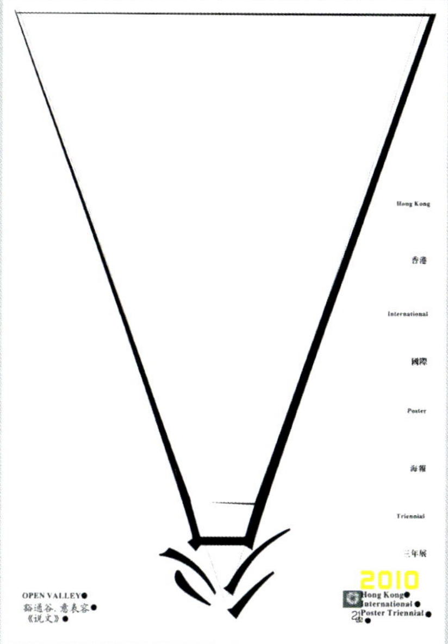
005

006

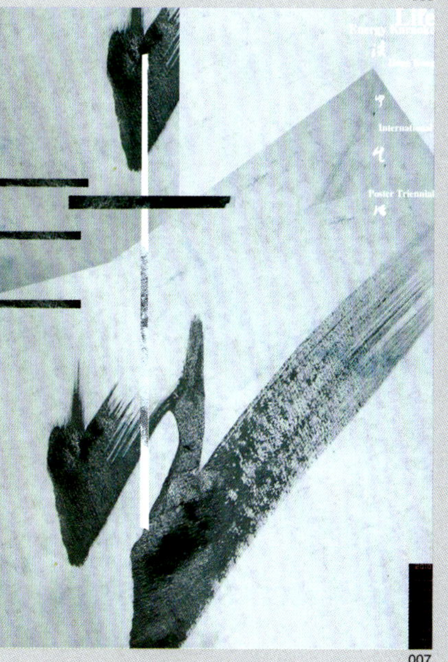
007

001

002

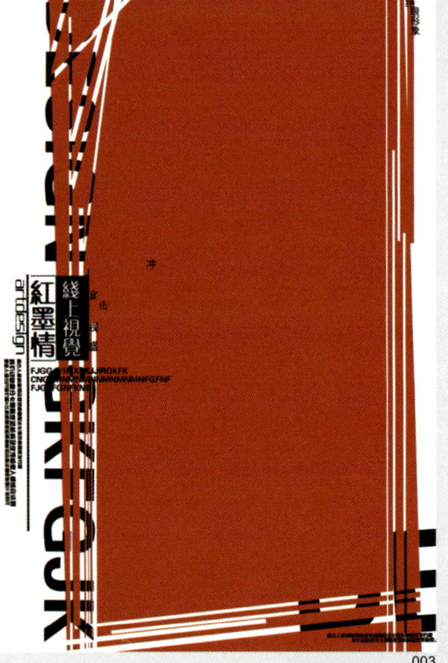

003

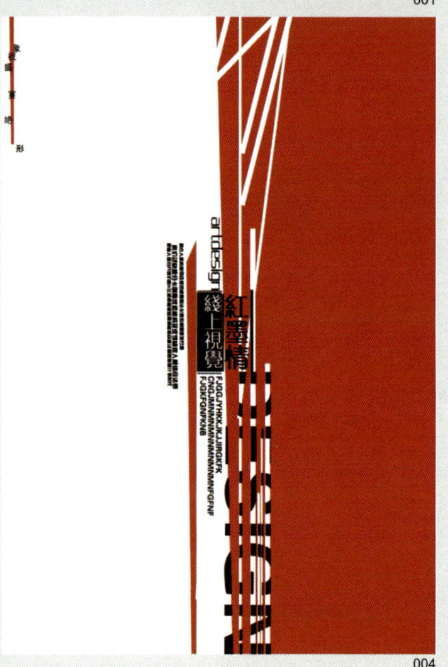

004

姓名：姜琳
性别：女
出生时间：1986年4月
毕业院校：山东艺术学院
学位：硕士(在读)
所在城市：济南
邮箱：Jianglin19862006@126.com

本科毕业于山东艺术学院，目前攻读山东艺术学院设计艺术学硕士学位，在校期间多次获得国内设计大赛奖项，作品多次被国内专业出版物收录。

001	酒瓶包装
002	设计力量
003	线上视觉(1)
004	线上视觉(2)
005	线上视觉(3)
006	线上视觉(4)

005

006

001

002

003

004

005

006

007

姓名：张林

性别：男

出生时间：1982年11月

毕业院校：鲁迅美术学院

学位：学士

所在城市：沈阳

邮箱：linzhang.99@163.com

毕业于鲁迅美术学院，获学士学位。曾获“世界之星”包装设计大赛三等奖、获“中国之星”包装设计大赛优秀奖、“张江杯设计大赛”优秀奖、“沈阳市公交集团”标志设计大赛二等奖等多项奖励。多件作品被国内核心期刊及专业出版物收录。2008年应邀加入China EPACK中国包装商务网成为会员。2009年创办艺尚灵感艺术设计机构。

001　福隆兴标志
002　跳跳便利店标志
003　北京中辉世纪国际传媒有限公司标志
004　麻辣都会标志
005　辽宁艾立特建设工程造价咨询有限公司标志
006　呼唤传媒标志
007　北京千代教育机构品牌形象

001

姓名： 夏福

性别： 男

出生时间： 1981年10月

所在城市： 深圳

邮箱： guanggao2001@163.com

曾涉足地产、珠宝设计等，现专注于酒类行业品牌设计与推广。倡导“以品牌核心价值分析为出发点，建立品牌立体化的视觉传播体系，以创新的意念为客户创造深度价值”的创作观，坚持每个案例都做到设计策略方向正确，设计结果直接有效，商业与美学和谐平衡。多件作品被国内专业出版物收录。曾获中国包装艺术大奖、包装之星奖、中国之星奖、中南星奖、西部之星奖、广东之星奖、河南之星奖、中国国际包装工业展览会“雅式杯”环保包装大奖等众多奖项。

001 法谛兰果酒包装

002 客家女儿红黄酒包装

003 苁蓉王包装

004 沙漠苁蓉包装

002

003

004

001

002

003

004

005

006

007

008

009

010

011

012

姓名：隋长伟

性别：男

出生时间：1978年4月

毕业院校：大连工业大学

所在城市：大连

邮箱：cuicanbense@126.com

2001年7月毕业于大连工业大学视觉传达设计专业。现任职于大连璀璨本色广告公司，2006年末系统研修策划课程，为商业艺术的把握再次夯实了基础。多年来先后服务过商场、海产、装修、杂志、汽车、美容、酒店、红酒等行业，作品主要包括标志品牌、广告、包装、画册以及各类宣传品设计。

001 大连企业发展研究会标志
002 五虎石标志
003 康乐餐具消毒标志
004 浪漫小镇标志
005 普湾电视台标志
006 大连养生网店标志
007 Try heart club红酒会所标志
008 天盛企业标志
009 喆慧钢贸标志
010 东泽海产标志
011 东泽海产食品包装
012 易生宝典包装

001

002

003

004

005

006

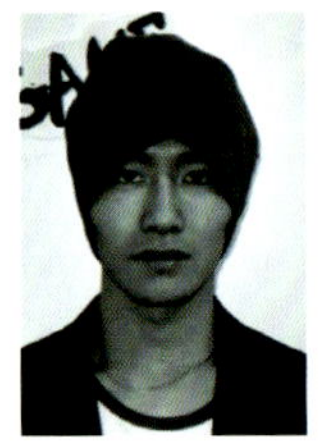

姓名：李志国

性别：男

出生时间：1985年3月

毕业院校：沈阳师范大学

学位：学士

所在城市：北京

邮箱：thebeyonds@163.com

辽宁省辽阳市人，2007年毕业于沈阳师范大学。现工作生活于北京，专注品牌形象设计于视觉传达设计，一直乐此不疲地热爱艺术与设计。2009年获华地置业标志设计优秀奖，获摩高服饰标志设计优秀奖，作品多次入选国内专业出版物。

001 LOVETREE(T恤)

002 中央人民广播电台经济之声爱旅行标志

003 INC株式会社标志

004 殷秀云雕漆大师工作室标志

005 安利华北西南区媒体日记标志

006 长春利拓通讯设备有限公司品牌形象

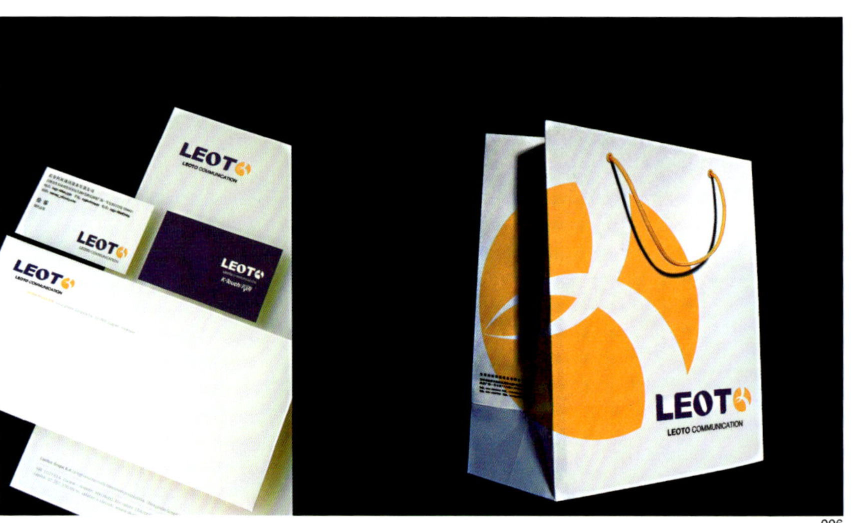

006

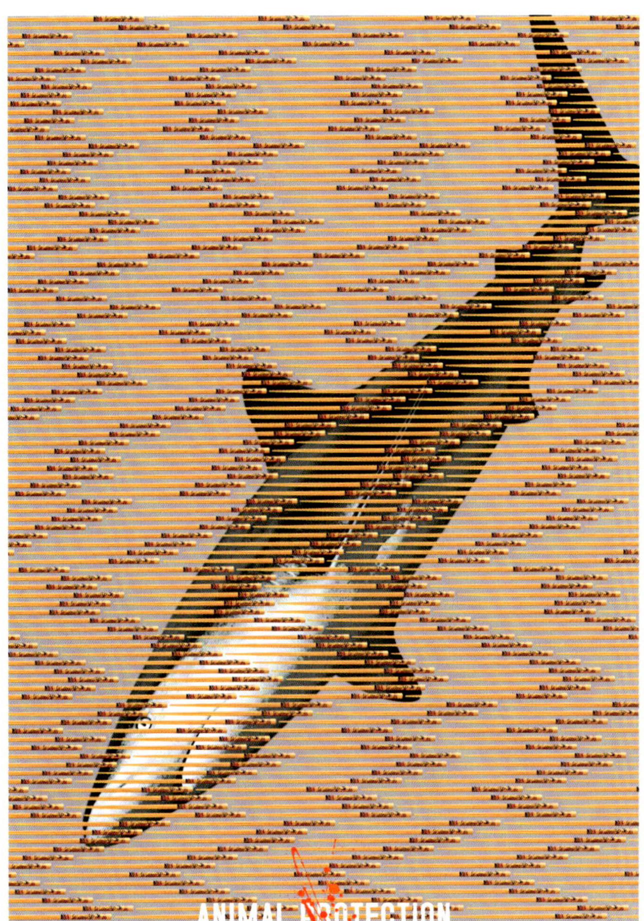

001

002

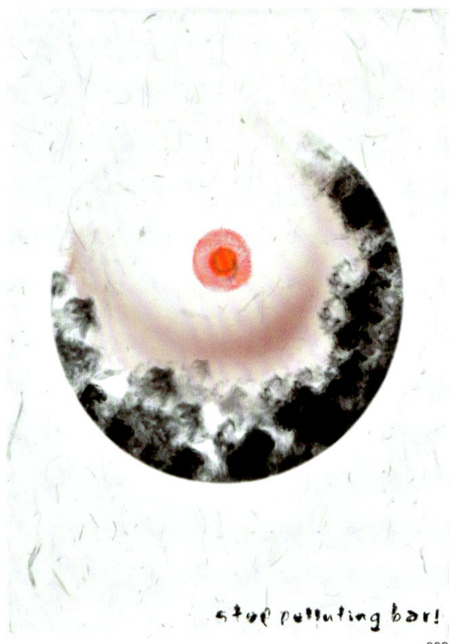

003

004

005

姓名：罗荣彪

性别：男

出生时间：1983年10月

毕业院校：广播电视大学

学历：大专

所在城市：深圳

邮箱：lop99@163.com

深圳天域嘉和广告公司高级设计师，CCII首都企业形象研究会会员。2003年开始从事视觉设计传播工作，曾担纲多家广告公司主力设计师，曾获2006年“和谐中国”公益创意招贴三等奖及优秀奖、2007年上海国际特奥会创意招贴优秀创意奖、第26届世界大学生夏季运动会海报设计大赛专业组入选奖等多项奖项。视觉灵感来源于对生活、梦想、音乐和哲学的多样化想象与构型融合，通过商业美术化来提升产品与服务的附加价值，融进消费行为的艺术化体验。

001 动物保护(鲨鱼篇)

002 动物保护(蟒蛇篇)

003 停止污染吧！(胸篇)

004 停止污染吧！(鱼篇)

005 停止污染吧！(贝壳篇)

001

002

003

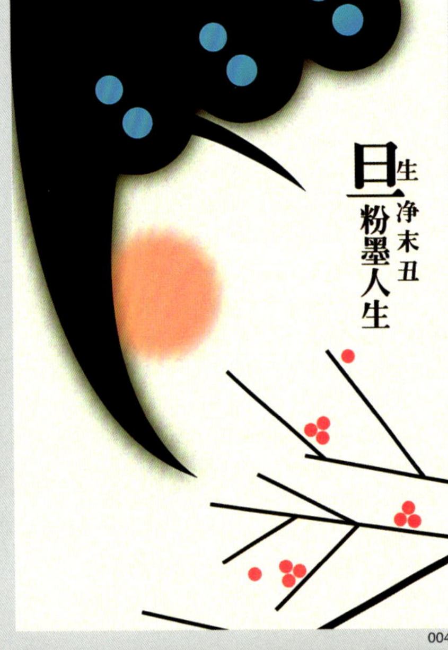

004

005

006

姓名：邢晗
性别：女
出生时间：1982年7月
毕业院校：天津美术学院
学位：硕士
所在城市：佳木斯
邮箱：hanxing82@tom.com

佳木斯大学美术学院专业教师。本科毕业于鲁迅美术学院，硕士毕业于天津美术学院。曾获全球人类抗击SARS招贴公益大赛优秀奖、河北省青年艺术设计大赛暨“燕赵家园”主题海报设计大展优秀奖、“节约中国”全国高校设计大学生邀请赛优秀奖、设计献礼60周年“中国印象”我爱中国主题创意海报征集专业组优秀奖。2006年作品入选中国设计专题展，2008年作品入选亚洲联盟超越设计展。

001	中国制造(1)
002	中国制造(2)
003	中国制造(3)
004	生旦净末丑——粉墨人生之青衣
005	生旦净末丑——粉墨人生之刀马旦
006	苏州国际旅游节

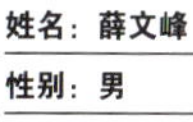

姓名：薛文峰

性别：男

出生时间：1971年

毕业院校：内蒙古师范大学

学位：学士

所在城市：呼和浩特

邮箱：ndartzz@126.com

呼和浩特市土默川人。1995年内蒙古师范大学毕业，现为内蒙古农业大学材艺学院副教授。曾编写《素描》、《设计色彩》等教材3部；在国家、省部级刊物上发表论文10余篇，多幅绘画作品参加区内外展览并获奖，《鄂尔多斯同馨裕酒店》设计获第七届中国国际室内设计双年展铜奖。

001　水的哭泣(1)

002　水的哭泣(2)

003　从一而亡

004　美利新世界(家装)

005　紫金东韵(新古典家装)

001

002

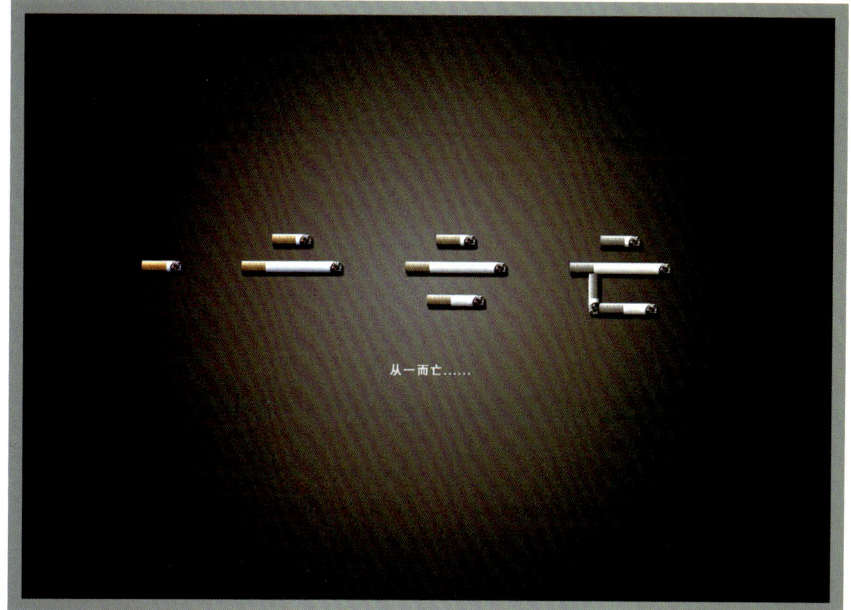

003

004

005

001

002

003

004

005

006

007

008

姓名：孙桂林
性别：男
出生时间：1983年3月
毕业院校：河北科技大学
学历：专科
所在城市：沧州
邮箱：198212@163.com

工作多年，思维活跃，思想深刻，具有独到的审美观。勇于挑战新事物，对梦想永不放弃。所拥有的是年轻和知识，年轻意味着努力进取，也意味着热情与活力。自信能实现自我表现的人生价值。喜欢忘我工作着的状态，工作中体会快乐，快乐时享受生活。

001 奥运(文化篇)
002 成长的记忆
003 绿·生命
004 救赎与反思
005 传承
006 承诺
007 最后的晚餐
008 交通安全

001

002

003

004

005

006

007

008

姓名：康欣

性别：女

出生时间：1981年8月

毕业院校：北京大学

学位：硕士(在读)

所在城市：北京

邮箱：vkicha@tom.com

河北大学本科毕业，现为北京大学计算机动画创作专业在读硕士研究生。曾在北京某出版社从事书籍装帧设计工作。设计作品曾获得河北省首届包装设计和包装装潢印刷大奖赛创意设计金奖，2010年4月多幅作品获得ECO-Idea环保创意大赛三等奖及最佳设计制作奖。

001 龙虎山度假村标志

002 龙虎山狩猎场标志

003 龙虎山游乐场标志

004 《Photoshop CS3多媒体教学风暴》装帧设计

005 《突破WINDOWS VISTA系统完全手册》装帧设计

006 《奥运机遇推动下北京休闲经济发展》装帧设计

007 北京大学中国文化发展研究中心标志

008 国际臭氧日标志标志

009 《文明圣典》装帧设计

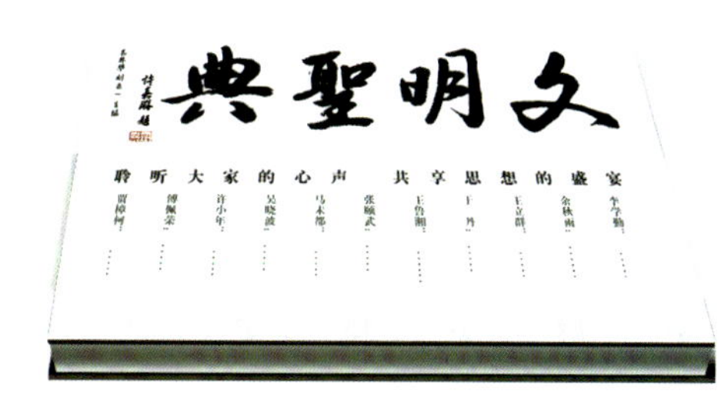

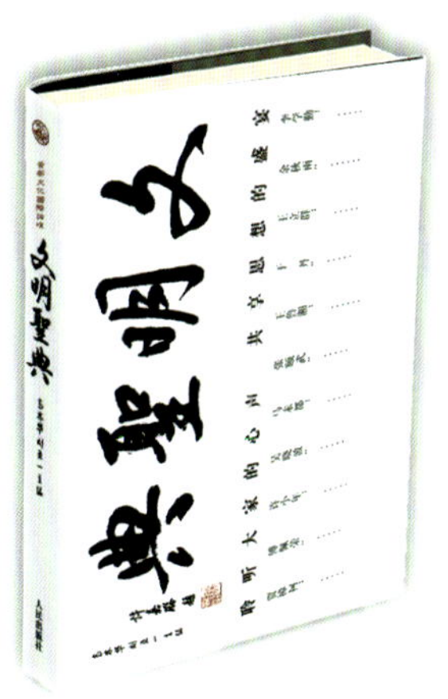

009

001

002

003

004

005

姓名：王聃
性别：男
出生时间：1981年5月
毕业院校：清华大学
学位：学士
所在城市：北京
邮箱：danwong7852@sina.com

北京塔坤艺术创作培训中心教研主任。毕业于清华大学美术学院，ICAD国际商业美术设计师协会高级会员。曾获ICAD中国国际商业美术设计大赛优秀奖、ICAD中国国际商业美术设计大赛入围奖、韩国仁川国际海报展优秀奖及入围奖、中国设计大赛入围奖、入围中英世界青年设计企业家大赛等，系列海报曾被《时代美术杂志》刊登。

001　世界之变——地球的面貌
002　世界之变——动物的烦恼
003　世界之变——人类的进化
004　人——你我他
005　科技与生态——假肢
006　濒危地球——抵制资源浪费，还我绿色家园
007　纸与森林——节约用纸，拯救森林

006

007

001

002

006

007

008

003

004

005

姓名：王洪课

性别：男

出生时间：1984年5月

毕业院校：内蒙古师范大学

学位：学士

所在城市：呼和浩特

邮箱：wanghongke@126.com

安徽宿州人，毕业于内蒙古师范大学。2007年担任内蒙古华资房地产开发有限公司策划部设计总监，内蒙古农业大学职业学院客座讲师，内蒙古美术高考网创办人。2006年获第15届台湾时报广告金犊奖大陆作品优选奖，2007年获第二届“和谐中国”中国公益广告设计大赛优秀奖。

001 第九届雨花石艺术节系列(1)

002 第九届雨花石艺术节系列(2)

003 内蒙古蒙亮蒙古服饰品系列(1)

004 内蒙古蒙亮蒙古服饰品系列(2)

005 吸烟等于“自坟”

006 浩通国际物流标志

007 巴音香标志

008 獭兔标志

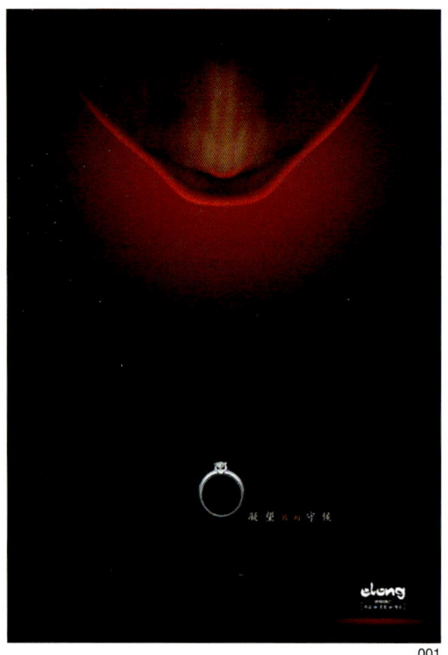

001

002

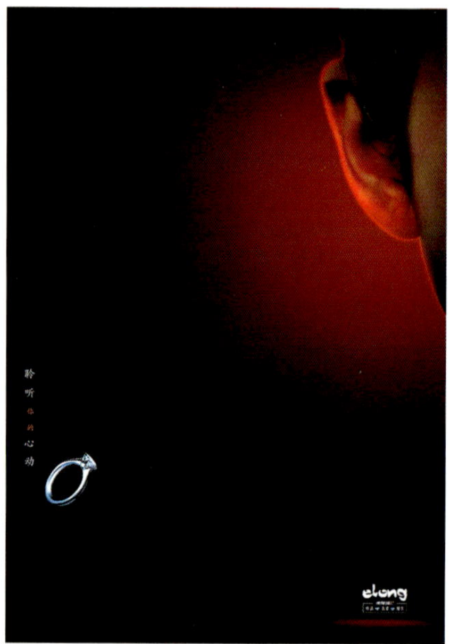

003

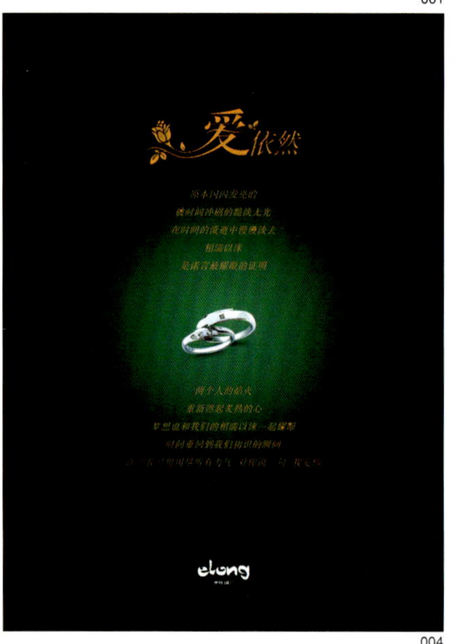

004

005

006

007

008

姓名：王宇

性别：男

出生时间：1978年1月

毕业院校：齐齐哈尔大学

学历：大专

所在城市：北京

邮箱：Wangyu214@126.com

从业10年来，在平面设计行业里学到了颇多的专业性知识与技能，多件作品入选国内专业出版物。曾成功设计2005年央视中秋晚会吉祥物“团圆兔”。现任北京华谊嘉信整合营销顾问股份有限公司创意部创意副总监。

001	亿龙钻石五官系列(凝望篇)
002	亿龙钻石五官系列(品位篇)
003	亿龙钻石五官系列(聆听篇)
004	亿龙钻石爱系列(依然篇)
005	亿龙钻石爱系列(鼓励篇)
006	亿龙钻石爱系列(成全篇)
007	I green运动装(瓦楞纸篇)
008	I green运动装(绿叶篇)

001

002

005

006

007

008

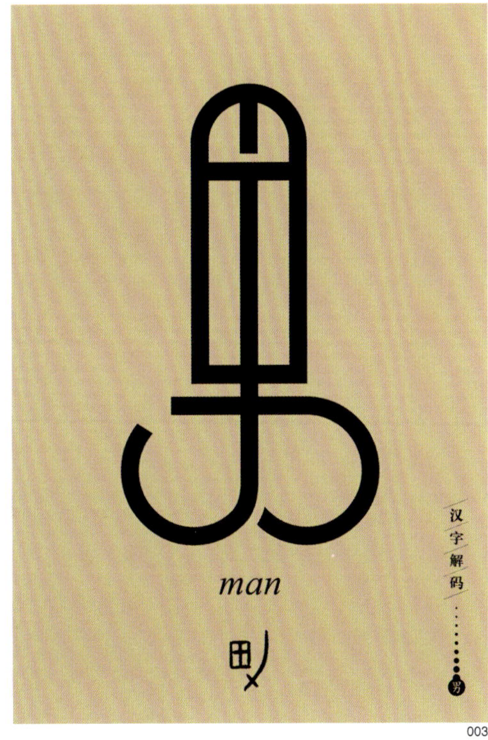

003

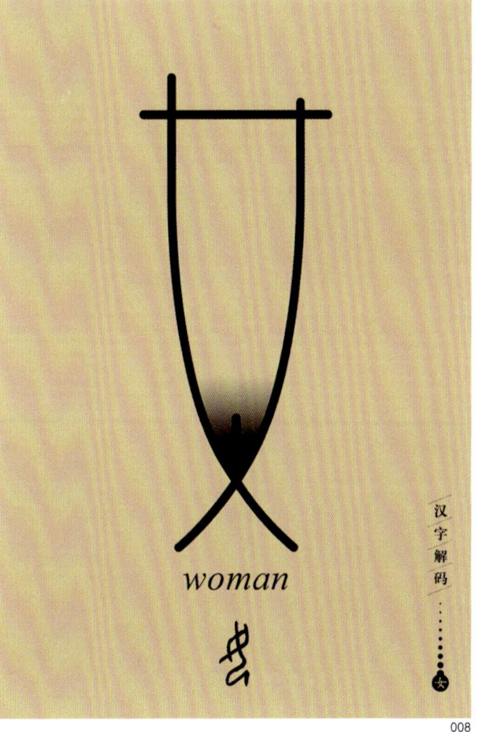

008

姓名：吴敏
性别：男
出生时间：1974年10月
毕业院校：北京服装学院
学位：学士
所在城市：北京
邮箱：Wumin0@sina.com

毕业于北京服装学院，现为北京相当设计公司设计总监。以设计谋生，虽无显著建树，却无临阵退缩之意，依然痴迷设计，祈望做出自己满意、他人叫好的作品。作品曾入围2009台湾国际平面设计竞赛，入选《中国设计年鉴》第七卷，获第一届中国高校美术学年展“设计类”博硕组三等奖，入选创意中国·第四届全国青年设计艺术双年展。施德明说过，他的心愿是做出感动人心的设计，愿与同道共勉之。

001 Humans are born of nature-flower
002 Humans are born of nature-tree
003 汉字解码(男)
004 汉字解码(女)
005 盛唐轩传统玩具店标志
006 东方书店标志
007 good&bad书友会标志
008 锐视界视觉工作室标志

SHUAICHAO
帅潮

001

002

003

004

005

姓名：成之斐

性别：女

出生时间：1980年7月11日

毕业院校：青岛大学

学位：学士

所在城市：青岛

邮箱：94648130@qq.com

2003年毕业于青岛大学化工系，由于个人爱好于2006年6月开始从事设计工作，现担任设计总监职务。2006年10月获得中国国际茶叶包装大赛优秀奖，2008年7月参与创意奥帆赛邀请函的竞标，获中标奖。对设计抱有一颗赤子之心，并像儿童般去学习。在实践中提高自我，致力于探索品牌设计市场化的需求与发展方向。

001　青岛帅潮集团标志

002　青岛造船厂风雨60年标志

003　靓格造型标志

004　青岛N多寿司连锁标志

005　伽蓝软件标志

006　《青岛造船厂风雨60年》画册

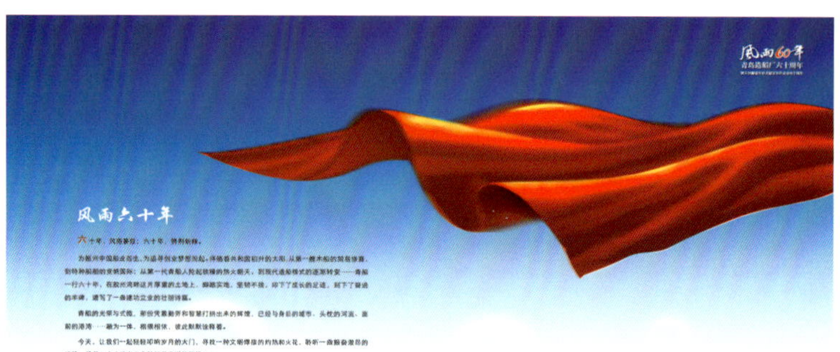

006

001

002

003

004

011

005

006

007

008

009

010

012

013

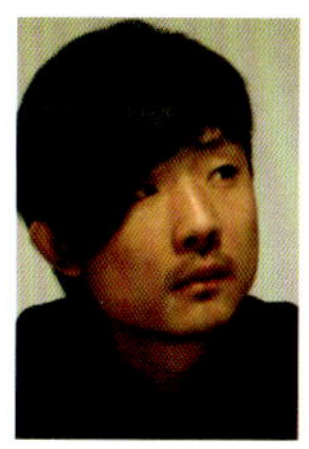

姓名：胡毅松

性别：男

出生时间：1983年8月

毕业院校：河北师范大学

学位：学士

所在城市：石家庄

邮箱：logovi@sina.com

ICOGRADA国际平面设计协会联合会成员，首都企业形象研究院全权会员。2005年毕业于河北师范大学，2006年研修于中央美术学院，2007年加入CCII国际设计中心，2008年就职于北京先形至尚品牌识别设计机构，多项作品入选《中国设计年鉴》，荣获广东之星设计大赛银奖。

001	雪域阳光标志
002	中国国家跆拳道示范团标志
003	上海格润澜特国际贸易有限公司标志
004	乐扣标志
005	会通河酒标志
006	丝享(SAYSONG)标志
007	家天下创意家居馆标志
008	一百度火锅体验馆标志
009	艾品牛排标志
010	锦萃标志
011	家天下创意家居馆品牌形象
012	一百度火锅体验馆品牌形象
013	雪域阳光品牌形象

001

002

003

004

005

006

007

008

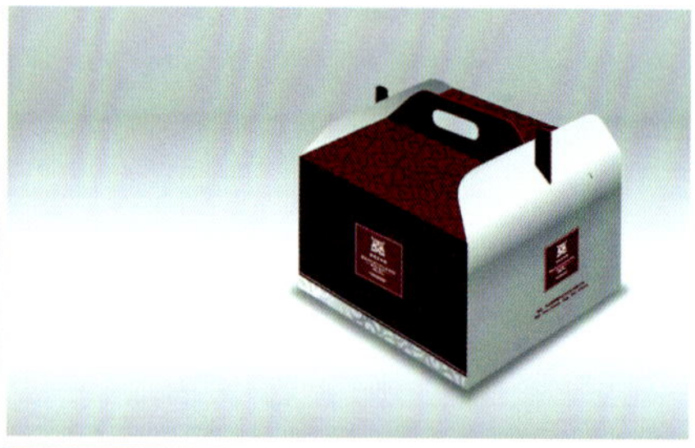

009

姓名：张志飞	
性别：男	
出生时间：1974年6月	
毕业院校：吉林省纺织工业设计学校	
学历：中专	
所在城市：北京	
邮箱：hortang@163.com	

新一代商业品牌设计项目主持人与策划人，曾多年担纲某国内知名品牌设计公司的创意总监，主持项目近百。其中包括多家上市公司、大型国企及多家超实力级民营企业。其中为吉利汽车、向荣集团、麦肯食品、明宇集团、东方喜满堂等企业的设计项目均获过奖项，并被多种年鉴收录。一直致力于品牌的视觉规划与研究，是将艺术、技术、方法融为一体，是向客户提供全方位实效方案的倡导者与实践者。

001 麦肯食品标志
002 东方喜满堂食品标志
003 辉能电气标志
004 明宇集团标志
005 鲍翅皇酒楼标志
006 向荣集团标志
007 吉利汽车标志
008 宇豪酒店标志
009 鲍翅皇酒楼品牌形象
010 辉能电气品牌形象

010

001

004

005

006

007

008

009

002

010

011

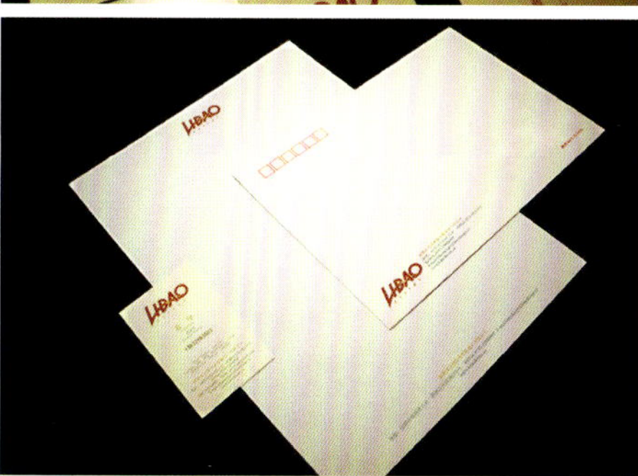

003

姓名：肖蕾

性别：男

出生时间：1982年8月

毕业院校：萍乡高等专科学校

学历：大专

所在城市：深圳

邮箱：363408290@qq.com

毕业于萍乡高等专科学校，曾在中国美术学院研修结业。现为深圳力道设计有限公司设计总监。2006年，深圳福田区公共文化服务标志设计作品获深圳市福田区“设计之星”职业技能竞赛广告设计第三名，本人获深圳市福田区技术能手称号。

001	《罗马庄园家具》画册
002	鸿博传媒视觉形象
003	深圳力道设计公司视觉形象
004	阳光羽毛球俱乐部标志
005	罗马庄园家具标志
006	添翼日化标志
007	鸿博传媒标志
008	深圳博欧建材标志
009	深圳力道设计公司标志
010	深圳福田区公共文化服务标志
011	尊素堂黄酒标志

001

姓名：陈育民
性别：男
出生时间：1978年6月
毕业院校：国立台北艺术大学
学位：硕士
所在城市：高雄(台湾)
邮箱：axlchen.tw@yahoo.com.tw

台湾实践大学资讯模拟与设计学系专任讲师，兼任美学意志设计事务所创意指导，曾担任2010张艺谋图兰朵公主歌舞剧平面视觉设计、云门舞集2视觉设计、两厅院2009台湾国际艺术节平面视觉设计规划、亚太艺术节视觉设计、诚品书店平面视觉设计等专案。荣获2010亚洲最具影响力设计大奖最佳设计铜奖、2010年海峡两岸优秀设计师国际海报竞赛奖、香港idn国际数位设计竞赛入选奖、EPSON创意达人国际数位设计竞赛优选奖等奖项。曾于国内外多次举办展览，也担任国际知名当代艺术家蔡国强当代艺术推广客座讲师以及诚品设计小讲堂客座讲师。

001	双合·双和(1-2)
002	守护地球(1-3)
003	终结或重生(1-3)

002

003

001

002

003

004

005

006

姓名：邓水清
性别：男
出生时间：1979年2月
毕业院校：湖南师范大学
学位：硕士
所在城市：长沙
邮箱：dengshuiqing@126.com

湖南科技职业学院骨干教师，高级工艺美术师，湖南省普通高校青年骨干教师，国内访问学者，湖南省包装技术协会设计委员会委员，湖南省工艺美术家协会会员。作品曾获第十届全国美展银奖、“建设节约型社会”主题海报设计大赛银奖、中国之星铜奖、第17届中国国际广告节优秀奖、2003-2007年连续三届湖南之星金奖、中南之星银奖、全国金指环广告创意设计大赛银指环奖等四十余项奖励。

001 SAVE GREEN
002 保护森林，爱护自然
003 水即生命
004 第26届世界大学生夏季运动会
005 纪念南京大屠杀65周年
006 城市，让生活更美好

001

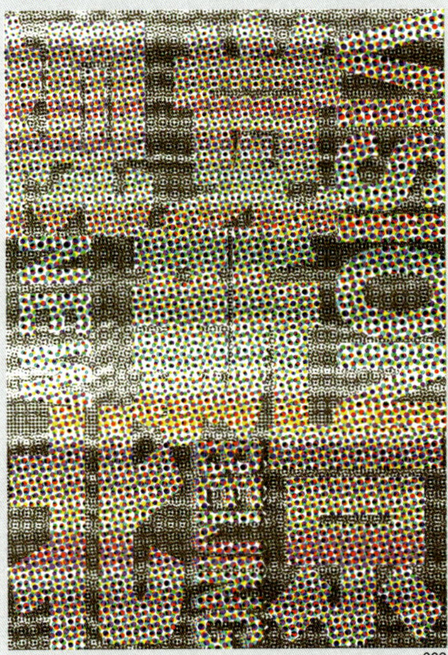

002

003

004

005

姓名：陈守明

性别：男

出生时间：1981年9月

毕业院校：首都师范大学

学历：硕士

所在城市：广州

邮箱：251130658@qq.com

本科毕业于湖北美术学院，硕士研究生毕业于首都师范大学美术学院，现为仲恺农业工程学院艺术设计学院教师。研究方向为视觉传达及数字媒体设计。荣获国内外设计比赛五十余奖项，参加设计展览十余次；参编多本教材，其中《编排设计基础》荣获“十一五”国家级精品教材；发表论文6篇，其中英文论文《Experiential Design Based on the Area of Cultural and Creative Industries》入选2008年 IEEE 第九届国际计算机辅助设计与概念设计学术会议论文集，并被国际三大检索的《EI》收录。

001 印象北京(文 · 迹)

002 印象北京(视觉新北京)

003 印象北京(墙)

004 安全 危险

005 绿色城市健康家园

006 运动交流快乐

007 乐在其中

006

007

传播文化讯息 共建和谐家园
001

传播文化讯息 共建和谐家园
002

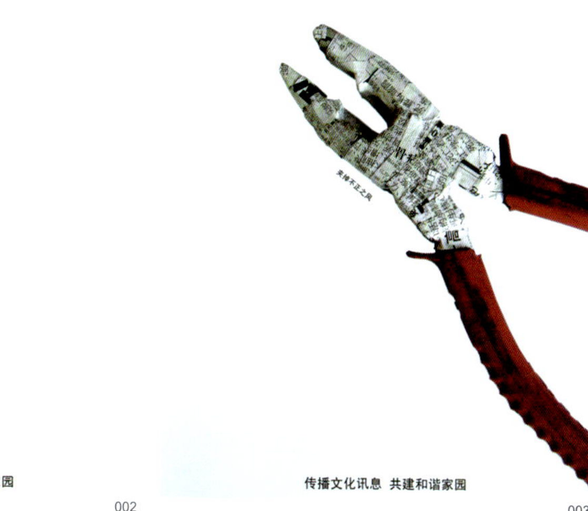
传播文化讯息 共建和谐家园
003

004

005

006

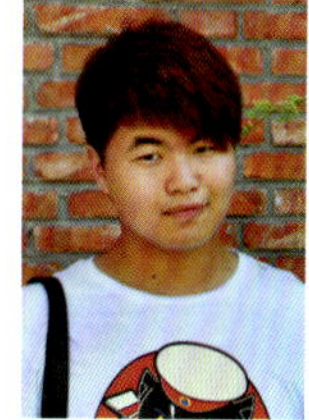

姓名：朱志凯

性别：男

出生时间：1988年4月

毕业院校：江汉大学

学位：学士

所在城市：上海

邮箱：zzk-666@163.com

上海形格艺术设计有限公司平面设计师。亨德里克·威廉·房龙在《人类的艺术》一书中阐述："生活是人类最伟大的艺术"，我相信，生活也是设计师的创意源泉。在生活中发现设计，把设计融入生活。

001　传播文化讯息 共建和谐家园(锤子篇)
002　传播文化讯息 共建和谐家园(螺丝刀篇)
003　传播文化讯息 共建和谐家园(钳子篇)
004　绿色宣言
005　after5·12
006　健康旺旺，生活旺旺
007　绿树知了咖啡厅视觉形象

007

001

002

003

004

005

姓名：张光仕
性别：男
出生时间：1986年4月
毕业院校：厦门大学
学位：硕士(在读)
所在城市：厦门
邮箱：564980271@qq.com

厦门大学视觉传达专业在读硕士研究生。多件设计作品被国内专业出版物收录。

001	SEEDS IN CULTURE(1)
002	SEEDS IN CULTURE(2)
003	SEEDS IN CULTURE(3)
004	It's up to you
005	沁园春·雪
006	东西文化融合座谈会海报
007	河字演化史

006

007

迎接盛会
Welcome Pageant

开幕式及文艺晚会
Opening Ceremony and Art Party

项目推介洽谈会
Projects Promotion Fair

动画电影展
Cartoon Films Exhibition

高峰论坛
Summit Forum

交易项目签约会
Contract of Trading Items

动漫书市
Cartoon Book Market

潮品淘
Cartoon Project Market

COSPLAY超级盛典
COSPLAY Super Festival

动漫巡游
Cartoon Characters' parade

人才招聘大会
Talented Person Employment Advertise Meeting

卡通漫画大赛
Cartoon Contest

001

002

003

004

姓名：何芳秋子
性别：女
出生时间：1986年8月
毕业院校：四川美术学院
学位：硕士
所在城市：重庆
邮箱：1092091419@qq.com

四川美术学院动画专业硕士研究生。美术作品《与时间赛跑》获中央电视台21世纪新星奖；2009年10月，“嘟噜与嘟妮”卡通形象被第二届中国国际动漫创意产业交易会组织委员会选为吉祥物，并获最佳创意奖。

001　第二届中国国际动漫创意产业交易会吉祥物
002　第二届中国国际动漫创意产业交易会海报(1)
003　第二届中国国际动漫创意产业交易会海报(2)
004　第二届中国国际动漫创意产业交易会海报(3)

001

002

003

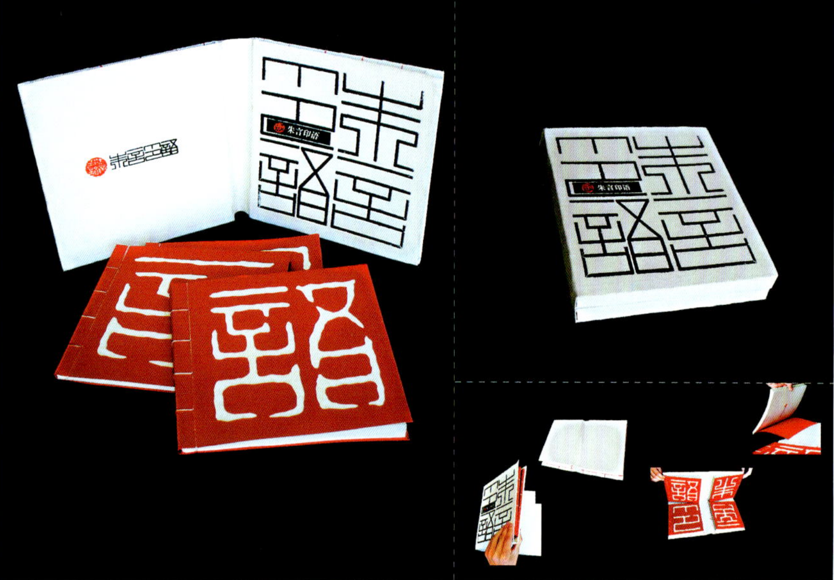

004

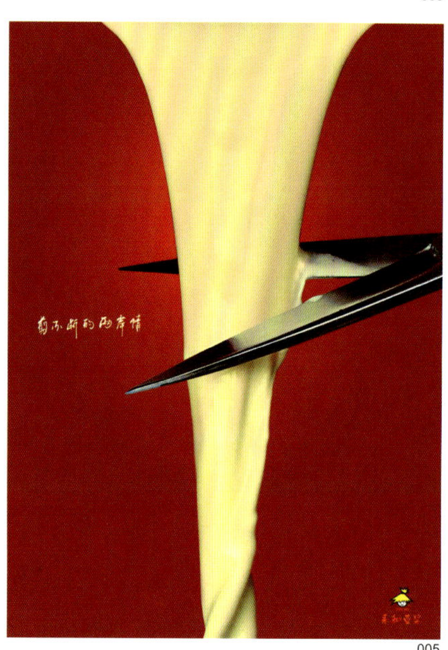
005

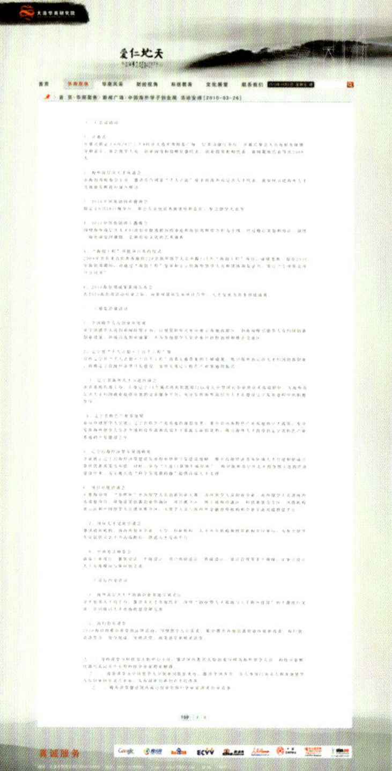

006

姓名：刘国超

性别：男

出生时间：1988年12月

毕业院校：鲁迅美术学院

学位：硕士(在读)

所在城市：大连

邮箱：Liuguochao7125@163.com

鲁迅美术学院在读硕士研究生。海报作品《未来》系列入选印度国际海报展，《朱言印语》、《CRD》、《大连京剧院》、《弄潮》等作品参加美国杜鲁门大学设计交流展，曾获大连国际啤酒节标志优秀奖。团队作品在第十九届金犊奖中获得27个获奖证书，其中包括大陆地区一等奖一项、二等奖两项。曾成功为see bule休闲酒吧、大连安盛购物广场、沃特时尚购物广场、安盛经营管理有限公司、沈阳东方神力重工等中大型企业提供标志及VI设计。

001　未来·金字塔篇

002　未来·长城篇

003　未来·石阵篇

004　《朱言印语》装帧

005　剪不断的两岸情

006　大连华商研究院网页设计

姓名：邱剑

性别：男

出生时间：1981年6月

毕业院校：中国美术学院

学位：学士

所在城市：嘉兴

邮箱：ccdadd@163.com

嘉兴睿智沟通设计事务所设计总监，毕业于中国美术学院。LCOGRADA国际平面设计联合会成员，CCII国际设计中心会员。作品曾多次入选《中国设计年鉴》、《亚太设计年鉴》、《中国房地产广告年鉴》等专业出版物。2008年获中国之星设计艺术大奖标志类最佳设计奖，参加扇动2007广州国际扇面设计邀请展，获得宁波博物馆馆徽全球征集二等奖及最佳入选方案，获第12届中国广告节广告大奖赛入围奖，获得上海电信公益广告大赛优秀奖等。

001	贺钱威室内设计公司标志
002	五芳斋粽子标志
003	缸鸭狗标志
004	SKA酒吧标志
005	和园标志
006	第六空间标志
007	晶采陈设标志
008	宁波博物馆标志及形象
009	富悦国际标志及形象
010	坐家家居标志及形象

001

002

005

003

006

004

007

008

009

010

001

002

003

004

005

006

007

008

009

010

011

012

上海五角場
SHANGHAI WUJIAO PLAZA

013

014

015

016

017

018

019

020

姓名：闫铁
性别：男
出生时间：1979年3月
毕业院校：中国美术学院
学历：本科
所在城市：杭州
邮箱：vislogo@qq.com

2004年毕业于中国美术学院成教学院，现为杭州兰龙创意设计公司设计总监。擅长大中型企业形象品牌整合设计，具有丰富的设计实践和经验。

001 毛源昌眼镜标志
002 续畅家纺标志
003 MPK摩托车配件标志
004 翡翠领地标志
005 特莱维狮电动车标志
006 横店华夏文化城标志
007 浙江罗格朗服饰有限公司标志
008 锦福臣纸业标志
009 兴洋水产标志
010 中国山寨网标志
011 春风摩托车俱乐部标志
012 浙江康盛装饰标志
013 上海五角场标志
014 佳途安全轮胎标志
015 横店红色旅游城标志
016 浙江支援青川指挥部标志
017 杭州工业资产经营集团标志
018 诺地克不开挖管道标志
019 杭州开运金生首饰标志
020 横店影视职业技术学院标志

001

002

003

004

005

006

姓名：马鸣
性别：男
出生时间：1977年2月
毕业院校：西安文理学院
学位：学士
所在城市：北京
邮箱：maming2046@sina.com

曾先后担任北京早晨设计顾问公司主任设计师、北京理想艺术设计公司首席设计师、北京大奇天下广告公司视觉总监，现为北京新铭堂设计公司设计总监。曾获1999西安市首届“宁城杯”公益广告大赛平面类二等奖及三等奖、2007年北京奥运安保标志设计竞标第二名、2009年国家“全民健身日”标志设计海内外竞标第三名。2000年作品入选第十四届法国国际海报沙龙展。多件作品曾被国内外专业出版物收录。

001　北京航空标志
002　西安阎良区武屯初级中学标志
003　北京联拓集团标志
004　地球卫士标志
005　北京航空视觉形象
006　《总部共同体》画册

001

002

003

004

005

006

007

008

009

姓名： 王瑞峰

性别： 男

出生时间： 1976年8月

毕业院校： 山东轻工业学院

学位： 学士

所在城市： 青岛

邮箱： besthqn@163.com

山东青岛人，现为青岛倾目堂设计总监。有近十年的设计体验，设计不仅是工作需要，更是生命不可或缺的一部分。不仅仅设计作品，同时也设计着自己的人生。设计之路即自己的人生之路，沿着这条路从年少轻狂走到成熟稳重，从只窥一隅到放眼世界，作品与自己一同在经历无数的蜕变。曾获第六届国际商标节双年奖优异奖、"娃哈哈"中国商标节优异奖及全国各类标志征集大赛十余奖项。

001	美可食品标志
002	盛瀚海参标志
003	青岛国际海岸水会会馆标志
004	福格太阳能标志
005	青岛海港城标志
006	锦宜服饰标志
007	面面相聚标志
008	鑫忆品香标志
009	福格太阳能品牌形象
010	面面相聚品牌形象
011	盛瀚海参品牌形象
012	鑫忆品香品牌形象

010

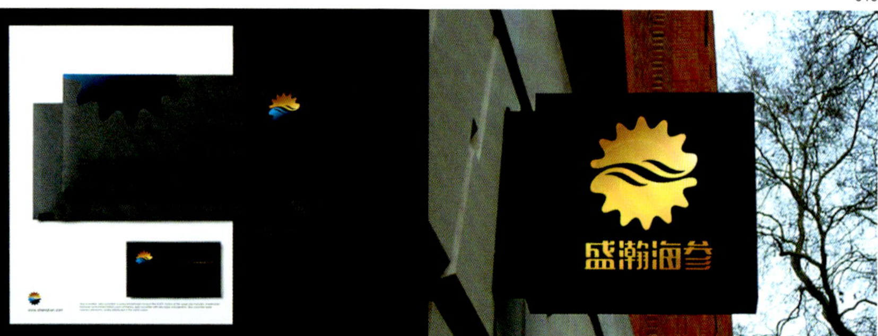

011

012

001

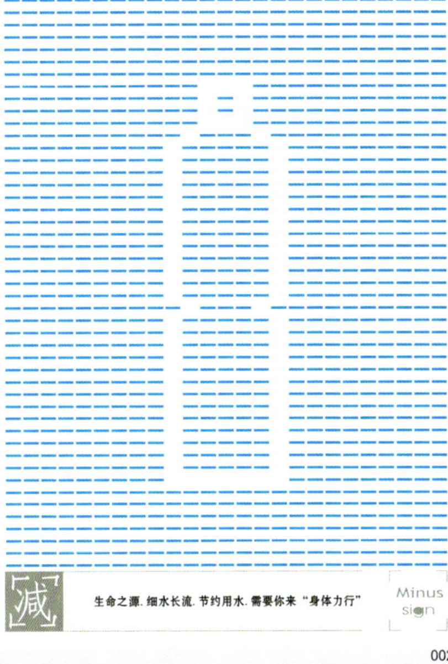

002

007

008

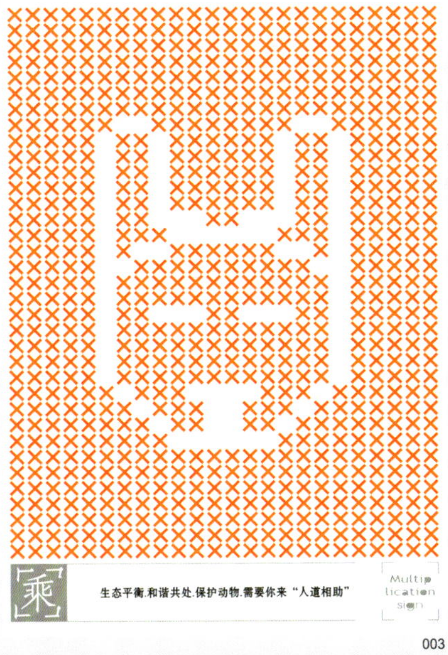

003

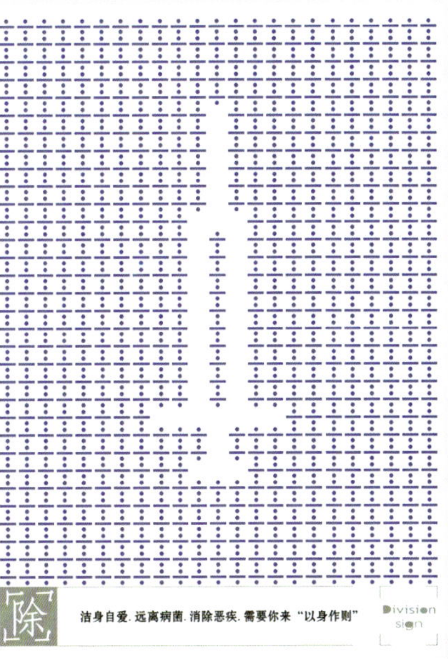

004

009

010

姓名：徐毅楠
性别：男
出生时间：1983年1月
毕业院校：西安联合大学
学位：学士
所在城市：西安
邮箱：foxvinson@foxmail.com

CCII首都企业形象研究会会员，IDA icograda会员，国家高级摄影师，中国旅游信息报摄影记者。多年全程品牌服务工作经历，致力于视觉传达美学与商业推广研究。曾获中国首届地铁公益广告设计大赛优秀奖，华艺时空首届国际华人美术作品大赛获提名奖，中国之星、中南之星、海南之星等国内专业比赛多项奖励，作品被国内多家专业出版物收录。

005

006

001	生命的符号(1)
002	生命的符号(2)
003	生命的符号(3)
004	生命的符号(4)
005	为生命而设计(1)
006	为生命而设计(2)
007	陕西省女法律工作者协会标志
008	四方医药标志
009	陕西省防止虐待与忽视儿童协会标志
010	七度冰果标志

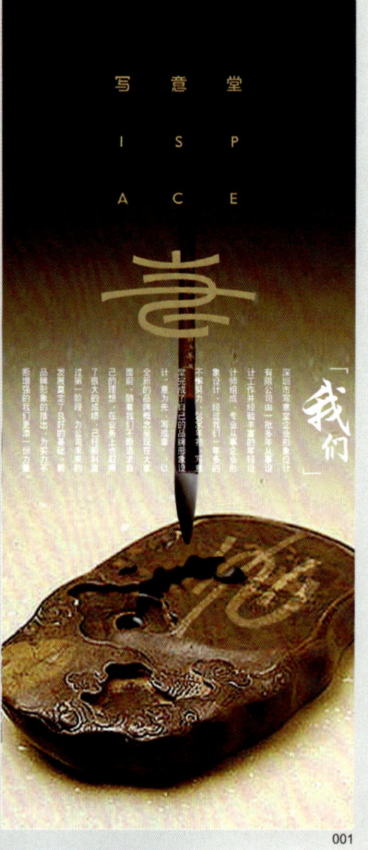

001

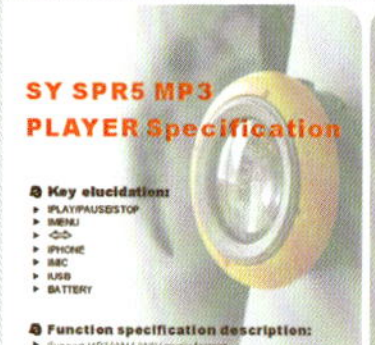

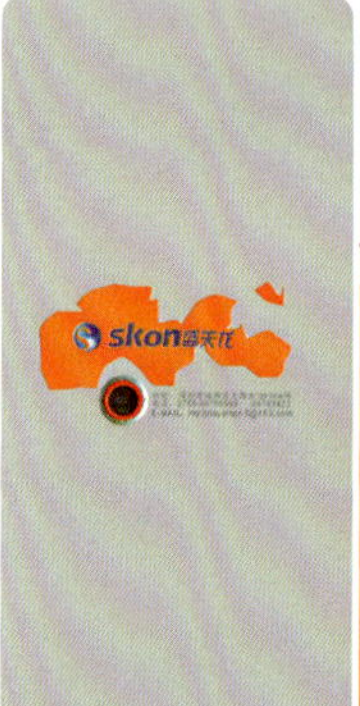

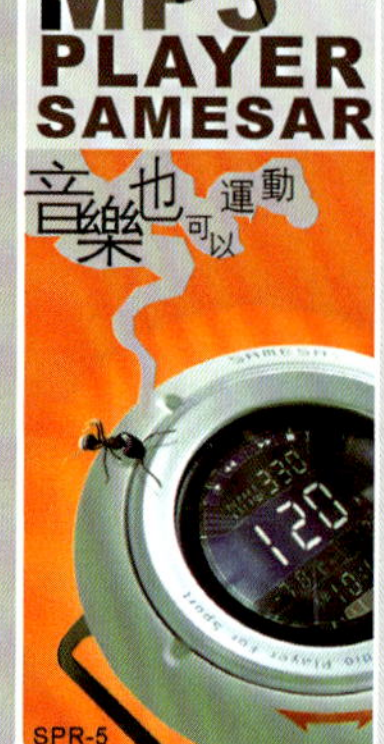

002

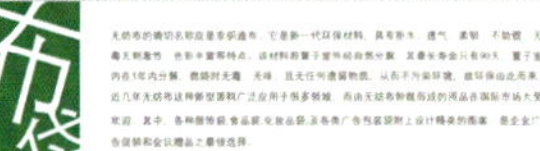

003

姓名：曾晋
性别：女
出生时间：1981年5月
毕业院校：西华大学
学位：学士
所在城市：深圳
邮箱：Linshui203@163.com

毕业于西华大学，在深圳从事平面设计工作多年，执著于设计，有过许多成功案例，爱好文学写作、旅游、热爱生活。

001 写意堂形象海报
002 Mp3宣传品
003 无纺布袋广告系列(1-4)

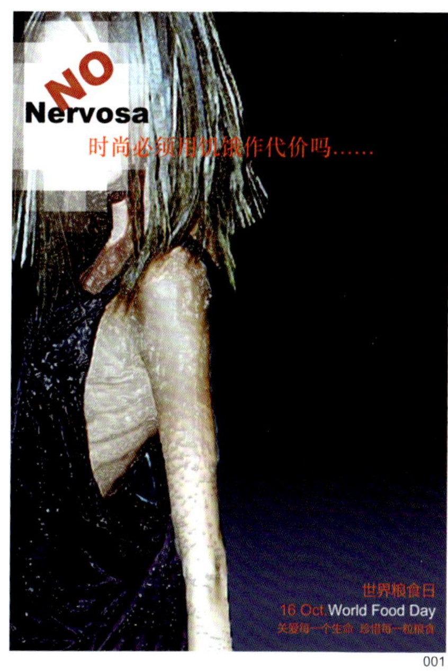

001

002

007

008

003

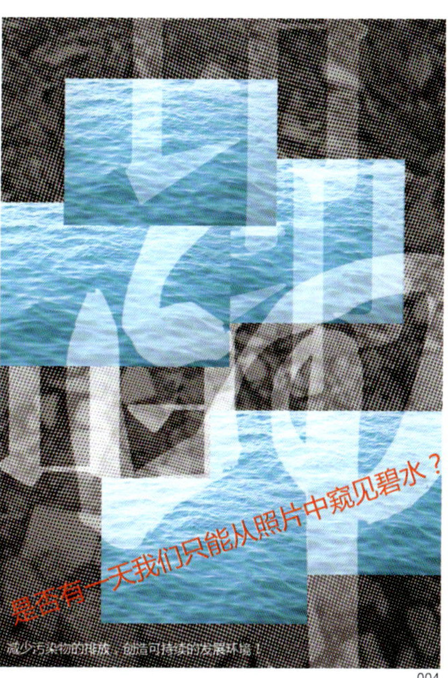

004

009

010

005

006

姓名： 王欣

性别： 女

出生时间： 1973年10月

毕业院校： 武汉大学

学位： 硕士

所在城市： 武汉

邮箱： wxin1007@hotmail.com

武汉大学城市设计学院讲师。本科毕业于湖北美术学院，研究生毕业于武汉大学。从事艺术设计专业的本科教学工作，并主持个人平面设计工作室，主导多项企业形象设计、品牌设计及其他平面设计项目。多次获得中国之星、楚天创新设计大赛奖项。

001 世界粮食日海报(1)
002 世界粮食日海报(2)
003 记忆中的印迹(蓝天篇)
004 记忆中的印迹(碧水篇)
005 有水有家
006 家园
007 优乐学堂标志
008 米兰画廊标志
009 应城宾馆标志
010 好轻松标志

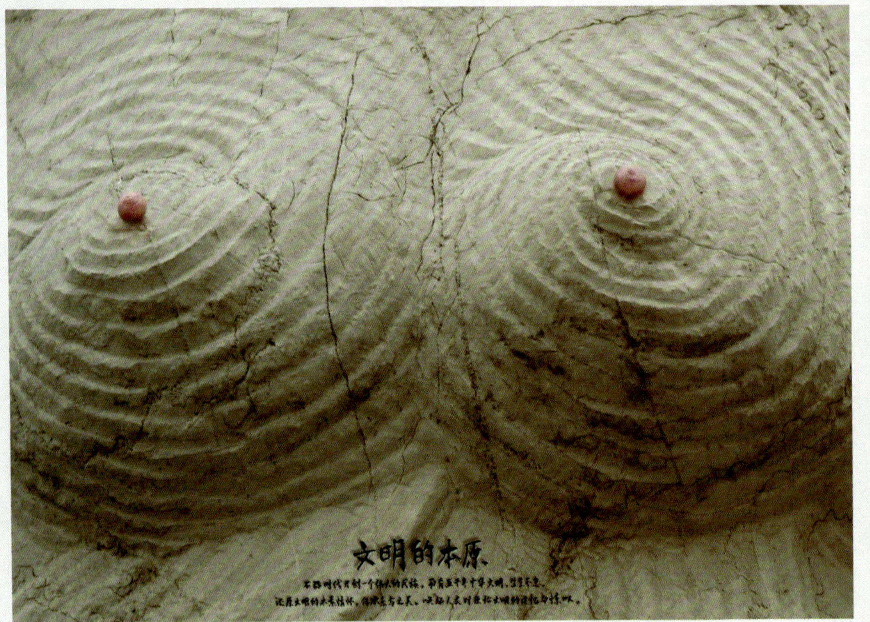

001

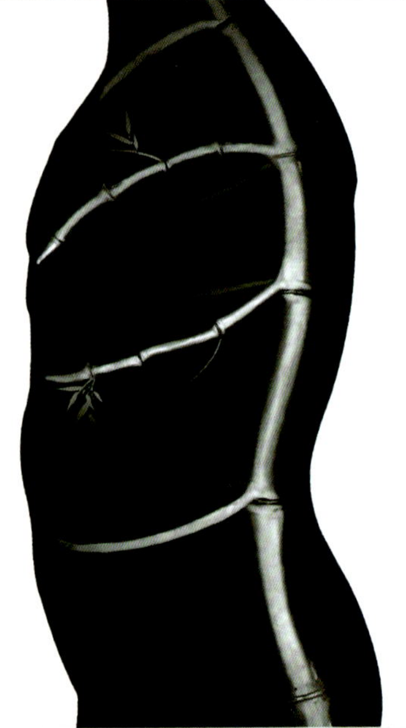

内修刚韧之气　弯而不折　折而不断

In repairs the unyieding gas, but bends does not fold, fold unceasingly.

002

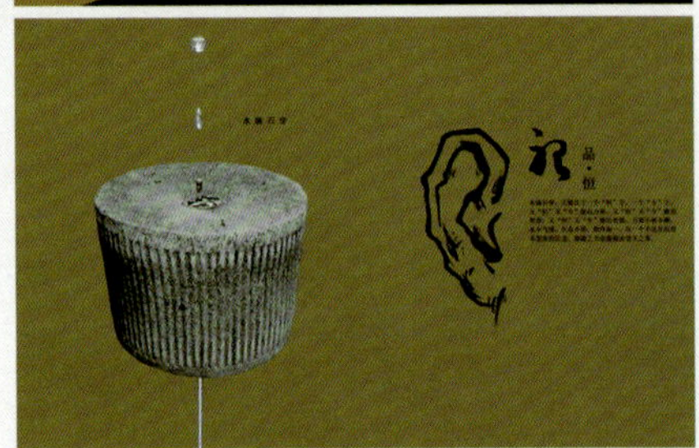

005

姓名：胡晶

性别：男

出生时间：1987年5月

毕业院校：武汉工程大学

学位：学士

所在城市：武汉

邮箱：hj20051118@126.com

曾获第三届鹤山雅图仕高等院校包装与艺术设计大赛潜力奖，获第三届全国大学生广告艺术大赛湖北赛区平面一等奖、二等奖、优秀奖(两项)共四项奖励，获第三届全国大学生广告艺术大赛全国区优秀奖，获湖北省第十四届楚天创新奖优秀奖两项，获2009中南之星奖国星杯艺术设计大赛优秀奖两项。作品入围新琭强全球华人大学生设计大赛。

003

004

001　文明的本原

002　骨

003　中国魂

004　中国结

005　品之五感(1–5)

001

002

003

004

005

AE

006

007

008

姓名：白宇

性别：男

出生时间：1985年1月

毕业院校：北京交通大学

学位：学士

所在城市：北京

邮箱：Bailiang_83@sohu.com

毕业于北京交通大学。擅长版式、标志设计。设计风格简约脱俗，尤其在中国元素的运用方面具有独特的风格。曾为2008年北京奥运会国奥村设计大量平面作品，并得到奥组委领导的肯定。

001 天承锦绣项目标志
002 屯河红集团标志
003 益之番茄标志
004 脸谱乐队标志
005 力海源品牌标志
006 健康AE标志
007 天润屯河集团标志
008 圈里的事标志
009 天承锦绣项目视觉形象

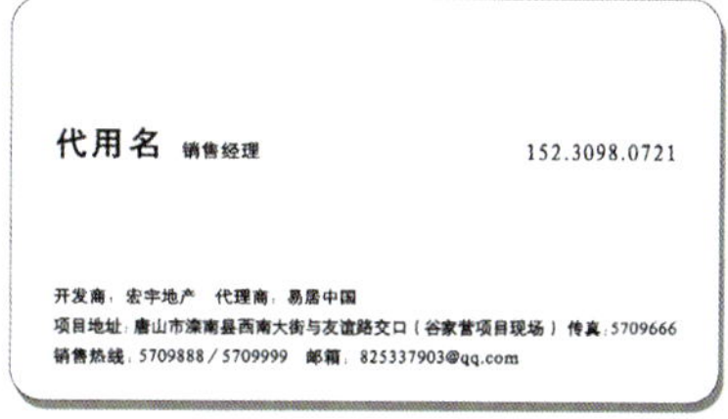

001

002

003

004

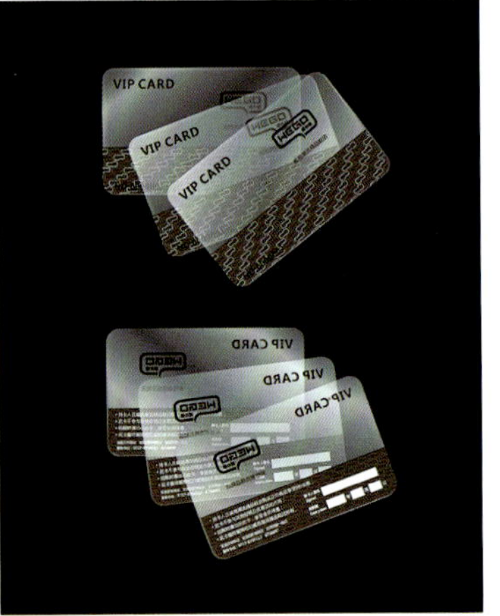

005

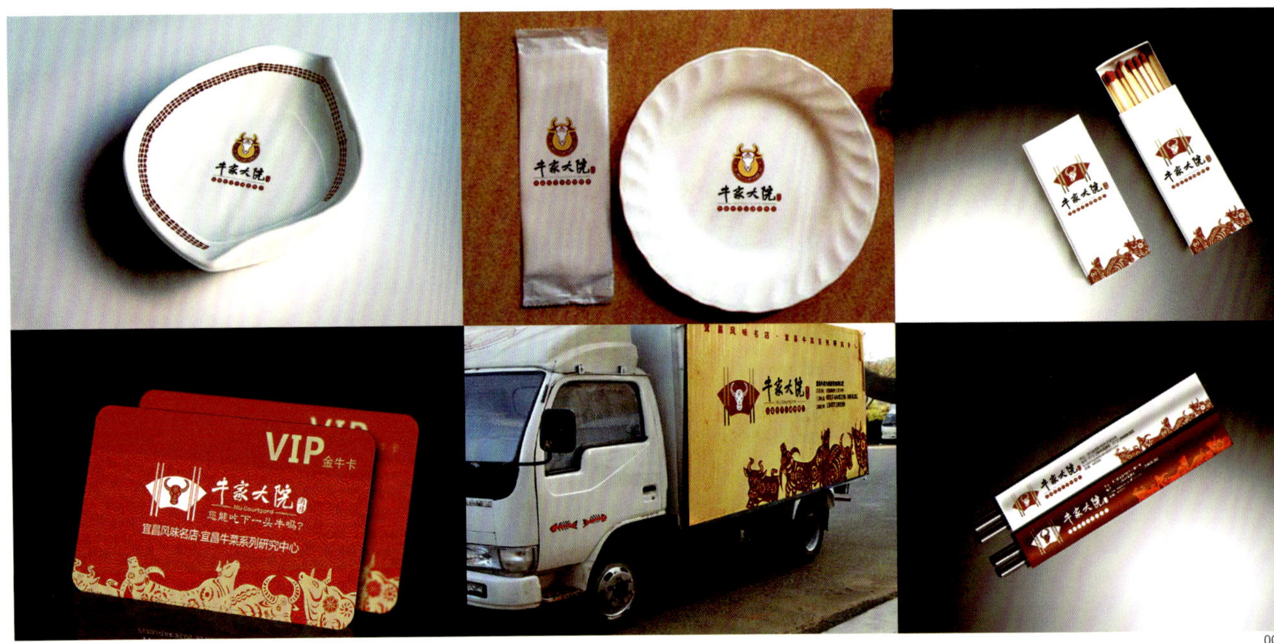

006

007

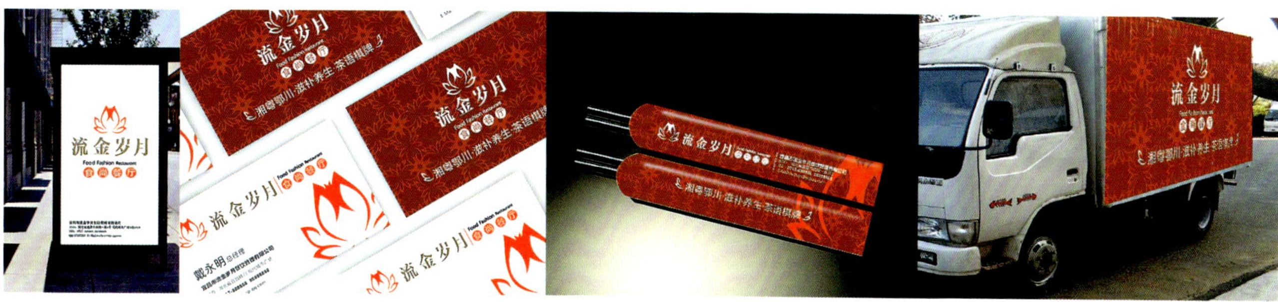

008

009

姓名：郑任辰
性别：男
出生时间：1984年12月
毕业院校：湖北美术学院
学位：学士
所在城市：宜昌
邮箱：17447244@qq.com

瑞辰品牌创始人，资深品牌设计顾问，创意总监。擅长品牌建设、产品包装、商业空间设计、广告摄影。曾为日本亚洲经济研究所、日本东信国际商事株式会社、上海移动、上海庄信万丰集团、上海逸动信息公司、上海经典假期、湖南摩登堡时尚购物广场、湖北民康药业、宜昌柒加柒餐饮管理公司、宜昌陆加壹餐饮管理公司、湖北皇廷酒店管理股份有限公司等上百家国内外品牌及企业提供设计服务。

001 威格鞋店标志
002 流金岁月食尚餐厅标志
003 6+1粗粮王标志
004 亚洲现代经济研究所标志
005 威格鞋店品牌形象
006 牛家大院视觉形象
007 亚洲现代经济研究所视觉形象
008 流金岁月时尚餐厅视觉形象
009 百鲜居海鲜火锅视觉形象

001

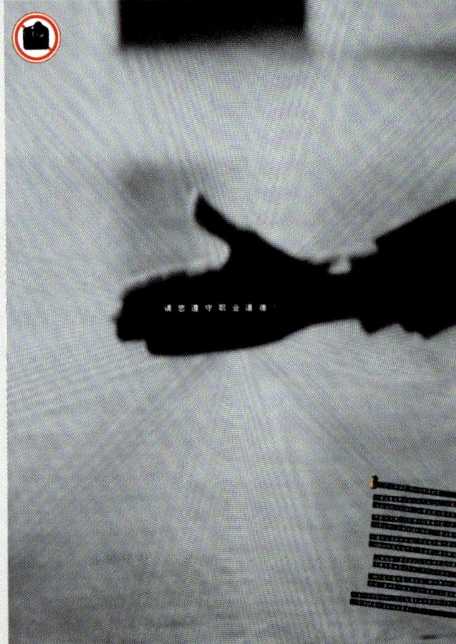
002

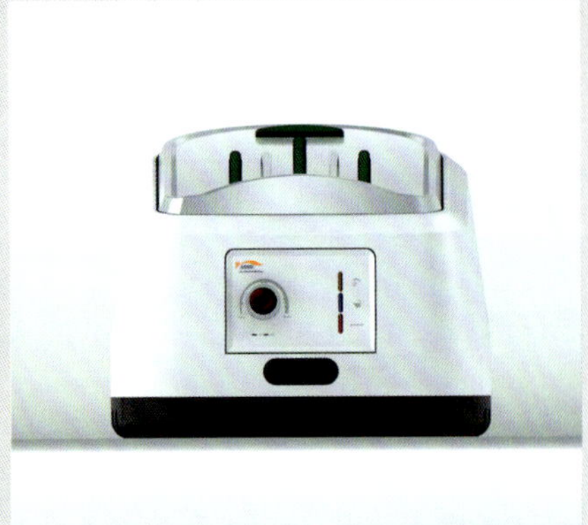
006

007

008

003

004

005

姓名：朱亮
性别：男
出生时间：1983年3月
毕业院校：中国美术学院
学位：学士
所在城市：
邮箱：yixiaotian007@163.com

中国美术学院省级优秀毕业生，助理工艺美术师，现为山东工艺美术学院艺术与设计实践教学中心教师。曾先后供职于杭州青鸟设计咨询公司、北京东道设计等国内知名设计公司。作品曾获得首届中国国际动漫节海报展银奖，第七届全国创意设计大赛优秀奖，中国现代摄影大赛入围奖，浙江省多媒体作品设计大赛三等奖，浙江省"美能达"杯摄影大赛三等奖，中国美术学院"个人空间"创意大赛最佳创意奖。

001　皮影中国
002　请您遵守职业道德
003　班得瑞灵性音乐海报
004　金融博弈海报
005　故宫博物院网页设计
006　时尚加湿器设计
007　概念饮水机设计
008　中国数字艺术联盟标志

001

002

003

姓名：杨明
性别：男
出生时间：1981年8月
毕业院校：湖南科技学院
学历：大专
所在城市：广州
邮箱：sdsight@qq.com

湖南长沙人，毕业于湖南科技学院，进修于广州美术学院。曾就职于广东集美设计公司蔡东雕塑工作室，参与湖南省博物馆、江西省科技馆、福建省博物馆、东莞展示中心、东江纵队纪念馆、黄埔陆军军官学校、山西省博物馆、日本爱知世界博览会中国馆等相关项目的设计制作。现为广州森盟品牌管理机构创始人、艺术总监。目前主要致力于时尚服饰以及时尚家居行业的商业设计。

001 广东中侨五金户外广告(1–3)
002 虹桥广告(1–2)
003 虹桥・商域视觉形象

001

姓名：瞿峰	001　CHAPTER ONE WINERY标志
性别：男	002　花园西郡标志
出生时间：1979年11月	003　新启航标志
毕业院校：常州工学院	004　TYPR_LAB标志
学历：大专	005　朗香草堂设计事务所品牌形象
所在城市：常州	006　CHAPTER ONE WINERY品牌形象
邮箱：kelvinqu@126.com	

2001年毕业于常州工学院，曾任多家知名咨询公司企划总监。2010年创立朗香草堂设计事务所，担任创作总监。致力于为追求卓越的企业提供品牌战略、品牌识别设计、品牌推广等服务。作品曾入选《亚太设计年鉴》、《中国房地产广告年鉴》、《华文房地产广告年鉴》。服务过新城地产、江苏天禄集团、江苏天启集团、中恒(亚洲)、澳洲CHAPTER ONE酒业、新博科技等知名品牌。

花|园|西|郡
GARDEN WEST CITY

002

新启航
NEW VOYAGER

003

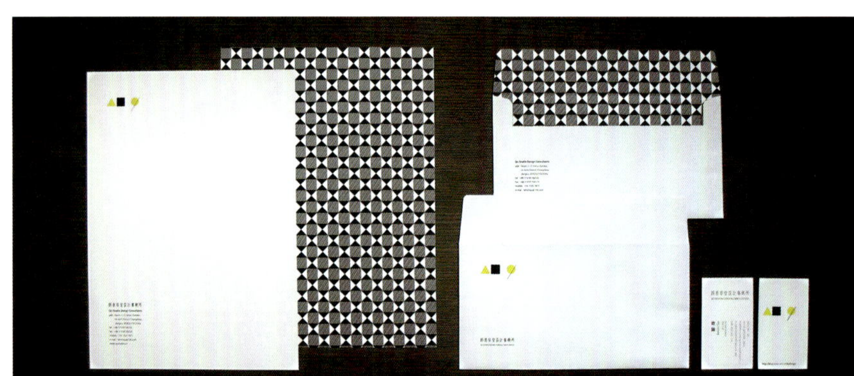

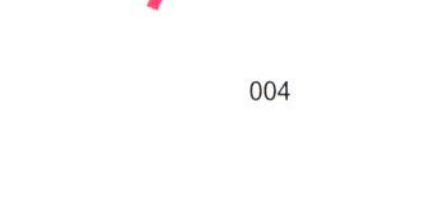

004

005

006

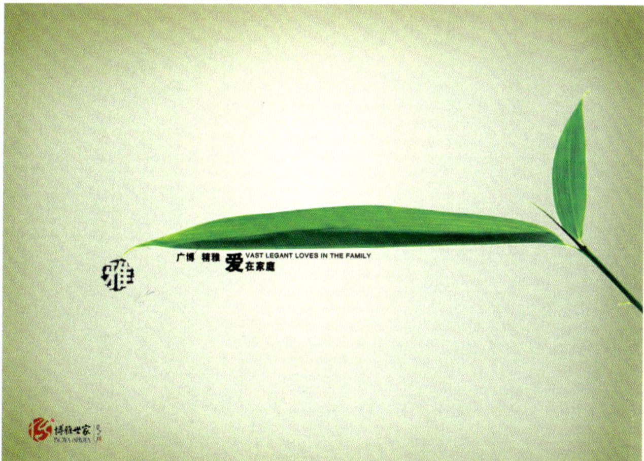

001

002

003

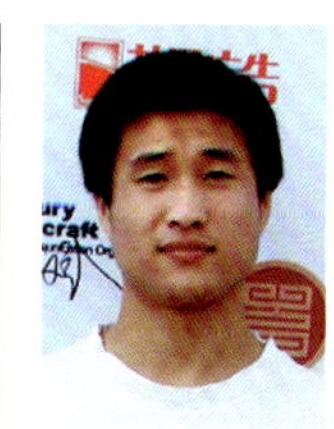

姓名：朱松
性别：男
出生时间：1986年10月
毕业院校：南通纺织职业技术学院
学历：大专
所在城市：南通
邮箱：Wochenjicheng999@qq.com

2009年毕业于南通纺织职业技术学院，2006年起开始设计工作，2008年任南通新视觉广告公司设计二部主任，目前担任设计一部主任。海报作品入选第二届"东+西"海报双年展，多件作品被国内专业出版物收录。

001 博雅世家系列形象海报(1-3)
002 传承文明系列海报(1-3)
003 改革开放三十年海报

001

002

003

004

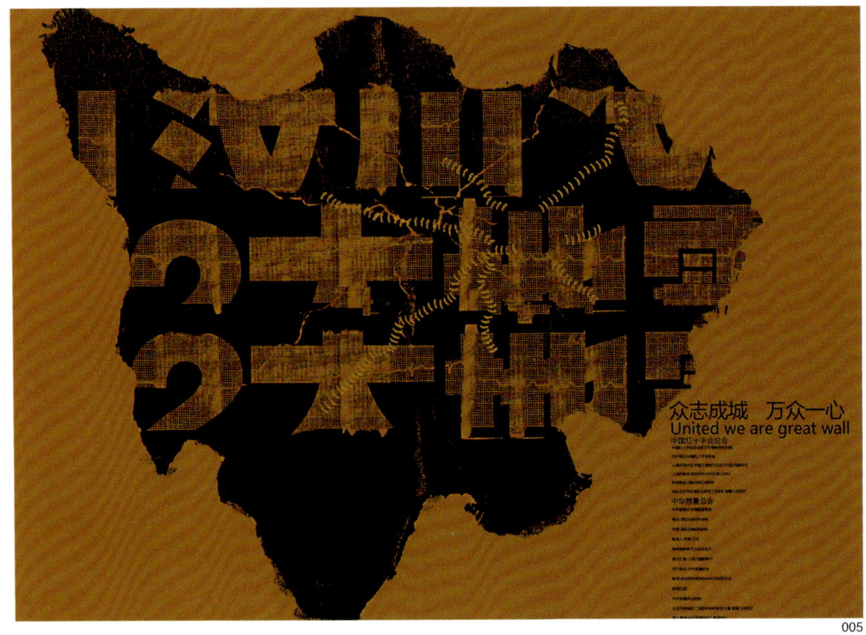

005

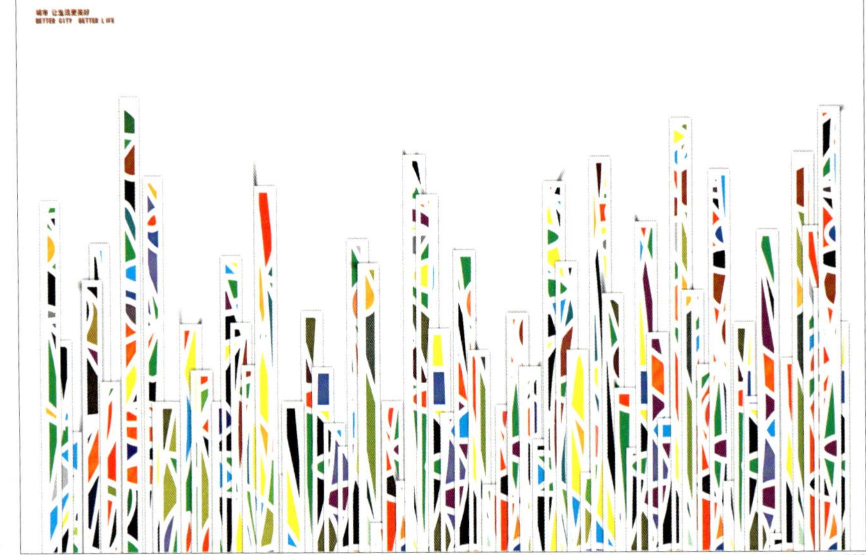

006

姓名：高山
性别：男
出生时间：1980年3月
毕业院校：河南师范大学
学位：学士
所在城市：淮安
邮箱：Gaoshan225@163.com

淮阴师范学院讲师，CCII会员，江苏省包装设计协会专家委员会委员，国际商业设计师协会江苏地区专家委员会委员。设计作品曾参加上海国际海报展、中国国际品牌设计商年展。曾获中国华东大奖设计大赛优秀奖、中国国际品牌设计商年展优秀奖、上海国际海报展入围奖、兰州印象海报展入围奖、中国北京国际创意产业博览会标志类二等奖、江苏之星铜奖、东方之星优秀奖、河南之星铜奖等。多件作品被国内专业出版物收录，标志及品牌形象设计经验丰富。

001 格瑞斯服饰标志
002 艾德欧纳服饰标志
003 CRYSTAL CITY标志
004 花想容标志
005 抗震救灾海报
006 上海世博会海报(1)
007 格瑞斯服饰品牌形象
008 上海世博会海报(2)

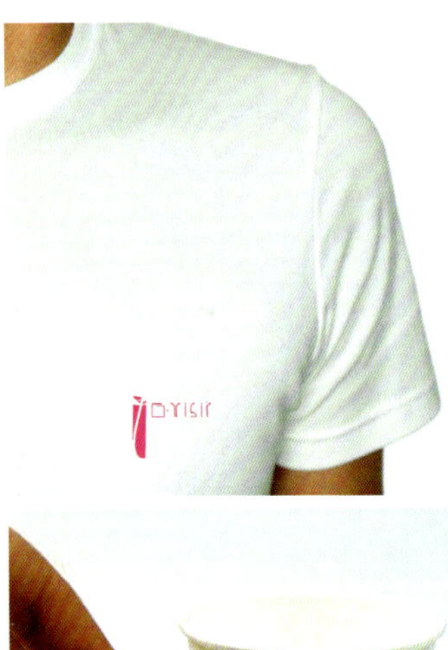

007

008

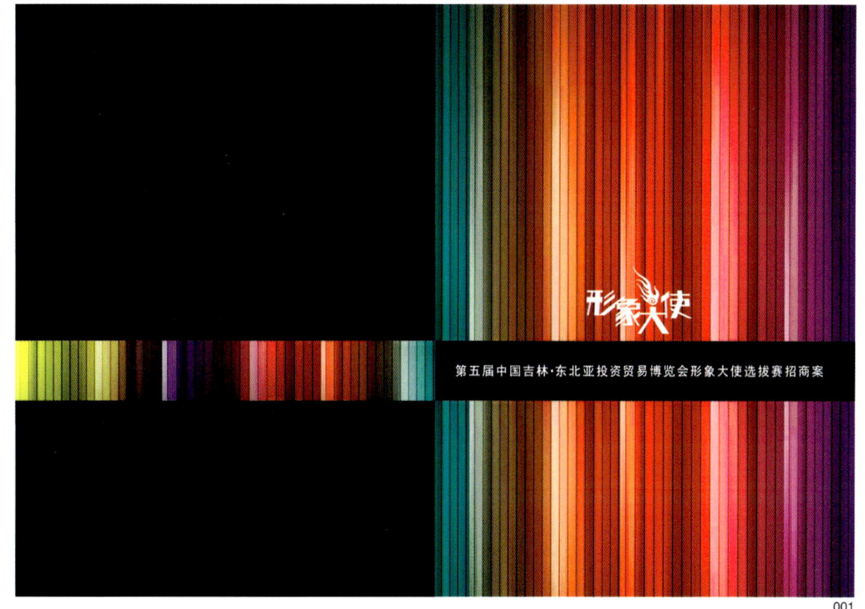

001

005

006

007

008

002

003

004

姓名：胡卫军

性别：男

出生时间：1978年2月

毕业院校：苏州大学

学位：博士

所在城市：长春

邮箱：huweijun6688@sina.com

中国人像摄影学会会员，吉林省民俗摄影协会会员，吉林省美学学会会员。论文多次获奖，作品多次参展参赛并获奖。2002年吉林大学艺术学院本科毕业，保送为工业设计硕士研究生，2005年毕业后留校任教，同年，考取苏州大学艺术学院博士研究生，师从著名微雕专家、车身工程及艺术设计学双科博士生导师付黎明教授，进行工业设计历史与理论的研究，2008年通过毕业答辩，获得博士学位。

001 “形象大使”选拔赛招商案设计

002 贺岁银币包装

003 幸福嘉园视觉形象

004 东北亚粮网视觉形象

005 幸福嘉园标志

006 吉林省良友进出口有限公司标志

007 东北亚粮网标志

008 宝宝贝贝服饰标志

001

002

003

005

006

姓名：郭玲

性别：女

出生时间：1986年10月

毕业院校：中央美术学院

学历：专科

所在城市：北京

邮箱：55144147@qq.com

喜欢各种形式的美，灵感来源于植物园，喜欢一个人思考。2008年7月获江西省脐橙包装设计大赛优秀奖，2009年8月获第二届中国“西部之星”艺术设计大赛品牌类优秀奖及最佳荣誉机构奖，2010年3月成为CCII首都企业形象研究会会员，2010年3月 成为Icograda国际平面设计师协会会员。

001　Free Design标志

002　Sun Star男装标志

003　法国A³蛋糕连锁店标志

004　台湾玛兰妮精油包装

005　Sun Star男装品牌形象

006　Free Design创意名片

007　原生态首饰架

008　乐炫广告

007

008

001

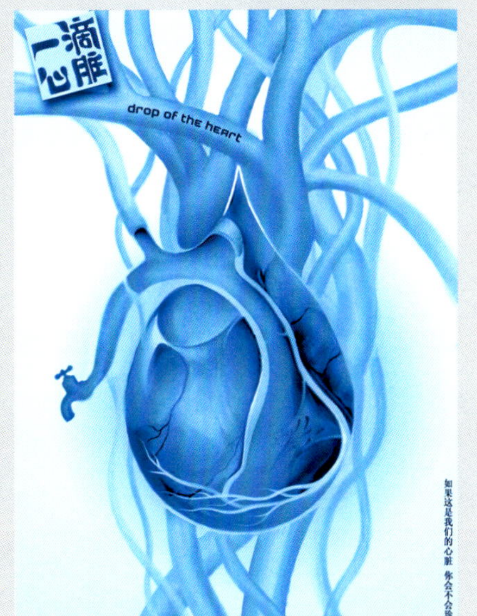

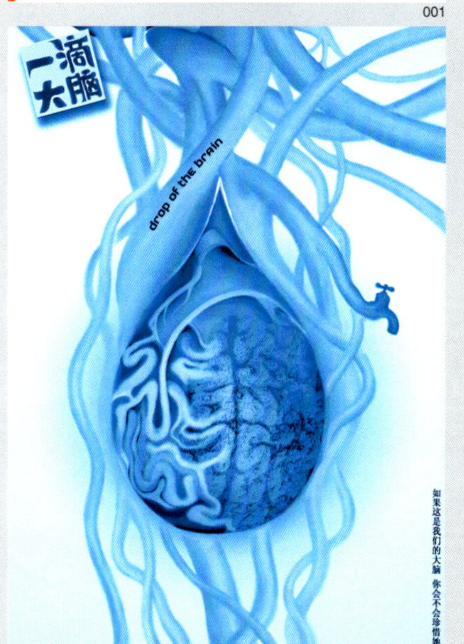

002

003

004

姓名：李永亮

性别：男

出生时间：1988年10月

毕业院校：南京信息职业技术学院

学历：大专(在读)

所在城市：上海

邮箱：744120611@qq.com

南京信息职业技术学院在校学生。灵思(上海)传播机构实习生。作品获得第三届全国大学生广告艺术大赛银奖、第十一届白金创意奖入选、设计之都“中国深圳”公益广告大赛入选、第五届大学生环保漫画插画大赛优秀奖、海峡两岸首届大学生创意设计艺术节入选、2010中国包装创意设计大奖赛二等奖及优秀奖、第八届中国大学生广告艺术节学院奖佳作奖等众多奖项。

001 危险(1-3)

002 一滴水(1-3)

003 牛奶的梦想(1-3)

004 为人民服务

001

姓名：徐凌
性别：男
出生时间：1975年8月
毕业院校：云南艺术学院
学历：本科
所在城市：玉溪
邮箱：xizicia@qq.com

从事平面设计十余年。作品曾参加云南包装设计成就展，包装作品曾获得建水紫陶包装设计铜奖，曾获第五届中国国际茶叶包装设计大赛铜奖，获首届中国包装艺术大赛优秀奖。2010年，包装作品再次斩获第六届中国国际茶叶包装设计大赛优秀奖及中国包装"创意设计"大赛一等奖。

001	普洱茶(两饼装)包装
002	(六大茶山)普洱茶四茶砖包装
003	建水紫陶包装
004	纤云纸巾包装
005	淡饮双茶包装
006	国礼四品茶包装

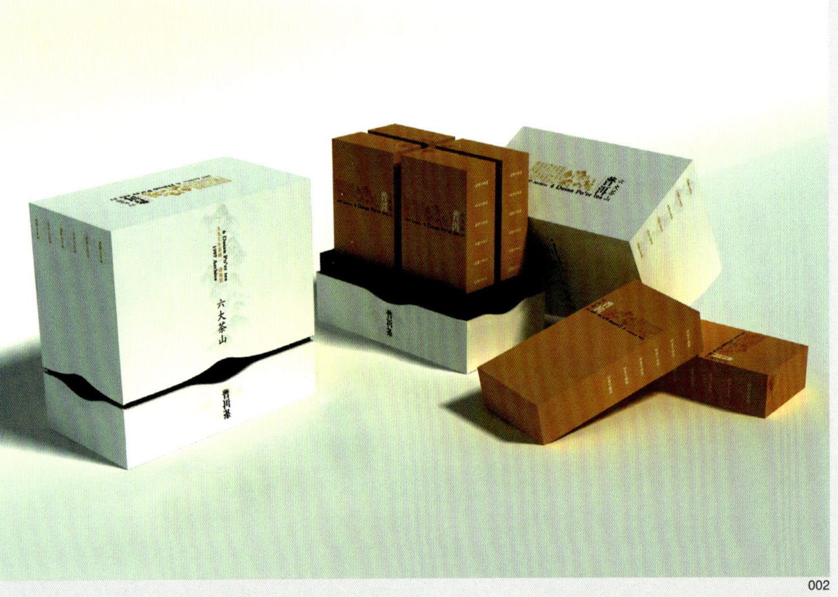

002

003

004

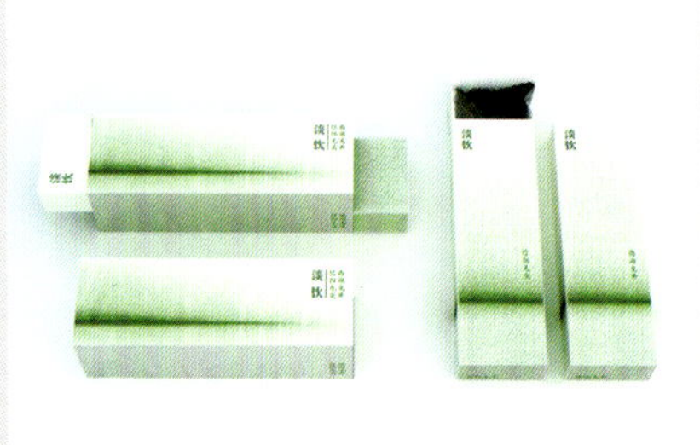

005

006

001

002

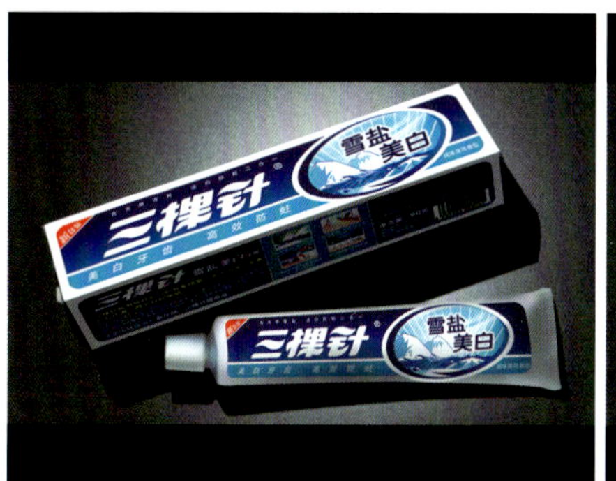

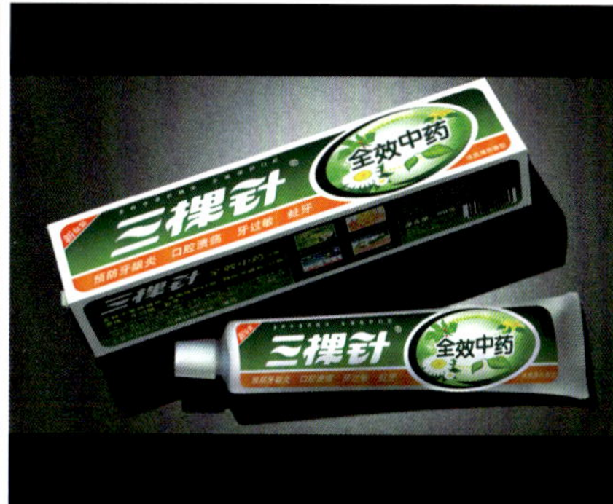

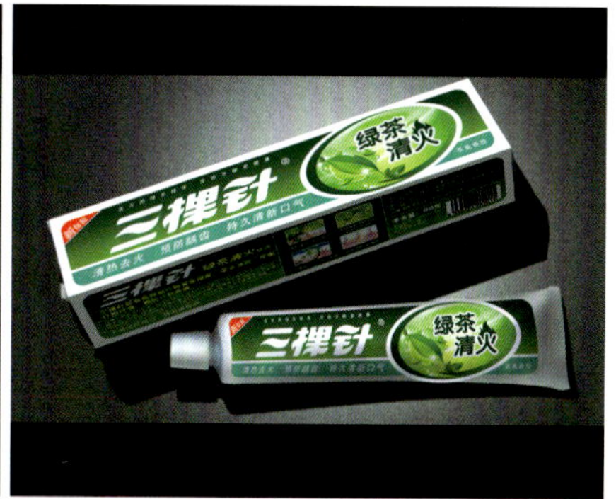

003

004

005

姓名：衣长存

性别：男

出生时间：1979年3月

毕业院校：哈尔滨理工大学

学位：硕士(在读)

所在城市：哈尔滨

邮箱：632435860@qq.com

哈尔滨华夏计算机职业技术学院讲师，工艺美术师，广告职业经理人，哈尔滨理工大学设计艺术学硕士研究生在读。编写有两本教材。

001　老鼎峰月饼礼盒

002　三精泡泡钙系列包装

003　三棵针牙膏系列包装

004　万通筋骨片广告

005　三精葡萄糖酸钙广告

006　印象中国·和(1)

007　印象中国·和(2)

006

007

001

002

003

004

005

006

姓名：周杨
性别：男
出生时间：1980年6月
毕业院校：黑龙江省教育学院
学历：大专
所在城市：哈尔滨
邮箱：15945158201@163.com

2010年创办了哈尔滨广维营销策划有限公司，为湖南隆平米业科技有限公司、湖南隆平种业有限公司、黑龙江绿宝石米业集团、鸡西金源集团、中储粮(三河)米业等多家大中型企业提供专业的品牌策划服务，并担当部分企业品牌顾问。

001	海贝照明标志
002	Meet·遇女装标志
003	融智堂标志
004	金源集团标志
005	小米王标志
006	黑土绿缘标志
007	海贝照明视觉形象
008	Meet·遇女装视觉形象
009	融智堂视觉形象
010	吾尝香大米包装
011	嘉膳丰大米包装

007

008

009

010

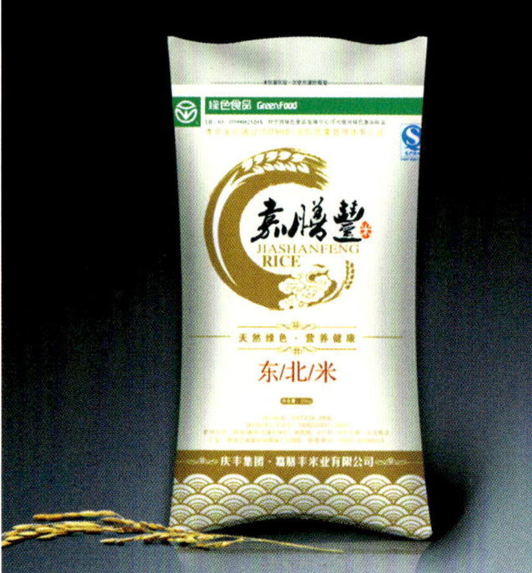

011

001

002

003

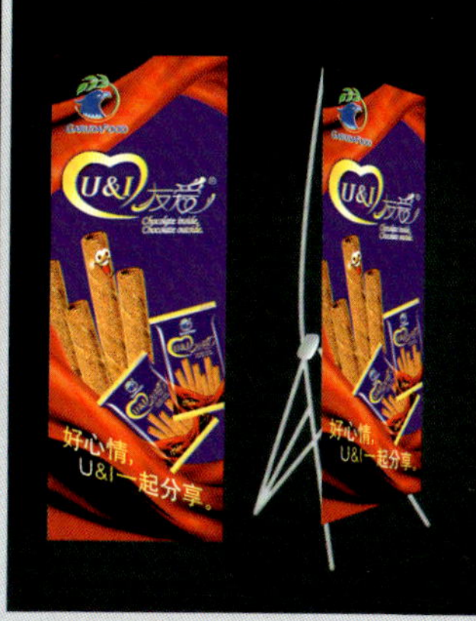

004

姓名：林娜惠

性别：女

出生时间：1981年8月

毕业院校：泉州师范学院

学历：大专

所在城市：泉州

邮箱：448141217@qq.com

泉州亿鼎视觉设计有限公司设计总监，具备10年工作经验。有较强的艺术构思能力和较高的审美能力，思维活跃、善沟通，创新意识强，美术功底扎实。主张创意思维应走在理性与感性的边缘，设计应在策略的指导下，用视觉语言的美感将商品的观点阐释给目标受众，元素、色彩、结构都是与消费者沟通的有效手段。

001 美国青豆包装(1-3)

002 饼干包装

003 禧客烤麦棒包装

004 U&I巧克力卷包装

005 山楂汁饮料包装

005

001

002

003

004

005

姓名：叶卫霞
性别：女
出生时间：1978年8月
毕业院校：江南大学
学位：硕士
所在城市：衢州
邮箱：ywx123@163.com

毕业于江南大学设计计学院，获硕士学位，现为衢州职业技术学院讲师，衢州市美术家协会会员。在多年的设计实践过程中，积累了丰富的广告设计经验，能为企业提供成熟的设计方案。目前主要从事教学与科研工作，有较强设计教学经验与研究能力，承担视觉传达类核心课程的教学任务，教学效果显著，近几年连续获教学质量优秀奖。同时，在教学过程中努力改进设计教学的方法，提高教学效果，培养人才成绩显著。近几年辅导学生参加设计类竞赛多次获奖。

001 江山麻糍节品牌形象
002 奥运会海报
003 绿色·走向
004 《绿都城市假日》封面
005 《忆衢州古城》装帧

姓名：王金玉
性别：男
出生时间：1987年6月
毕业院校：北京联合大学
学历：专科
所在城市：北京
邮箱：wjy@seasonbrand.com

生于北京，习左品牌设计机构主创设计师。以国际化的设计理念服务客户，热爱设计，享受设计，主张创造有思想的作品。作品曾获第三届税收公益广告大赛优秀奖、2009齐鲁之星设计大赛标志类优秀奖。

001 马头情烧烤涮餐厅标志
002 英国爱德玛集团标志
003 第十二届广西运动会会徽
004 夏南瓜饮品店标志
005 私厨桶饭标志
006 张元济图书馆标志
007 紫藤郡家居标志
008 咸阳泾渭新区标志
009 唐山高速公路标志
010 自然北京 和谐生活(摄影海报)
011 咸阳泾渭新区形象展示
012 第十二届广西运动会形象展示

001

002

12TH GAMES
QINZHOU 2011
GUANGXI CHINA

003

004

005

006

007

008

009

010

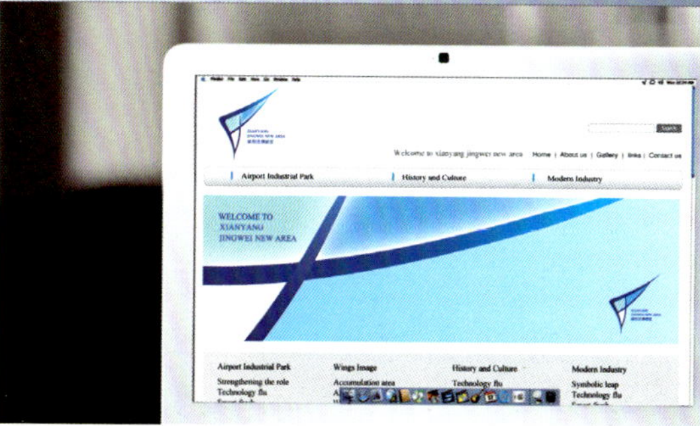

011

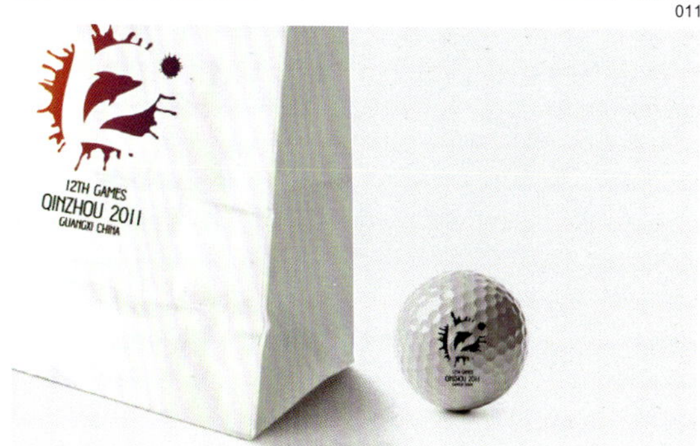

012

001

002

003

004

005

006

007

008

009

010

011

012

姓名：韩鹏飞

性别：男

出生时间：1977年8月

毕业院校：河北科技大学

学历：大专

所在城市：保定

邮箱：360241918@qq.com

河北科技大学毕业，具有十余年设计工作经验。多次获得“广东之星”等国内权威设计大赛奖项，2009年入围中国最佳商标设计大赛，现有标志品牌类成功案例百余项。

001 西街米线标志
002 中寓建设标志
003 乐富庭家具标志
004 泰济堂中医标志
005 法晋罗标志
006 拉贝奇标志
007 冠科实业标志
008 河北创歆信息科技有限公司标志
009 西藏黄金草包装
010 西藏黄金草礼盒包装
011 刘伶醉系列包装
012 洋河青花瓷包装

001

002

003

004

005

006

007

008

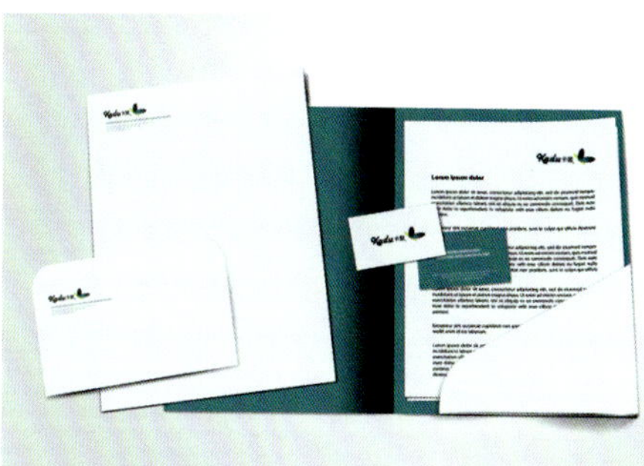

009

010

011

姓名：陈明进
性别：男
出生时间：1982年8月
毕业院校：汕头大学
学位：学士
所在城市：中山
邮箱：516424879@qq.com

2006年毕业于汕头大学长江艺术与设计学院，获学士学位。2007年加入中山市英腾广告策划有限公司，担任首席设计师及创作总监职务。近年有较多的成功案例，代表作如重庆·潼南国际灯具城、卡迈奇(中国)照明有限公司、法国朗图电气(亚太)有限公司等多家大型企业的视觉形象识别设计。2010年加入中山市天创广告有限公司，担任艺术指导及设计主管。

001 星星之火设计事务所标志
002 明洁雅灯饰电器厂标志
003 世业洲旅游度假区标志
004 潼南国际灯具城标志
005 永锐电线有限公司标志
006 友邻网络教育平台标志
007 大花轿婚庆文化传播公司标志
008 卡度灯饰电器厂标志
009 卡度灯饰电器厂品牌形象
010 潼南国际灯具城品牌形象
011 永锐电线有限公司品牌形象

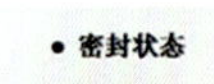

001

002

姓名：高超

性别：男

出生时间：1987年9月

毕业院校：广州美术学院

学历：本科(在读)

所在城市：广州

邮箱：gcwell@163.com

广州美术学院在校学生。以产品设计、平面设计、设计策划为专业方向。始终坚持设计来源于生活的设计理念。2010年获得了韩国仁川国际设计大赛银奖、美的创意嘉年华铜奖、“镇海杯”国际工业设计大赛银奖，2009 年获得了“乐色”起义设计大赛金奖、“中国之星”金奖并入选“世界之星”、“日兴杯”家居不锈钢设计大赛铜奖。

001　环友电池包装

002　五羊箱包牌

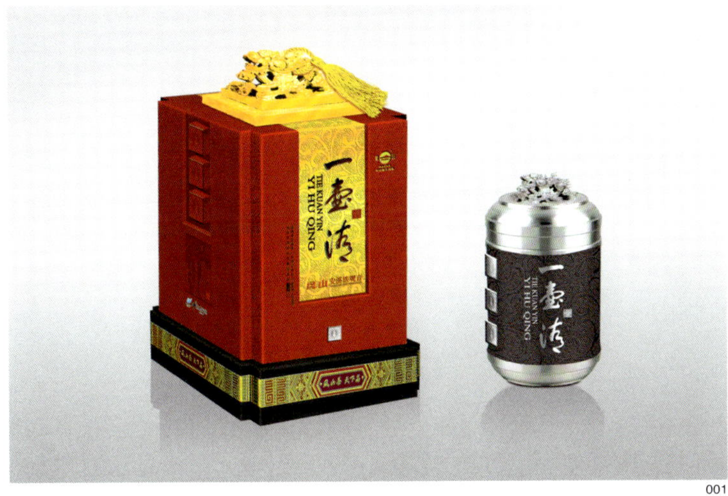

001

002

003

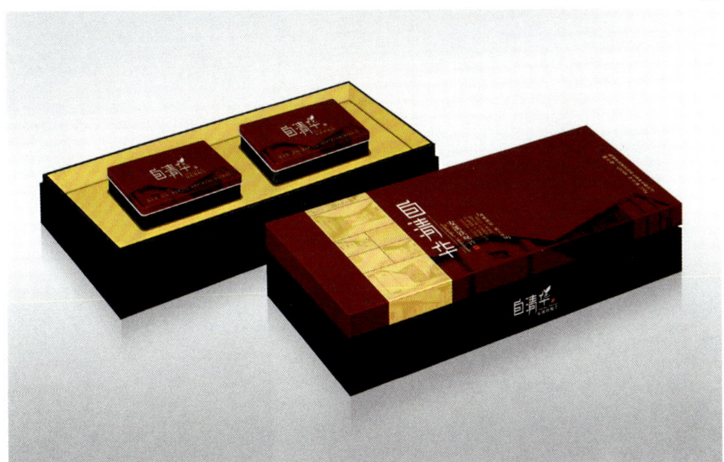

004

005

006

007

008

009

姓名：罗杰飞

性别：男

出生时间：1985年5月

毕业院校：福州大学

学位：学士

所在城市：厦门

邮箱：luojiefei@163.com

厦门它山石企业形象策划有限公司主任设计师。多幅作品被国内专业出版物收录，曾为全国妇联“心系大学生”活动、国防科工委政府网站、河南舞钢市广播电视台、江西茶叶联合会、厦门市体育总会、厦门市汽车运动协会、三峡音像出版社、中国应用技术网等众多企事业单位提供设计服务。

001　一壶清铁观音茶叶包装
002　卢正浩龙井茶包装
003　大红袍茶叶包装
004　自清华铁观音茶包装
005　江西绿茶标志
006　厦门市体育总会标志
007　全国妇联心系大学生活动标志
008　同安旅游标志
009　九重天广告公司标志

001

002

003

005

004

006

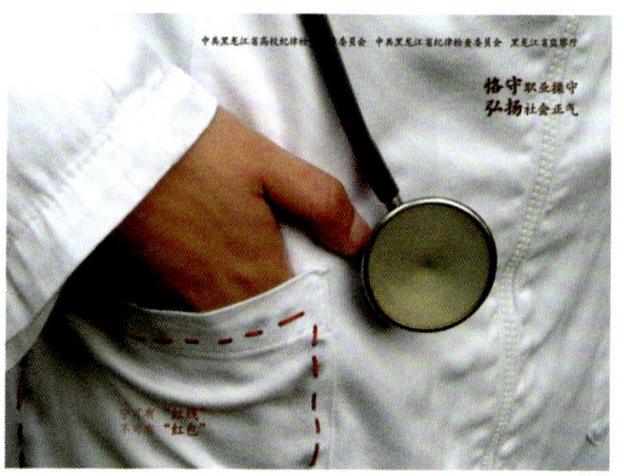

007

姓名：邢义杰

性别：女

出生时间：1977年10月

毕业院校：北京服装学院

学位：学士

所在城市：哈尔滨

邮箱：xingyijie@sina.com

毕业于北京服装学院，现为哈尔滨师范大学讲师。中国设计师协会会员，黑龙江省一级注册艺术设计师。设计作品发表于《艺术交流》、《装饰》等核心期刊，多件作品被国内专业出版物收录，并在国家级、省级赛事中多次获奖，参加编著了中国高等院校美术·设计教研大系教材《图形创意》，曾获得黑龙江艺术设计优秀成果展优秀成果奖、黑龙江省廉政公益广告银奖、全省文化优秀作品评选三等奖，“扬正气 促和谐”高校作品评选金奖。

001	龙江重工标志
002	达达堂装饰标志
003	龙升达煤业标志
004	人文学院标志
005	龙江重工形象展示
006	除异类
007	反腐倡廉(红包篇)
008	反腐倡廉(清醒篇)
009	反腐倡廉(保鲜篇)

008

009

001

002

003

姓名：付红兵
性别：男
出生时间：1982年11月
结业院校：中国美术学院
学历：大专
所在城市：杭州
邮箱：fhb611@163.com

中国美术学院现代设计高级研修班结业。作品被《中国设计年鉴》、《中国房地产广告年鉴》、《中国优秀房地产广告年鉴》等专业出版物收录，曾获得第三届江西省平面艺术设计双年展铜奖。

001 老台门黄酒酒瓶设计
002 赖贵山酒包装
003 老台门新酒包装
004 新瀚城包装
005 老台门酒器包装
006 付红兵个人名片

004

005

006

姓名：赵立立
性别：男
出生时间：1981年8月
毕业院校：南京艺术学院
学位：学士
所在城市：南京
邮箱：one-idea-design@163.com

中国传媒大学南广学院教师，Adobe中国认证教师(ACCI)，中国设计师协会(CDA)会员。“新媒体平面图形图像研究”获2007年上海市优秀青年教师科研项目基金。2008年获得“咩孖网”创意设计大赛三等奖，入围2008上海双年展系列展“悬浮特快”网络公共艺术品设计大赛，获2008韩国仁川国际设计大赛特选奖，获“雅秀”包装设计大赛铜奖与最佳材质奖等多个奖项，多件作品被国内专业出版物收录。

001	suntime 葡萄酒包装
002	雅秀环保袋(1)
003	雅秀环保袋(2)
004	life&love 杰士邦海报
005	save life
006	The Earth's light

001

002

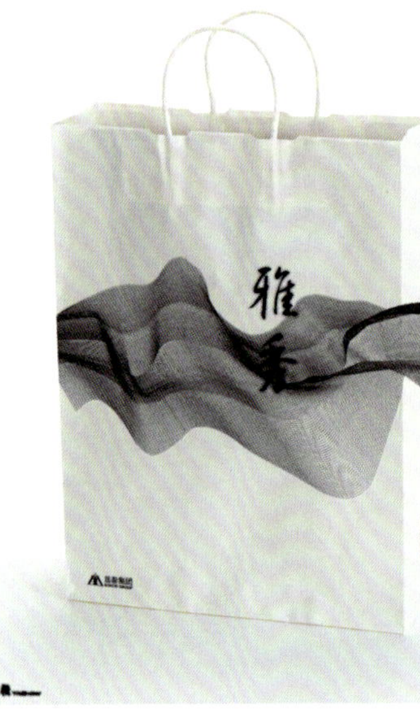

003

004

005

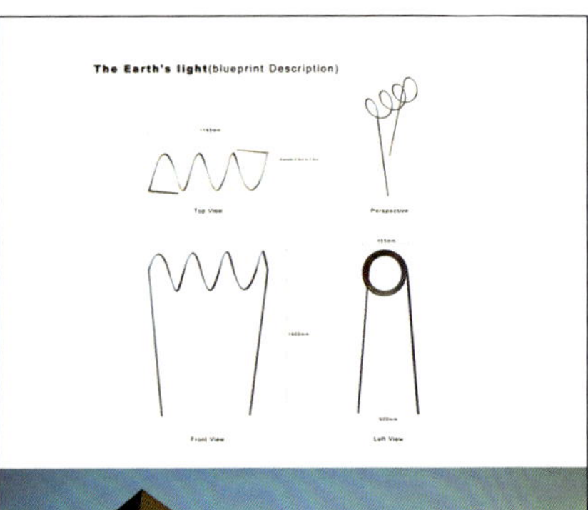

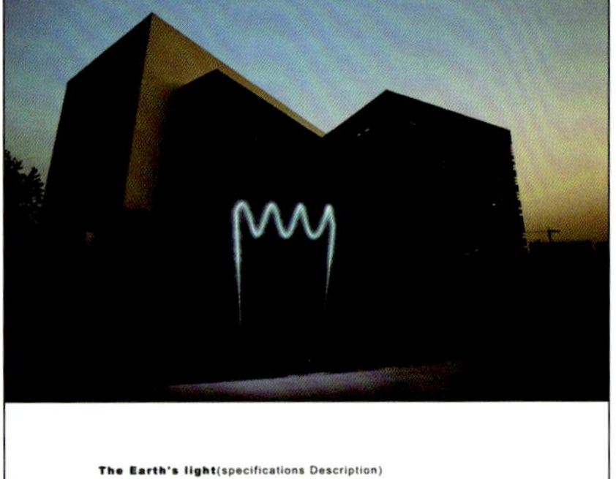

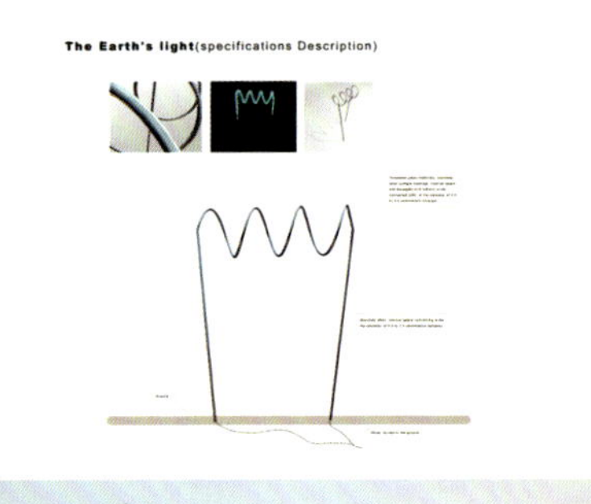

006

001

002

003

004

005

姓名：吴昆

性别：女

出生时间：1975年12月

毕业院校：四川美术学院

学历：专科

所在城市：深圳

邮箱：Wu.kun@zte.com.cn

四川美术学院毕业，资深平面设计师。曾先后任职于深圳国际企业服务公司，北京电通广告公司，深圳中兴移动通信公司。获得2010中国包装“创意设计”大奖赛二等奖。

001 Smile Q 包装

002 N720手机彩盒

003 手提式无线电话彩盒

004 第26届世界大学生夏季运动会海报

005 I wanna be a bird

006 万基洋参海报(上行篇)

007 万基洋参海报(快进篇)

006

007

001

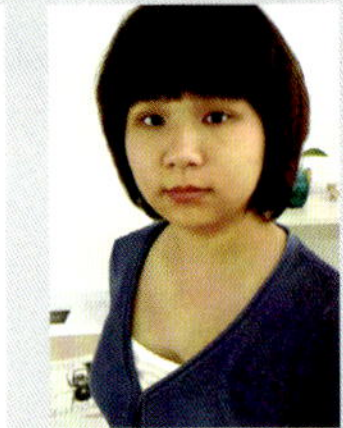

姓名：林纯
性别：女
出生时间：1983年12月
毕业院校：汕头市工业职业中学
学历：高中
所在城市：汕头
邮箱：807312059@qq.com

具有六年的创作经验，现为林韶斌设计事务所设计主管。为多个知名品牌提供服务，其中包括上海名洋雅兰、多原公社个人护理品、意大利BSQT、广州Y-BOX、法国纳特诗、Triumph品牌等。企图将自己打造成平面设计、企业形象策划、产品开发等跨越多领域的综合性设计师。作品曾获俄罗斯Best of the Best 2010优选奖，多件作品入选国内外设计类权威书籍。

001　2010飞页有机化妆品有限公司产品包装
002　草本精油精华系列面膜包装
003　BSQT概念推广广告
004　BSQT品牌形象广告
005　BSQT周年庆典品牌推广海报

002

004

003

005

001

002

003

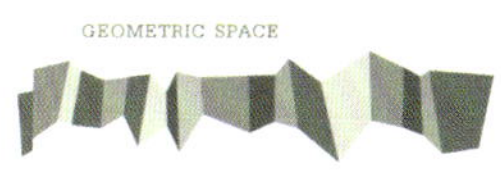

004

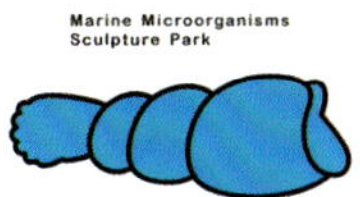

005

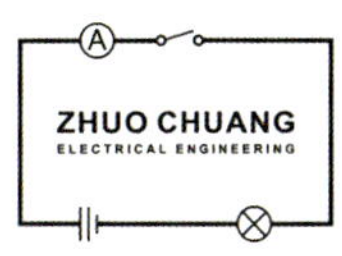

006

007

008

010

009

011

姓名：易君
性别：男
出生时间：1985年2月
毕业院校：电子科技大学中山学院
学位：学士
所在城市：中山
邮箱：yijunemail@163.com

现担任设计总监职务。标志作品曾入选国际商标双年奖及2010俄罗斯国际标志双年奖(TAMGA 2010)。

001 音乐快乐888节目组标志
002 赤脚工作室标志
003 模型制作标志
004 乘正几何空间装饰公司标志
005 海洋微生物雕塑公园标志
006 卓创电力工程公司标志
007 正业包装标志
008 雅美布行标志
009 大象无形文化传媒公司标志
010 宠虎精品品牌形象
011 乘正几何空间装饰设计
012 《大象无形》画册

012

001

002

003

004

005

006

007

008

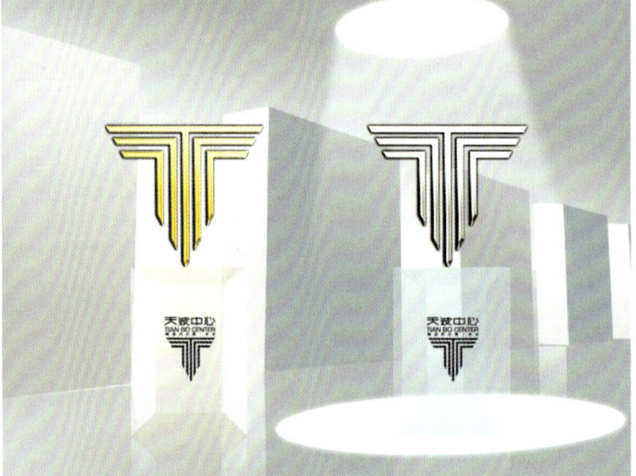

009

010

姓名：徐东亮

性别：男

出生时间：1983年7月

毕业院校：郑州轻工业学院

学历：大专

所在城市：郑州

邮箱：Pik8com@163.com

亚洲CI论坛版主，从业八年，先后在知名广告公司、房地产开发公司、地产策划公司就职。2010年组建郑州新元素品牌包装团队，主要涉及企业品牌推广、酒店品牌推广。

001 天波中心标志

002 镜花缘别墅标志

003 味美轩标志

004 辉煌大厦标志

005 森林里别墅标志

006 悠悠奶茶标志

007 中原森吧乐园标志

008 银洲国际商务标志

009 天波中心视觉形象

010 华富世家地产视觉形象

001

002

003

004

005

006

007

008

009

010

011

012

姓名：李军亮
性别：男
出生时间：1979年12月
毕业院校：河北大学
学位：学士
所在城市：石家庄
邮箱：ljl80@126.com

曾在多家设计机构担任设计总监，现在石家庄市荣誉品牌设计机构任职。长期致力于品牌形象设计及推广，屡获国际国内设计大赛奖项。作品入选2010俄罗斯国际标志双年奖，获中国之星标志类最佳设计奖。多件作品被国内外权威出版物收录。

001　东湖大酒楼标志
002　河北新合作食用菌公司标志
003　大圣室内建筑设计公司标志
004　绿石头玉石饰品标志
005　贵友咖啡标志
006　棋牌宴标志
007　月亮湾楼盘标志
008　石家庄奥克废旧纸业循环利用公司标志
009　千秋茗品茶叶包装
010　步步高老北京月饼包装
011　贵友咖啡品牌形象
012　大圣室内建筑设计公司视觉形象

001

002

003

004

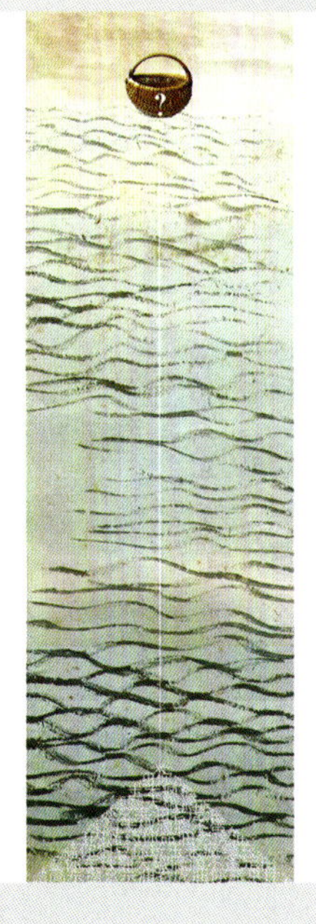

005

姓名：刘筱颖

性别：女

出生时间：1987年7月

毕业院校：湖南师范大学

学位：硕士(在读)

所在城市：长沙

邮箱：07liuxiaoying07@163.com

湖南师范大学在读硕士研究生。在平面设计、企业品牌策划、陶艺、书法等领域有所研究。多件作品曾参加国家级、省级大赛并获奖，多件设计作品被社会机构与企业采用，多件设计作品被国内权威年鉴刊登，多篇论文在国内外权威期刊发表，现正参与湖南省教育厅课题“湖湘视觉文化元素在动漫艺术设计中的运用研究”。

001　七祖禅茶包装设计

002　天地人之和

003　空灵系列

004　本末倒置——中国成语主题系列海报设计

005　涨

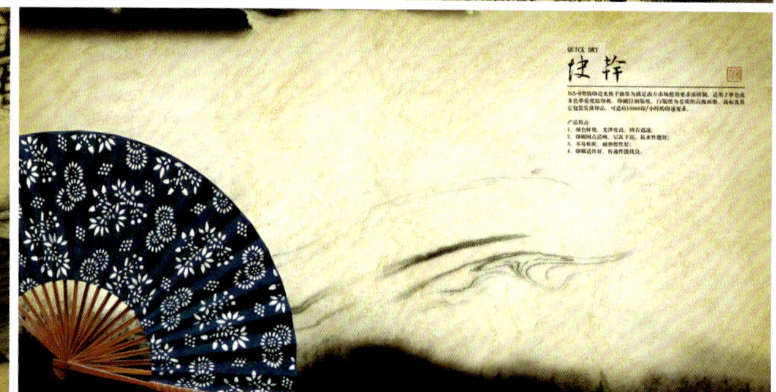

001

002

姓名：黄荣川

性别：男

出生时间：1982年1月

毕业院校：广西艺术学院

学位：硕士

所在城市：南宁

邮箱：huangrongchuan2000@yahoo.com.cn

广西艺术学院毕业，师从张燕根教授，现为广西幼儿师范高等专科学校教师。曾参加中国当代艺术家工作室特邀展、中韩陶艺家作品邀请展、第三届全国青年美术与设计艺术双年展、中国动力——2009中国国际雕塑年鉴展、第二届中国山水画艺术双年展、第六届中国·宋庄文化艺术节等，曾获得“扬正气，促和谐”广西廉政公益广告创作优秀奖，中国大学生广告艺术节入围奖，陶艺作品《雨后山河铁铸成》入选第十一届全国美术作品展，并获广西区一等奖。

003

001 《宋人油墨》画册

002 2011年月历

003 雨后山河铁铸成(陶艺设计)

001

002

003

004

姓名：李典
性别：女
出生时间：1983年6月
毕业院校：大连工业大学
学位：硕士
所在城市：沈阳
邮箱：dian_dian2008@163.com

沈阳化工大学教师。曾获首届大学生设计之星招贴类银奖，2006年4月作品《中国传统文化公益广告》在美国参展。2007年作品《浩科音频公司品牌设计》入选《中国品牌年鉴》，参编《中国大学生美术作品年鉴》，并被授予“最佳指导教师”称号。

001　中华民族传统文化(传统篇)
002　中华民族传统文化(底蕴篇)
003　中华民族传统文化(传承篇)
004　未来儿童医院导向设计

001

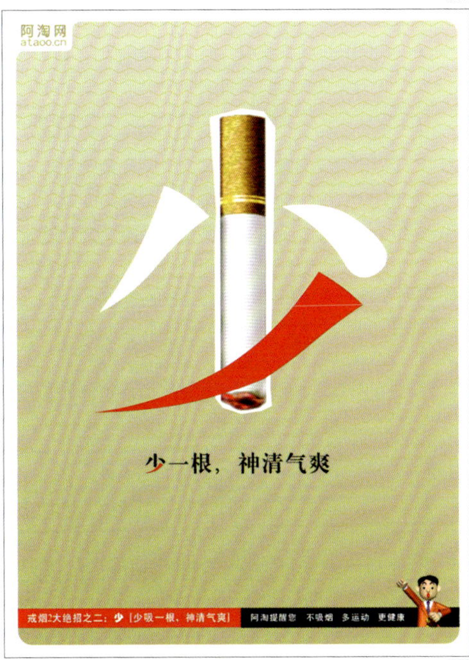

002

003

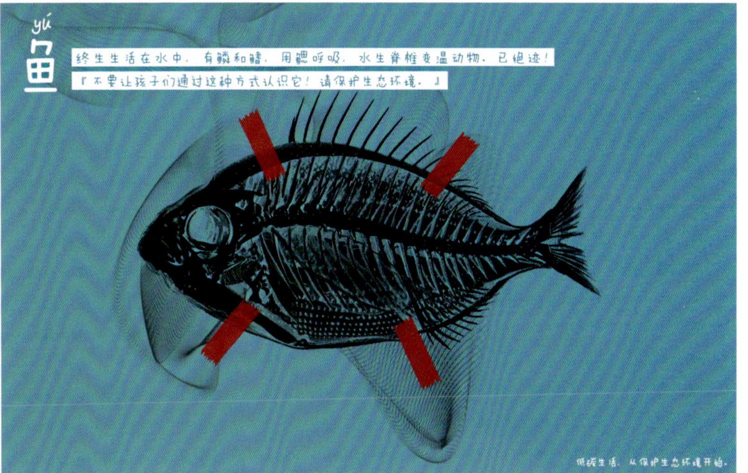

004

005

006

姓名：**刘宏志**

性别：**男**

出生时间：**1975年12月**

毕业院校：**武汉工业大学**

学位：**学士**

所在城市：**宜昌**

邮箱：**yc6909500@sina.com**

宜昌智者创意工作室创意总监。2010年获得第十七届中国国际广告节中国广告长城奖入围奖，第十七届中国国际广告节中国公益广告黄河奖入围奖，第十七届中国国际广告节2010中国汽车广告总评榜入围奖，河南省大河杯金帆奖广告设计大赛铜奖。多件作品入选《中国设计年鉴》等专业出版物。

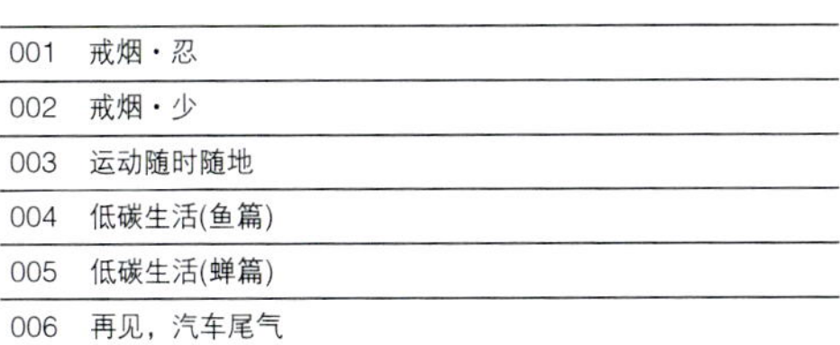

001 戒烟·忍

002 戒烟·少

003 运动随时随地

004 低碳生活(鱼篇)

005 低碳生活(蝉篇)

006 再见，汽车尾气

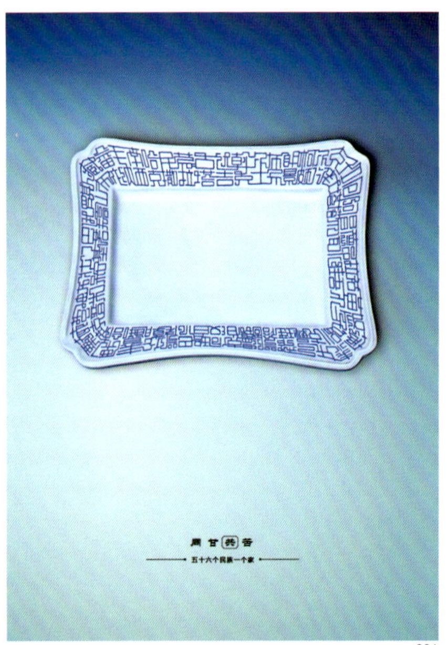

001

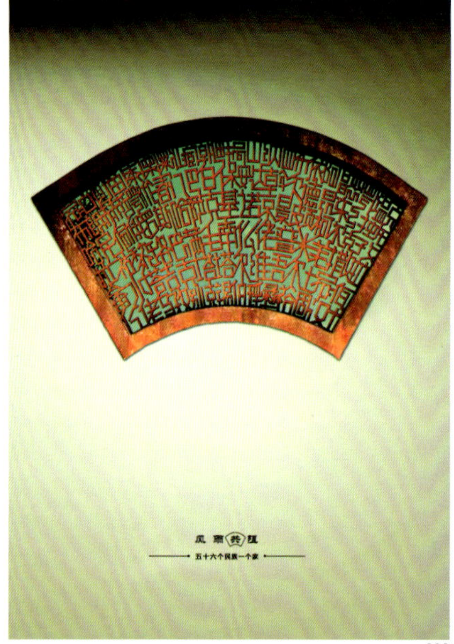

002

003

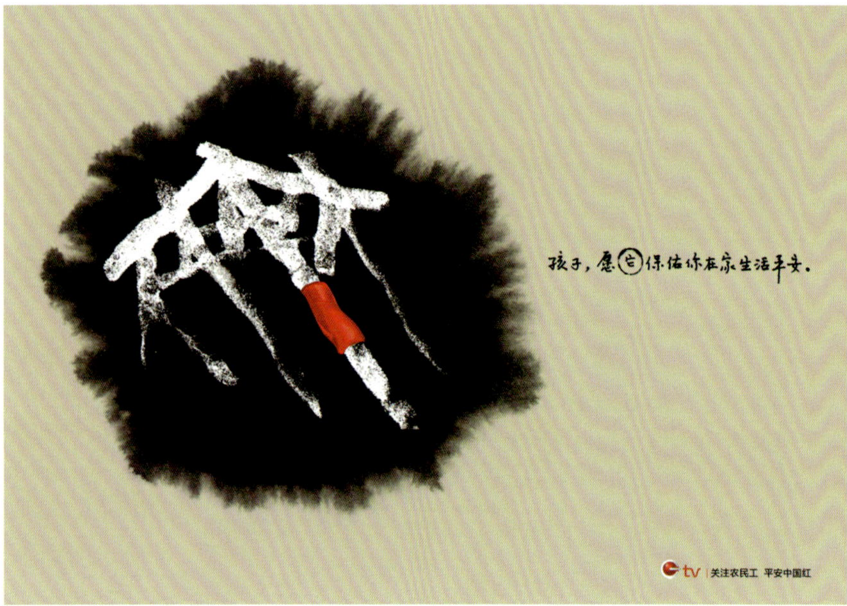

004

005

006

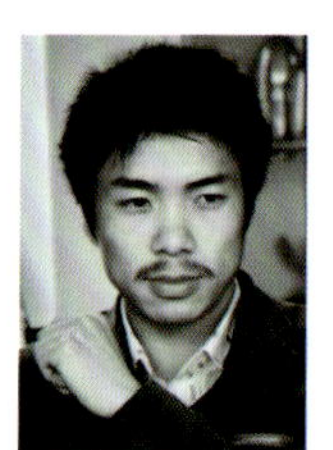

姓名：杨宏涛
性别：男
出生时间：1983年10月
毕业院校：云南大学
学位：学士
所在城市：贵阳
邮箱：hongtao0927@sina.com

贵州商业高等专科学校设计专业教师，贵州省广告协会理事。作品曾入选2010年海峡两岸优秀设计师海报作品邀请展、纪念深圳特区建立30周年暨深圳平面设计回顾邀请展、东+西青年设计师海报邀请展，作品连续在第15、16、17届中国国际广告节上获奖。指导学生在国内专业比赛中多次获奖。

001 民族团结系列(青花盘篇)
002 民族团结系列(扇窗篇)
003 民族团结系列(铜镜篇)
004 平安中国红系列(1-3)
005 城市“胃”来
006 城市“心”貌

001

002

003

004

005

姓名：庞万征
性别：男
出生时间：1980年6月
毕业院校：河北师范大学
学位：学士
所在城市：石家庄
邮箱：pangwanzheng@sina.com

2008年在(文化部)中国国家原创动漫高级研修班进修，2009年在(教育部)高等学校青年骨干教师高级研修班研修，获得ACAA中国高级商业插画师认证，2006年获得“扬帆青岛”奥帆招贴画大赛优秀奖、获杭州西博会休博会海报入编奖，2007年获得首届“中国元素国际创意大赛”优秀奖、Adobe中国风数字艺术大赛优秀奖，2009年获得石家庄国际动漫节原创作品优秀奖。作品曾被《中国CG》电子杂志收录报道。

001 冰(Coke)
002 火(Coke)
003 冰火(Coke)
004 花瓶(Coke)
005 飞
006 舞动(Coke)

006

001

002

003

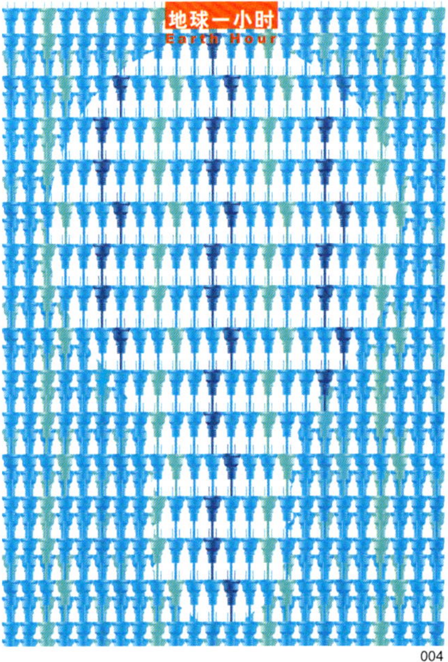

004

005

006

007

姓名：焦燕

性别：女

出生时间：1977年8月

毕业院校：山东工艺美术学院

学位：学士

所在城市：济南

邮箱：jiaoyanzwk@sina.com

山东工艺美术学院讲师。多件作品被国内外权威出版物收录。发表多篇学士论文。作品《奔奔》在山东省第20届运动会吉祥物征集中获一等奖并被正式采用、《世博想象》入围第十一届全国美术作品展览、《中国影子系列》入围第七届中国体育美术作品展览、《十一届全运会》入围中华人民共和国第十一届运动会招贴展、《和谐之城》入围"世博想象"2007上海美术大展·艺术设计展。

001	星媒文化传播标志
002	教育研究院标志
003	齐鲁先锋标志
004	地球一小时
005	溶
006	世博想象
007	低碳之路
008	链
009	失调

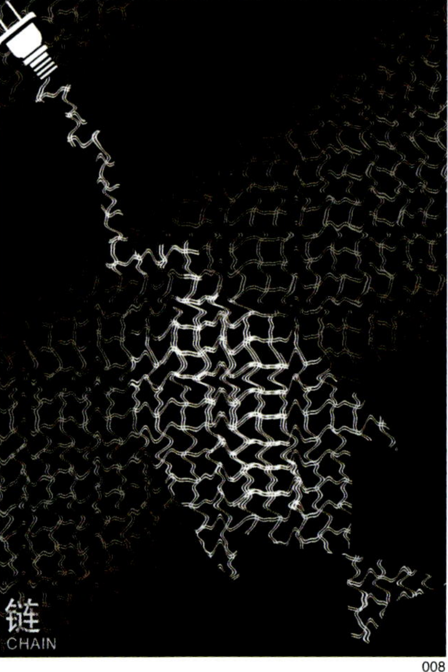

008

009

001

002

003

004

005

006

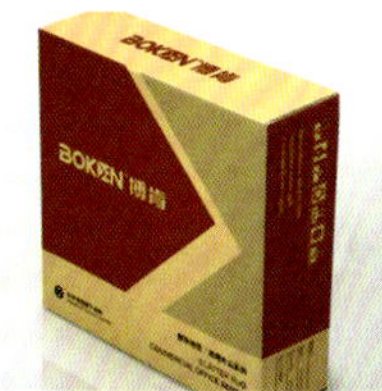

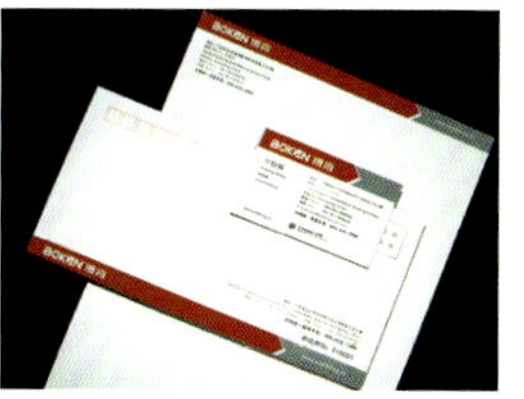

008

009

010

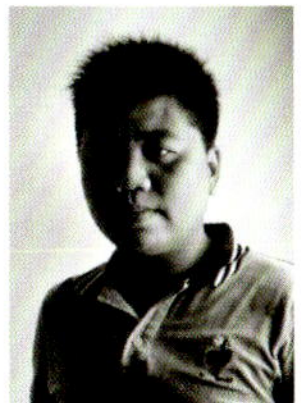

姓名：张恭宇
性别：男
出生时间：1979年4月
毕业院校：汕头工艺美术学校
学历：中专
所在城市：汕头
邮箱：konyzhang@126.com

汕头平面设计俱乐部常务理事，具备十余年工作经验。作品多次获奖并入围国内外重要展会，其中包括巴黎Poster for tomorrow 2010国际海报竞赛、第九届莫斯科金蜜蜂国际平面设计双年展、GDC 09 AWARDS、第六届国际商标标志双年展、俄罗斯Tamga-2008国际商标标志双年展、2008中国之星设计艺术大奖最佳设计奖、设计之都(中国·深圳)公益广告大赛优秀作品展等。多件作品 被国内权威出版物收录。

001 潮粤小厨标志
002 自由映像摄影工作室标志
003 ODA奥达电子科技公司标志
004 御石轩玉器标志
005 语易通培训机构标志
006 美饰实业视觉形象
007 BOKEN博肯视觉形象
008 AUTISM请关注自闭症群体
009 GLOBAL WARMING(1)
010 GLOBAL WARMING(2)

001

002

003

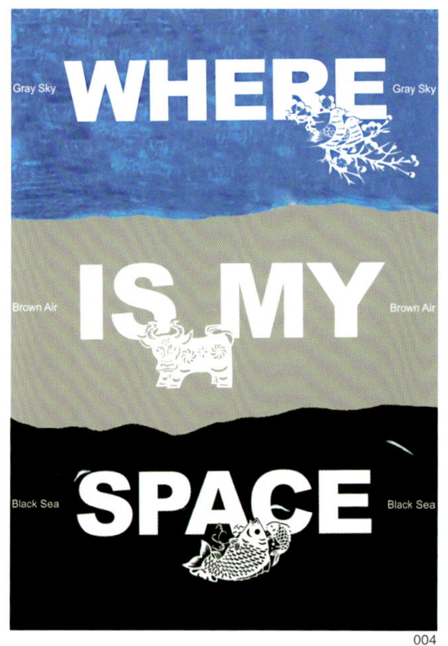

004

005

006

007

姓名：王正

性别：男

出生时间：1982年7月

毕业院校：陕西科技大学

学位：学士

所在城市：衡水

邮箱：Vinny0807@126.com

衡水学院美术学院专业教师，CCII国际设计中心全权会员，中国高校美术家协会常务理事，河北省美术家协会会员，衡水市美术家协会常务理事。曾在企业任职，2008年创办耕目堂品牌设计有限公司并担任设计总监。多件作品被国内外权威出版物收录。曾获得第六届韩国釜山国际Eco设计展特选奖、福建省首届艺术设计大展银奖、2009齐鲁之星艺术设计大奖赛铜奖、第五届河北省艺术联展二等奖等，五件作品入选第七届韩国釜山国际Eco设计展。

001　衡水市规划设计院标志

002　强辉灯饰有限公司标志

003　伟特装饰有限公司标志

004　哪里还有我的空间

005　当历史化为云烟

006　自强不息 生机无限

007　将相和象棋包装

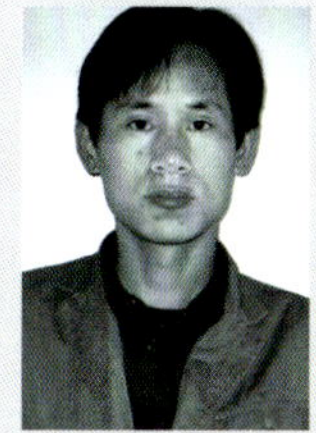

姓名：杨新忠
性别：男
出生时间：1978年12月
毕业院校：江西师范大学
学位：硕士
所在城市：南昌
邮箱：oldy78@sohu.com

江西师范大学硕士研究生毕业，现为南昌大学艺术与设计学院讲师，江西省美术家协会会员，江西省平面艺术设计委员会会员。发表多篇论文及作品，获奖三十余项，获国家设计专利两项，独立完成多个设计项目。

001	禁毒
002	吸烟的隐患
003	生存・思考
004	HATCH
005	《视觉设计》装帧
006	《站在墙外等红杏》装帧
007	《浮萍》装帧

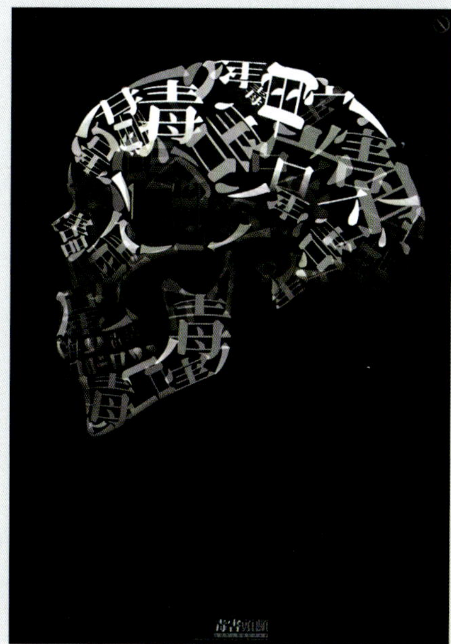

001

002

003

004

005

006

007

001

002

003

004

005

006

007

008

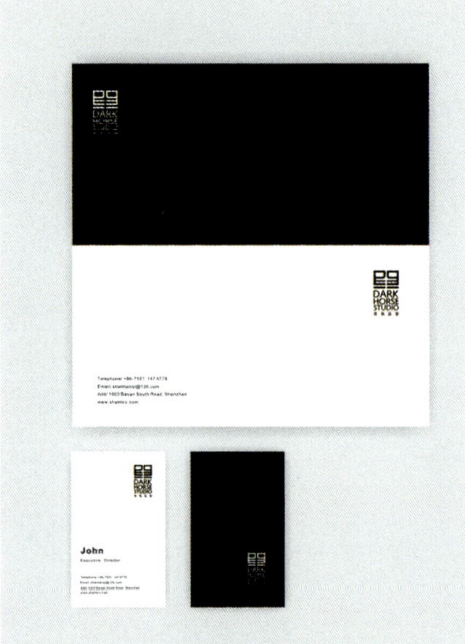

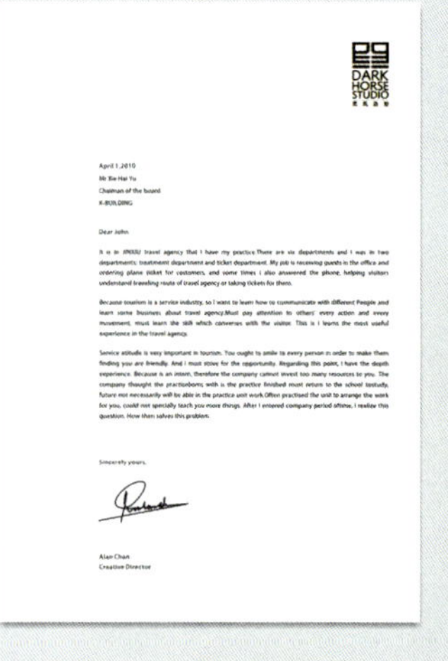

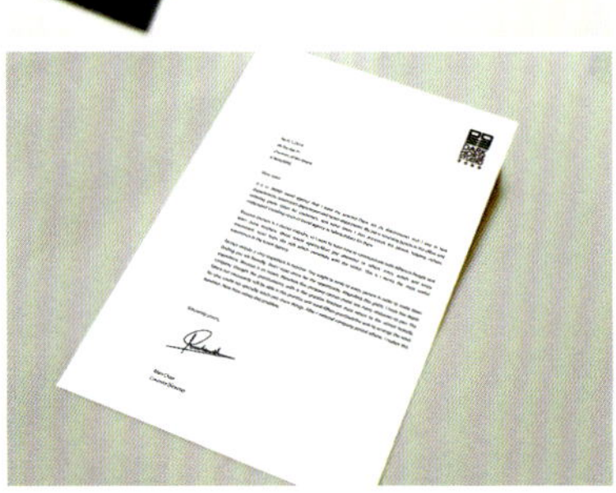

009

姓名：何才冬

性别：男

出生时间：1987年11月

毕业院校：宜宾学院

学位：学士

所在城市：深圳

邮箱：Shanyihui@126.com

江西遂川人，2009年大学本科毕业，现工作于深圳朗图品牌整合传播，任品牌识别设计师。曾获得第二届“和谐中国”中国公益设计大赛三等奖、第二届中国大学生美术作品年鉴年度铜奖、广东之星专业组优秀奖、第三届税收公益广告创意设计大赛优秀奖，多幅作品入选《中国设计年鉴》、《中国大学生美术作品年鉴》、《中国设计师作品年鉴》等专业出版物。

001 深圳文化周标志
002 九城标志
003 太阳岛标志
004 黑马造型机构标志
005 水云茶殿标志
006 泰和医院标志
007 月亮湾美容所标志
008 月亮湾国际中心标志
009 黑马造型机构视觉形象

姓名：胡璟辉
性别：男
出生时间：1976年11月
毕业院校：天津美术学院
学位：学士
所在城市：天津
邮箱：hardyhu@163.com

天津美术学院装潢设计系讲师。Adobe中国认证设计师。藏书票及小版画入选2010广州首届国际双年展。2003年非典期间参加全国抗击非典宣传海报设计比赛，2010年海报作品入选献礼60周年我爱中国海报展。曾成功设计天津赛纳兰工艺品公司VIS识别系统、天津金狮篮球俱乐部标志、秦皇岛海运煤炭公司标志等。多件作品入选国内权威年鉴。

001	我爱中国(1)
002	我爱中国(2)
003	融
004	超越(1)
005	超越(2)
006	点与空间
007	超越(3)
008	超越(4)

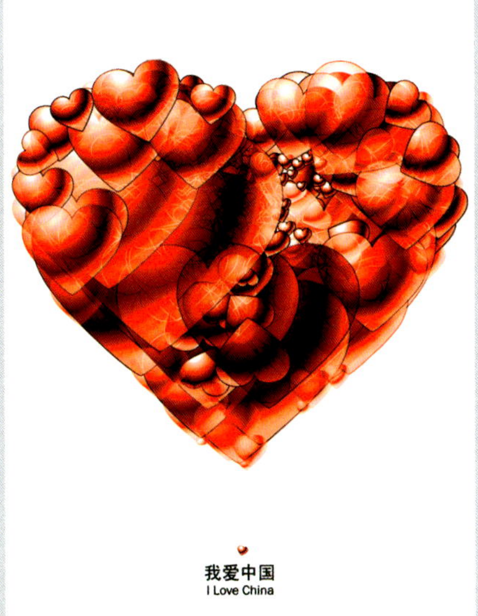

001

002

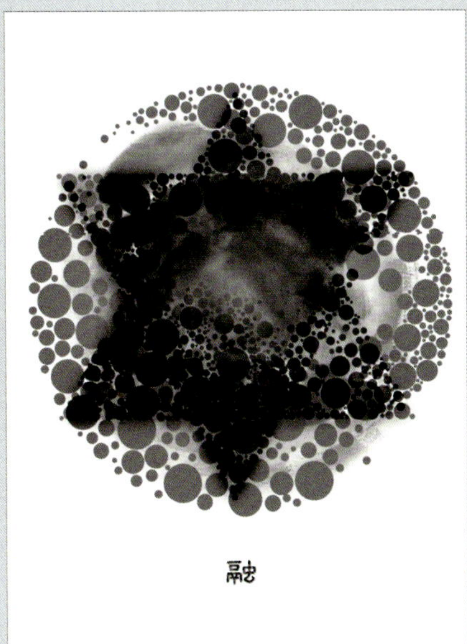

003

004

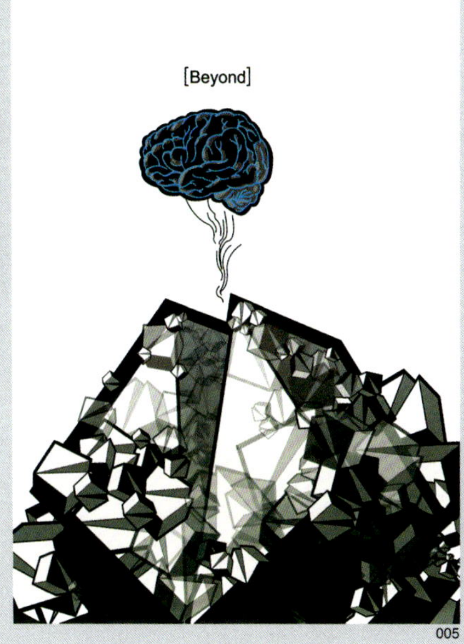

005

006

007

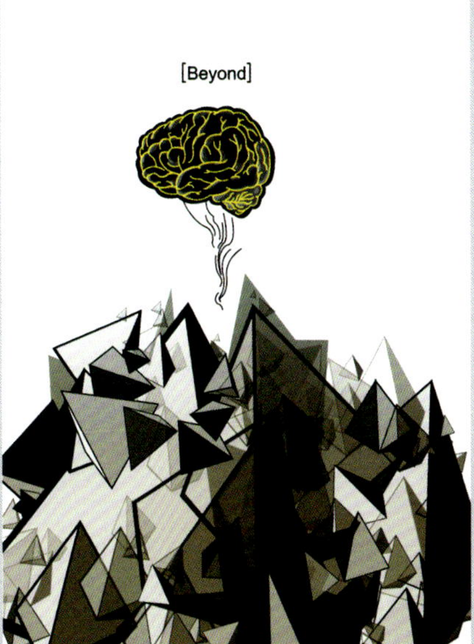

008

001

002

003

004

005

006

007

姓名：叶佑天
性别：男
出生时间：1976年11月
毕业院校：湖北美术学院
学位：硕士
所在城市：武汉
邮箱：53341620@qq.com

001 印象武汉
002 鱼水江城
003 魅力武汉
004 城市浮华
005 中国味道
006 汉字精神
007 道教精神

硕士研究生毕业于湖北美术学院，现为湖北美术学院教师，湖北省美学学会会员，武汉巨荣设计文化传播公司创办人、设计总监。曾在国内外多项设计赛事中获奖，主要获中国元素国际巡回展优秀奖，中国之星最佳设计奖，新生代CDC大赛获得入选奖，“2008·扬帆青岛”第二届奥帆招贴画大赛优秀奖，北京奥运海报邀请展银奖，2009年参展深圳中国新锐设计师40人展，2010年作品《视觉风物》获得第四届高校教师作品大赛优秀奖。

001

002

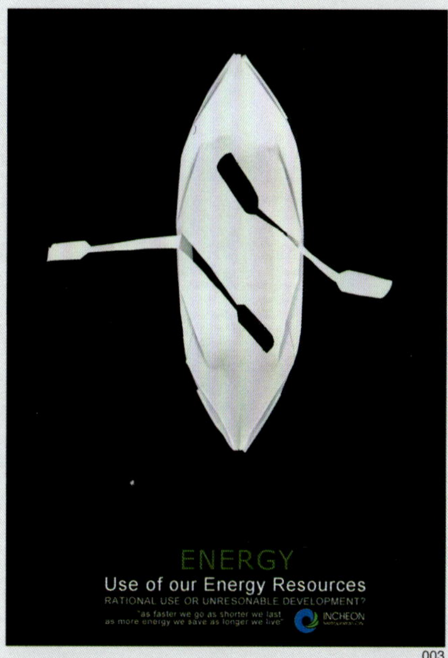

003

004

005

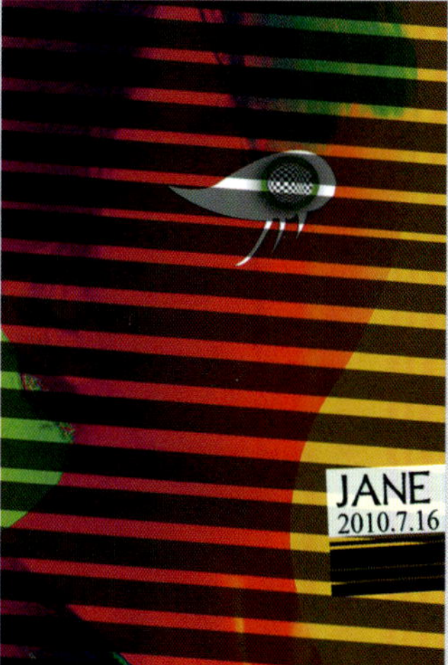

006

姓名：向娟
性别：女
出生时间：1983年3月
毕业院校：四川音乐学院
学位：硕士
所在城市：宜宾
邮箱：shuxiayu@163.com

四川音乐学院成都美术学院硕士研究生毕业，现为宜宾学院美术与艺术设计学院教师。2008年海报作品获得韩国仁川国际海报展特选奖，2009年包装作品获DesignProzess设计进程2008德中平面设计大赛优秀奖，2009-2010年两件作品入选 DCGD 德中平面设计双年展。

001 《mini-city&mini-car》包装画册
002 《FOUR》装帧
003 ENERGY
004 BLUE
005 EMPTY
006 插画(1-4)

姓名：	万庆
性别：	男
出生时间：	1980年
毕业院校：	南京林业大学
学位：	学士
所在城市：	上海
邮箱：	Wanqing03461@163.com

上海言佳企业形象策划有限公司创意总监，国际商业美术设计师，江苏省工艺美术协会设计分会会员。作品入选第八届中国艺术节系列展，获第十届全国大学生视觉创意设计大赛特别创意奖，多件作品被国内专业出版物收录。

001

002

003

004

005

006

001 PHP数码快印标志
002 昆锦包装标志
003 聚生模具标志
004 爆爆香标志
005 固品塑料标志
006 浩马影视传媒标志
007 浩马影视传媒视觉形象
008 聚生模具视觉形象
009 昆锦包装品牌形象
010 爆爆香品牌形象

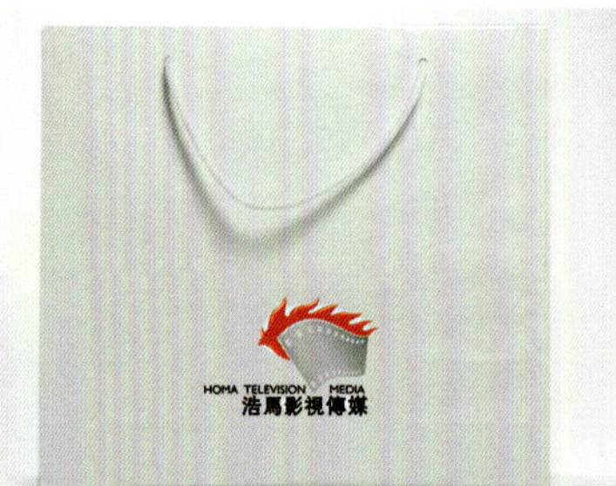

007

008

009

010

001

004

002

003

005

姓名：陈禹
性别：男
出生时间：1986年
毕业院校：吉林艺术学院
学位：硕士(在读)
所在城市：长春
邮箱：399876218@qq.com

曾获2010中国·长春东北亚国际动漫作品比赛银奖及铜奖各一项、第十三届全国大学生设计大师奖优秀奖、第三届东+西大学生国际海报双年展入选奖、第十一届白金创意入围奖、首届中国包装艺术大赛入选奖、第三届全国大学生广告艺术大赛吉林分赛区二等奖(两项)、靳埭强设计奖2008全球华人大学生平面设计比赛入选奖(两项)、深圳第26届世界大学生夏季运动会海报设计大赛入选奖，作品入选2010俄罗斯国际标志双年奖(TAMGA2010)，多件作品被国内专业出版物收录。

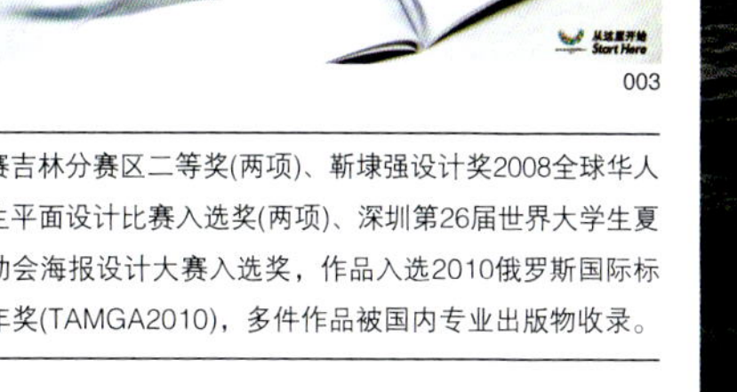

001	Start Here(乒乓球篇)
002	Start Here(网球篇)
003	Start Here(沙滩排球篇)
004	将心比心
005	Now & History
006	《爱丽丝漫游吉林》装帧

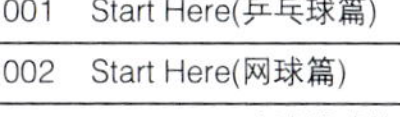

006

001

002

003

004

005

006

007

中国新锐设计师年鉴2010

姓名：邱拉仕

性别：男

出生时间：1986年2月

毕业院校：浙江育英职业技术学院

学历：大专

所在城市：杭州

邮箱：195329136@qq.com

杭州重墨堂品牌设计机构设计总监。致力于整体品牌推广和视觉传达，以“很国际，更中国”的理念，为众多知名品牌及项目提供专业化商业服务和信息支持。

001	短趣网标志
002	百基标志
003	醒世茶业标志
004	黑鹿推广广告
005	黑鹿品牌形象广告
006	支付宝2009版画册
007	黑鹿品牌画册
008	荞宝推广画册

008

004

002

001

005

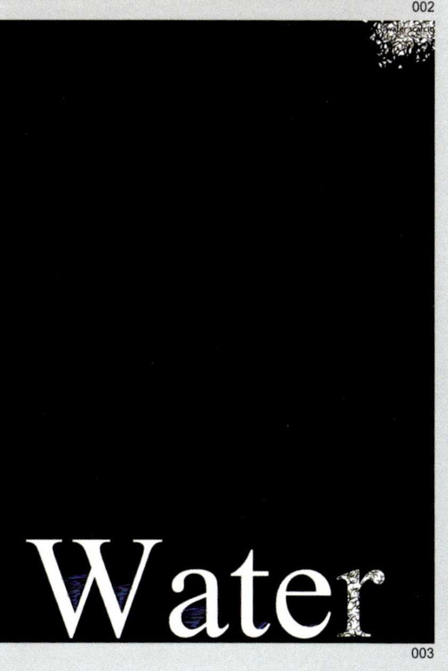

003

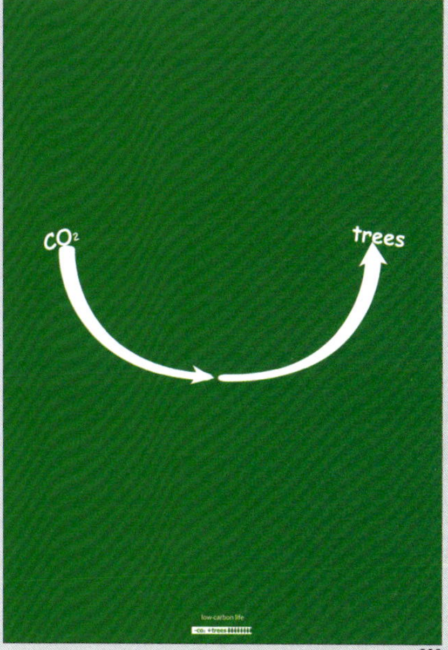

006

姓名：刘静
性别：女
出生时间：1979年11月
毕业院校：天津工业大学
学位：硕士
所在城市：保定
邮箱：Pilibeibei9230@163.com

华北电力大学讲师。发表了多篇论文，曾获“我的低碳生活”公益海报设计大赛入围奖、全国体育大会永久性会徽征集入围五强、第十二届世界花样游泳锦标赛会徽征集入围三强、“创意·中国”第四届全国青年设计艺术双年展入选奖等。

001 Three wonders of sense
002 The unknown east-west
003 Water scarcit
004 The disappearance of the green
005 Water & Face
006 微笑

001

002

003

004

005

006

007

008

009

010

姓名：刘星
性别：男
出生时间：1984年1月
毕业院校：重庆龙门浩职业中学
学历：高中
所在城市：重庆
邮箱：16574509@qq.com

重庆创高广告公司美术指导。设计上不断追求创新，以带给客户最大化的利益为原则，力求务实的商业设计。为成金工业总部基地、四川日报招标网、成都青羊国投、天府丽都喜来登饭店、万科集团、川威劲力房产、成功地产、心怡地产、东方希望集团、武海置业、中新集团等大中型企业提供设计服务。多作品被国内专业出版物收录。

001　华腾鼎晟标志
002　东方希望中心标志
003　中法能源标志
004　地中海蓝湾标志
005　四川日报招标比选网标志
006　蓉品会所标志
007　简玉陶瓷标志
008　阿兴记食品标志
009　公园大道·上悦楼盘广告(1-6)
010　摩品设计(1-3)

001

002

003

004

005

006

禹王文苑 | water&culture YWWY

007

008

009

010

011

012

013

姓名：张建光

性别：男

出生时间：1977年10月

毕业院校：天津美术学院

学位：学士

所在城市：沧州

邮箱：Guanghe05@163.com

2007创办光和品牌设计工作室，兼任设计总监职务。曾获中国足球协会甲级联赛标志中选奖、全国第八届少数民族运动会会徽设计二等奖、天津世界滑水锦标赛会徽设计优秀奖、天津美术学院毕业设计一等奖、2008中国之星设计艺术大奖优秀奖等。多件作品被国内外专业出版物收录。

001	沧州武术标志
002	源来客标志
003	八极神州擂标志
004	中国足球协会甲级联赛标志
005	芙蓉·丰顺苑标志
006	巨人重工标志
007	禹王文苑标志
008	诺马标志
009	云华美术馆标志
010	海·摄影标志
011	筑美设计标志
012	N记甜品视觉形象
013	筑美设计视觉形象

001

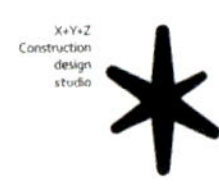

002

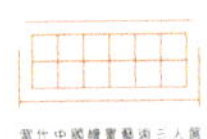

003

004

005

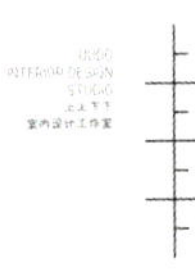

006

姓名：张宁
性别：男
出生时间：1981年11月
毕业院校：长沙理工大学
学位：学士
所在城市：广州
邮箱：zhangning2003@126.com

大学期间成功举办“设香味”三人海报展。2008年加入深圳天天向上设计事务所，师从著名设计师洪卫先生，曾担任洪卫先生助理及设计主管等职，现为伊泰莲娜集团公司Debor品牌市场部主管。致力于品牌形象、包装等方面的设计工作。曾获广东之星优秀奖、设计之都(中国·深圳)公益广告大赛入围奖、俄罗斯国际标志双年奖(TAMGA2010)优选奖，多件作品被国内权威出版物收录。

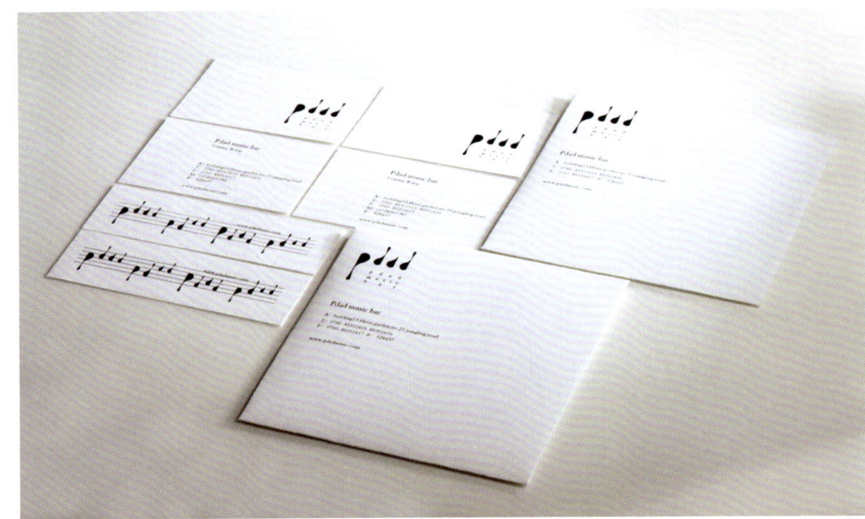

007

008

009

010

001	Pdad music bar标志
002	construction design studio标志
003	当代中国绘画艺术三人展标志
004	西湖旅行社标志
005	瑞邦智力开发幼儿园标志
006	上上下下室内设计工作室标志
007	Pdad music bar视觉形象(1)
008	Pdad music bar视觉形象(2)
009	红色森林
010	Debor logo-VI及网页

001

002

003

004

姓名：仲晨

性别：女

出生时间：1985年2月

毕业院校：鲁迅美术学院

学位：硕士(在读)

所在城市：沈阳

邮箱：aza_2007@163.com

本科毕业于鲁迅美术学院，现为鲁迅美术学院在读硕士研究生。曾获全国第九届大学生设计大赛优秀奖、辽宁省第十一届运动会会徽设计二等奖、入围“GSSP(金曦奖)国际设计金奖”设计大赛并获得优秀设计作品奖，2009年作品入选第七届全国书籍设计艺术展，2010年多件作品被国家大剧院永久收藏。多件作品被国内权威出版物收录。

001　China Peking Opera Show系列(1-4)

002　《单向独行》插图(1-2)

003　“西游师徒”明信片设计

004　“西游记”人物纸牌设计

001

002

姓名：石廷金

性别：男

出生时间：1981年8月

毕业院校：天津美术学院

学位：硕士(在读)

所在城市：天津

邮箱：kingstj@163.com

天津美术学院在读硕士研究生，创意性思维设计与品牌形象设计研究方向。曾获第三届东+西大学生国际海报双年展铜奖及优秀奖、第十一届白金创意全国大学生平面设计大赛入围奖四项、第十九届时报金犊奖入围奖三项、靳埭强设计奖2010全球华人大学生设计比赛入围奖两项，作品入选2010年亚洲超越联盟设计展，多件作品被国内专业出版物收录。

001　烟的“杀伤力”

002　你怎么下得了手?

003　木乃“衣”

004　思考者——“涸”思“干”虑，不知因，岂不悲哉!

005　文化是我们的精神食粮

006　文明的网络环境系列(1-4)

003

004

005

006

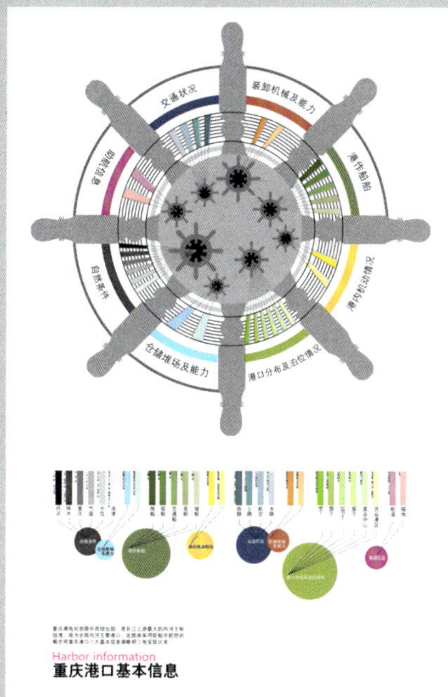

001

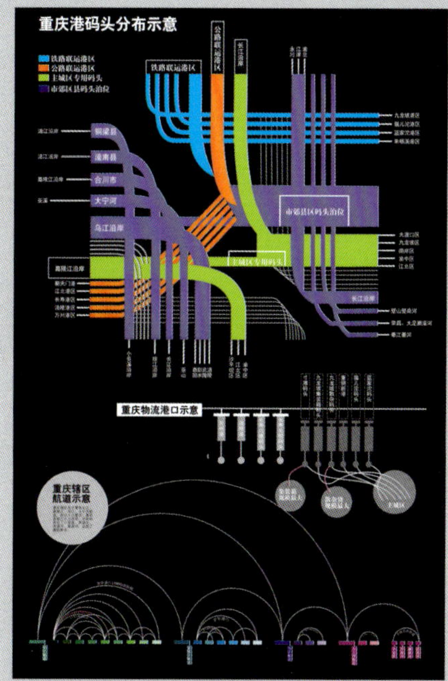

002

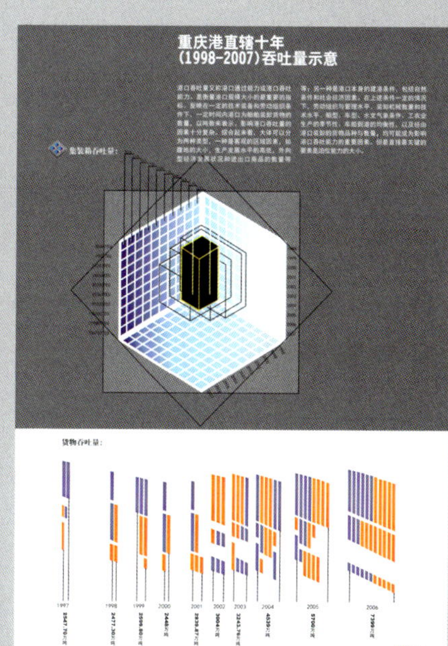

003

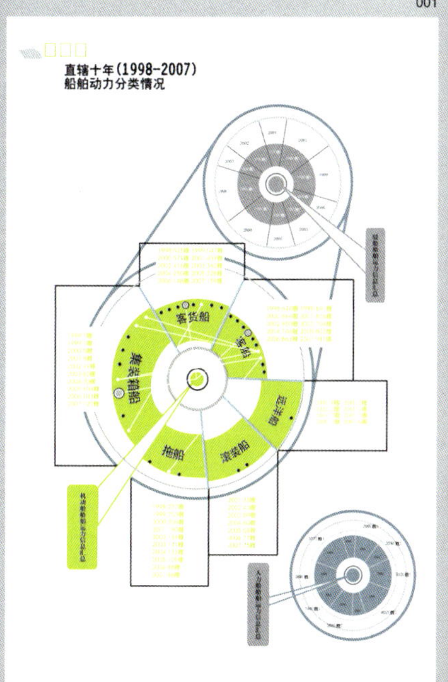

004

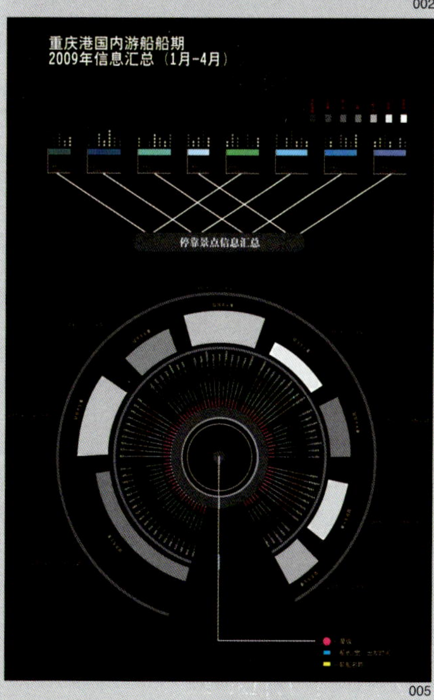

005

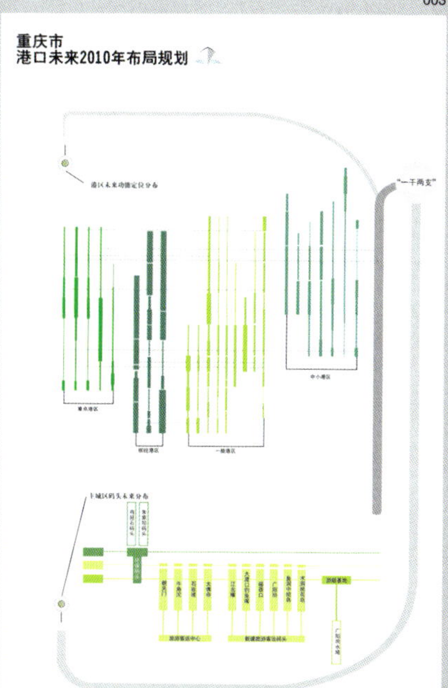

006

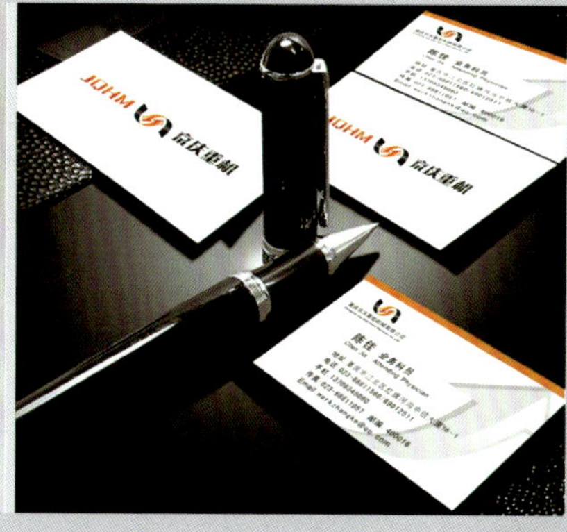
007

姓名：邝家瑞
性别：女
出生时间：1983年4月
毕业院校：四川美术学院
学位：硕士
所在城市：重庆
邮箱：413477509@qq.com

重庆工商职业学院传媒艺术系专业教师。曾在德国卡塞尔艺术学院学习交流。现进行的课题研究有中央美术学院“字之城”民间文字研究，Workshop情景体验式教学的实践与探索，视觉传达专业“汉字艺术设计”教学改革。横向课题有重庆市政府旅游产品开发，重庆医科大学附属大学城医院、崇州市人民医院、崇州市妇幼保健院品牌设计。为多家知名企业提供设计服务。

001　重庆市港口信息设计系列海报(1)
002　重庆市港口信息设计系列海报(2)
003　重庆市港口信息设计系列海报(3)
004　重庆市港口信息设计系列海报(4)
005　重庆市港口信息设计系列海报(5)
006　重庆市港口信息设计系列海报(6)
007　重庆京庆重型机械有限公司视觉形象

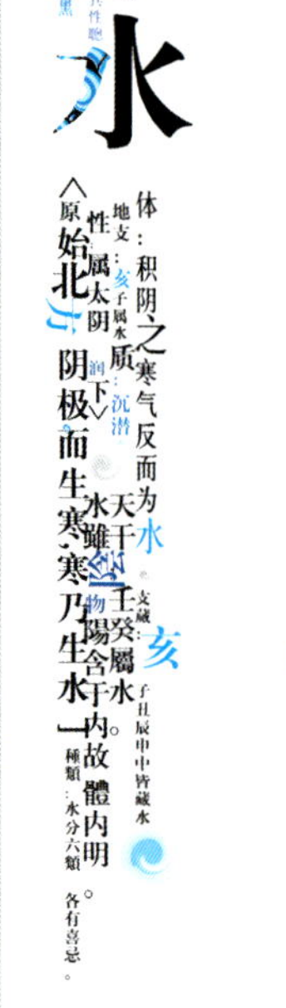

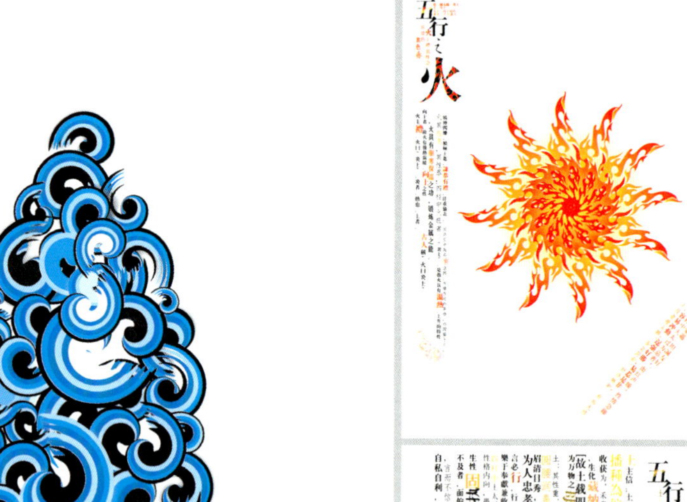

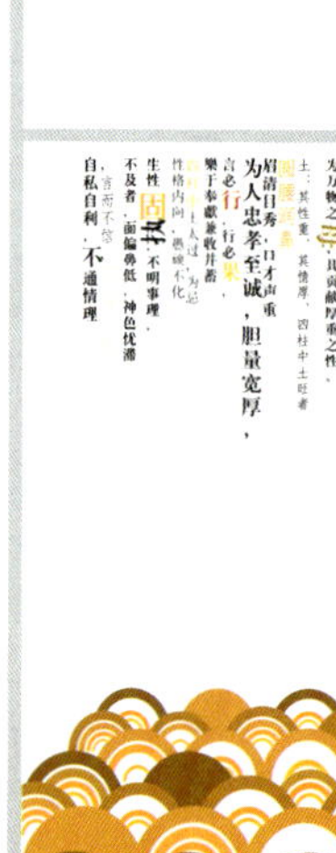

001

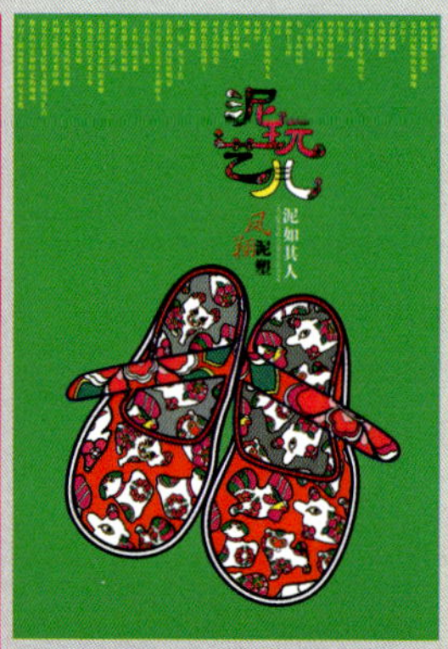

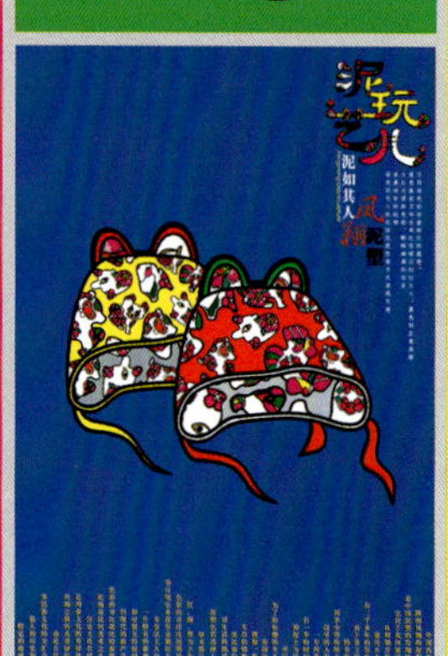

002

姓名：巩蕴斐
性别：女
出生时间：1987年9月
毕业院校：四川美术学院
学位：硕士
所在城市：重庆
邮箱：Gongyunfei1987920@yahoo.com.cn

四川美术学院硕士研究生。获得2008年商丘市第三届运动会会徽设计比赛优秀奖、四川省首届大学生广告创意设计大赛三等奖、第三届中国元素创意大赛入围。

001　金木水火土(1–5)
002　泥玩艺儿(1–4)

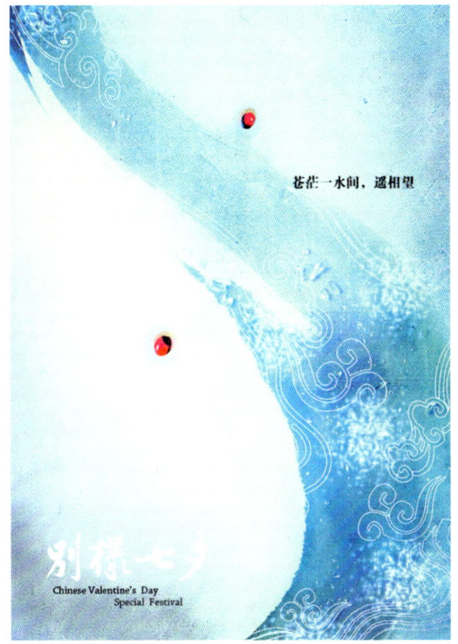

001

002

007

008

009

010

激情无限 迎接挑战

Intinite passion to meet the challenges

003

004

姓名：代悦

性别：女

出生时间：1987年10月

毕业院校：四川美术学院

学位：硕士(在读)

所在城市：重庆

邮箱：daiyue_design@hotmail.com

四川美术学院在读硕士研究生。2007年作品入选艺术院校当代大学生年度提名展，曾获RIO(锐欧)“环保手提袋 创出我精彩”设计大赛三等奖，曾入选重庆女性艺术家书画大展，作品被《VISION》杂志刊登。

005

006

001　别样中国节之情人节

002　别样中国节之中秋节

003　激情无限 迎接挑战

004　where should we go

005　“我的设计生活”刘小康讲座海报

006　SOHU信息图表设计

007　阳光保险标志

008　四川美术学院校庆70周年标志

009　重庆医科大学标志

010　重庆江北嘴中央商务区标志

001

002

FEIBO 非帛

003

004

005

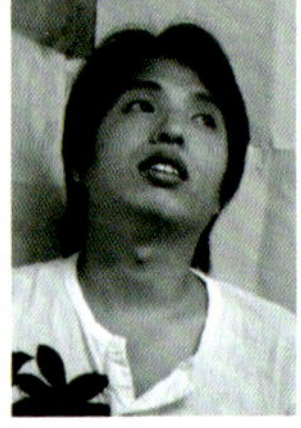

姓名：孙统远

性别：男

出生时间：1983年10月

毕业院校：太原科技大学

学位：学士

所在城市：上海

邮箱：97101091@qq.com

太原科技大学毕业，在上海工作，担任高级美术指导职务，中国设计师协会会员，one vision创始人。多件作品被国内专业出版物收录。

001 玖久丝绸标志

002 富亿达标志

003 非帛标志

004 汇思康标志

005 玖久丝绸品牌形象

006 纺织品创意海报(1)

007 纺织品创意海报(2)

008 吊卡系列(1-3)

006

007

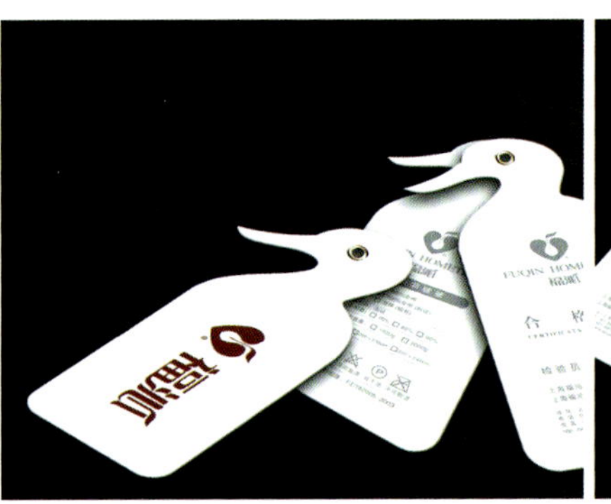

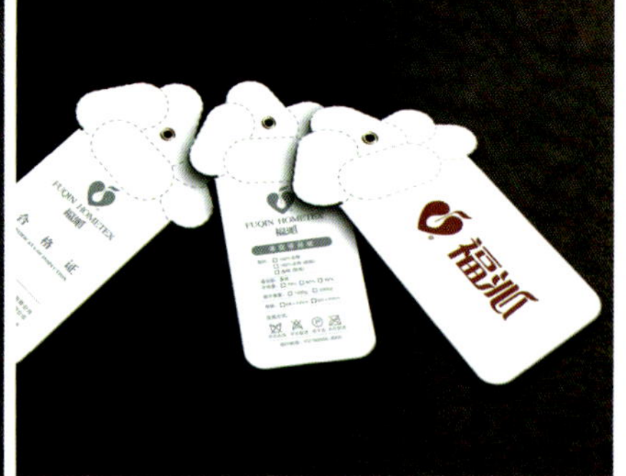

008

001

002

003

004

005

006

007

008

009

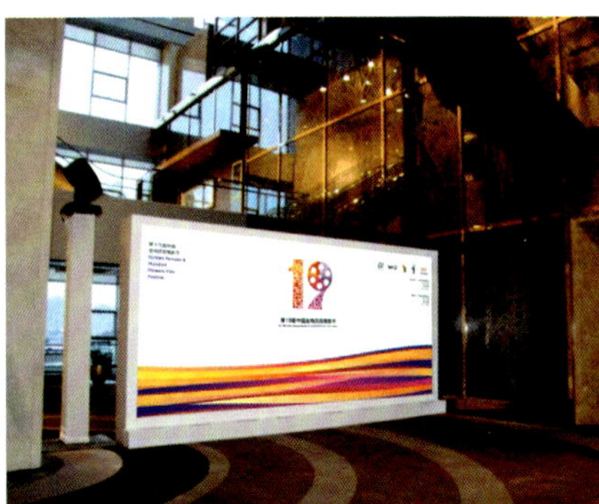

010

011

012

姓名：陈厚

性别：男

出生时间：1987年12月

毕业院校：北京印刷学院

学位：学士

所在城市：北京

邮箱：chenhou303@sina.com

曾获得Greenpeace(绿色和平)海报优秀奖、“利奥杯”第三届全国大学生包装与印刷创新设计大赛获评委奖、第四届秘鲁YAKU国际海报入选奖，安徽博物馆logo设计三等奖、第二届重庆户外广告大赛入围奖、天津第三届电脑节“低碳文化创意大赛”一等奖、设计·启迪未来-2010绿色瓷海·低碳生活设计大赛一等奖、第二届海峡印刷创意设计大赛银奖等数十项奖项。

001 红舞星标志
002 第十九届金鸡百花电影节标志
003 森安科技标志
004 南京高新区标志
005 中国花卉博览会标志
006 中国花卉协会标志
007 山水青城标志
008 福建博物院标志
009 淮海实业集团标志
010 第十九届金鸡百花电影节视觉形象
011 福建博物院视觉形象
012 南京高新区视觉形象

001

002

003

004

005

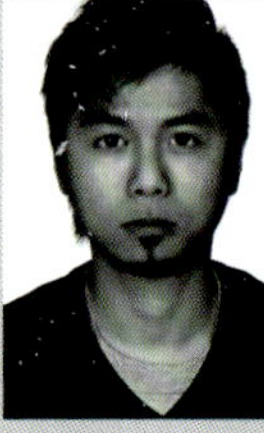

姓名：李浩强
性别：男
出生：1986年5月
毕业时间：澳门理工大学
学位院校：学士
所在城市：澳门
邮箱：Macau.bob@gmail.com

曾在澳门及杭州等地知名公司任职。2010年获得第四届秘鲁国际海报大奖、当下·活在—香港国际海报三年展新生代大奖、作品入选第二十二届波兰华沙国际海报双年展，2009年获得第12届全国大学生设计(海报组)大师奖、靳埭强设计大赛入围奖、齐鲁之星铜奖、台湾国际创意设计大赛入围奖、2008台湾国际创意设计大赛入围奖。

001 Who am I
002 nature
003 Poor and rich(1)
004 Poor and rich(2)
005 Poor and rich(3)

001

002

003

004

005

006

007

008

009

010

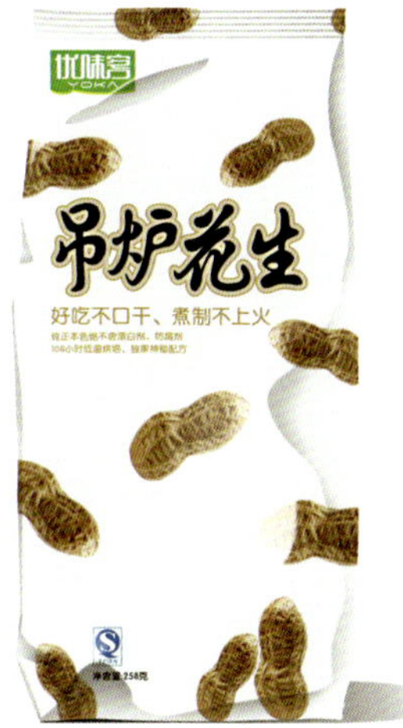

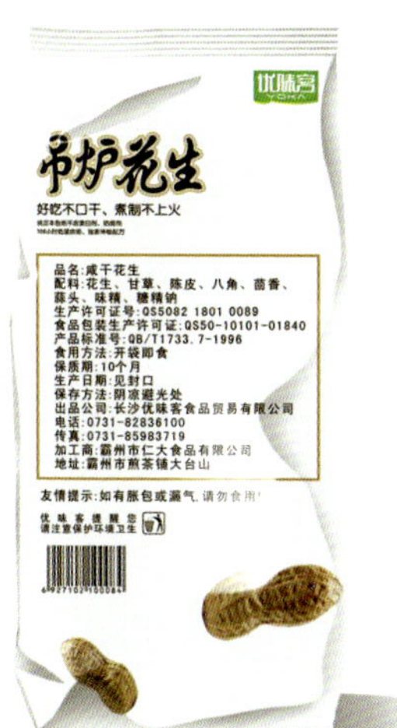

011

012

姓名：李志明

性别：男

出生时间：1984年3月

毕业院校：湖南师范大学

学位：学士

所在城市：长沙

邮箱：284580628@qq.com

嘉天品牌设计机构设计总监。先后为中国移动湖南公司、中铁轨道系统集团、湖南省政协、湖南有色集团、奥盛特重工、湖南省茶叶协会、南昌玛姆等大型品牌主持并完成品牌视觉设计。坚持走艺术与品质相结合的设计道路。

001 碧海大酒店标志
002 醍坊酒业标志
003 玛姆标志
004 美丽传说标志
005 青园标志
006 中伦纸业标志
007 湖南广聚文化传播有限公司标志
008 冠一颜料标志
009 优味客标志
010 《醍坊》画册
011 优味客吊炉花生包装
012 湖南省茶叶协会视觉形象

001

002

姓名：余利军

性别：男

出生时间：1982年11月

毕业院校：集美大学

学位：学士

所在城市：厦门

邮箱：0592ead@163.com

毕业于集美大学艺术教育学院，曾任职于福州唯真经典广告公司，2006年创办厦门壹佰品牌设计有限公司，2007年创办厦门壹品企划设计有限公司，兼任设计总监职务。

001	苏可鲜榨果汁店面标志
002	亿洲建筑工程有限公司标志
003	欧灵兰普儿童灯饰标志
004	埃菲货架标志
005	魏氏木业标志
006	纽威轻工有限公司标志
007	金色将来母婴用品店标志
008	益岩茶业标志
009	益岩茶业视觉形象
010	金色将来母婴用品店视觉形象
011	苏可鲜榨果汁店视觉形象

003

004

005

006

007

008

009

010

011

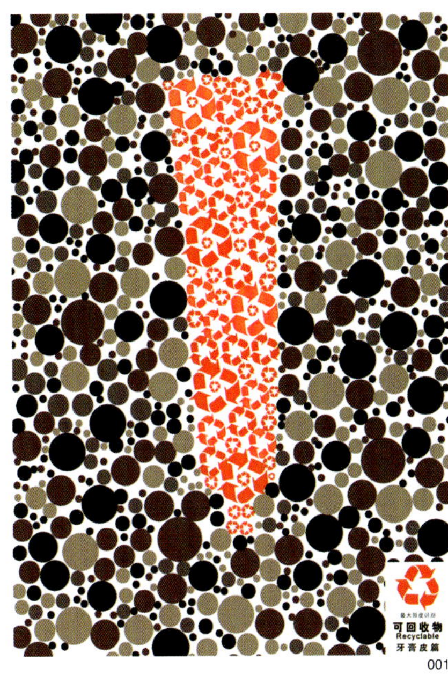

001

002

003

004

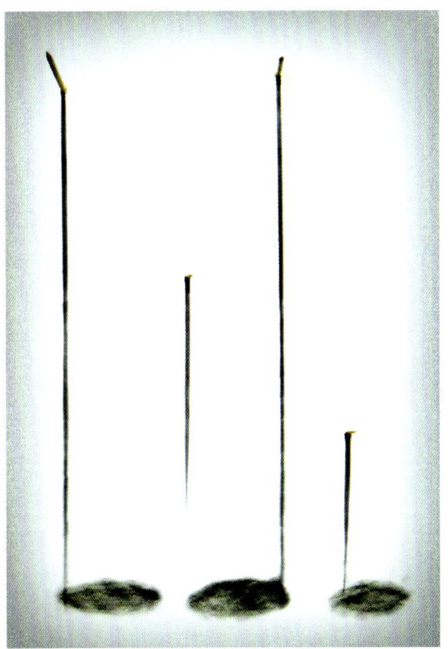
005

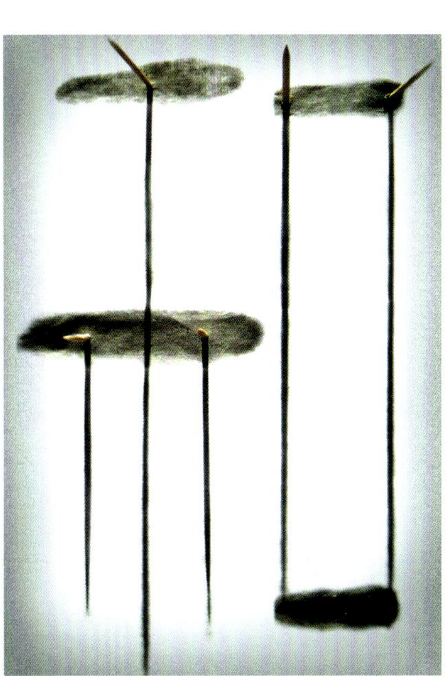
006

姓名：吕承

性别：女

出生时间：1987年7月

毕业院校：南开大学

学位：硕士(在读)

所在城市：天津

邮箱：cc53327325@gmail.com

南开大学在读硕士研究生，国际商业美术设计师。多件作品被国内专业出版物收录。多件作品入选2009广东之星大赛，曾获第三届全国节能减排(建设节约型社会)获主题招贴设计大赛入围奖、“低碳校园 创意先锋”南开大学2010环保方案征集大赛一等奖，成功参展2010 DDF设计节。

001　可回收物(牙膏皮篇)
002　可回收物(塑灯泡篇)
003　可回收物(塑料瓶篇)
004　白色垃圾
005　以和为贵(字体光试验1)
006　以和为贵(字体光试验2)
007　以和为贵(字体光试验3)
008　以和为贵(字体光试验4)

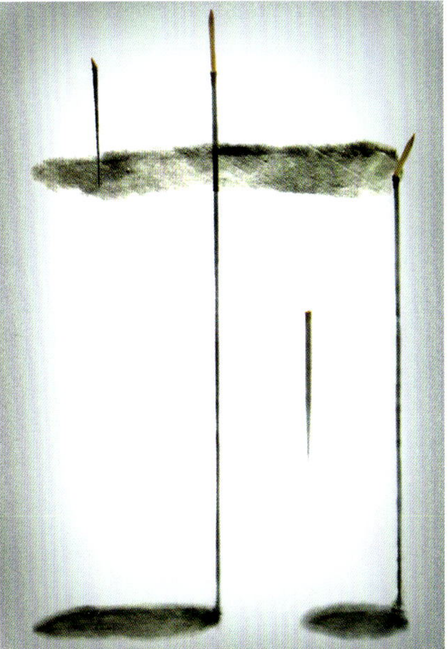
007

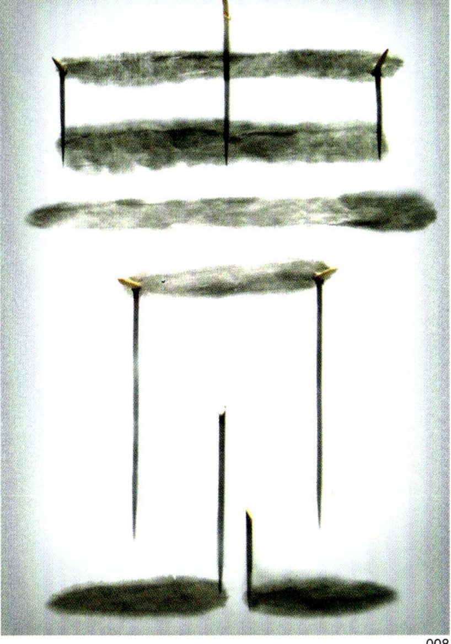
008

001

002

003

姓名：郭艳
性别：女
出生时间：1977年8月
毕业院校：华南师范大学
学位：硕士
所在城市：广州
邮箱：704783796@qq.com

毕业于西北纺织工学院，获学士学位，毕业于华南师范大学，获硕士学位。具有十余年工作经验。获奖数十项，发表论文十余篇，多件作品被国内外专业出版物收录。

001　湘音乡情(1-2)
002　心水服饰(1-6)
003　西樵山画册(1-6)

001

002

姓名：耿立明
性别：男
出生时间：1982年10月
毕业院校：哈尔滨理工大学
学位：硕士(在读)
所在城市：哈尔滨
邮箱：757718685@qq.com

哈尔滨理工大学艺术设计学硕士研究生在读。有相当的工作经验，曾为中国移动、奥奇丽康齿灵牙膏、丹东新一百、玛丽亚妇产医院、黑龙江电视台本山快乐营、甘肃卫视、上海天参、哈尔滨伊尔诺、哈尔滨电视台法制频道时尚健康栏目、北大荒集团、三禾农业、牡丹江绿色三通、完达山奶业等众多企业品牌提供影视广告、栏目包装、后期制作、宣传推广等方面的服务。

003

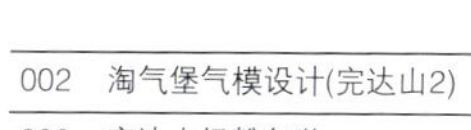

004

001　淘气堡气模设计(完达山1)

002　淘气堡气模设计(完达山2)

003　完达山奶粉包装

004　熊牌啤酒易拉罐(1-6)

women Pureness

001

002

003

004

005

006

007

008

姓名：匡卡

性别：男

出生时间：1982年12月

毕业院校：郑州轻工业学院

学位：学士

所在城市：义乌

邮箱：858090877@qq.com

长期探索品牌设计，2008年创办创智赢家品牌设计机构，并担任创意总监。带领团队塑造出上百成功品牌，已成为本土著名品牌设计机构，多件作品被国内专业出版物收录，多次参加对外展览交流活动。

001 纯粹女人(英文标志)
002 福迪斯标志
003 外贸运动服饰标志
004 零度标志
005 FITBEAR儿童服装标志
006 暖暖熊婴儿用品标志
007 1822高档调味品包装
008 才大人牛仔针织系列包装

001

002

003

004

005

006

AFC幸福家

省时 省事 省钱

「幸福」由家开始……

顺发电器专注生活家电15年，专业生产"幸福家"品牌生活电器系列产品，一直致力于通过工艺、科技的不断创新，为广大消费者提供更贴心的产品系列，提升不断升级的生活品质。

AFC电热水壶

[省时]不锈钢底盘加热技术，满壶水烧开仅需5分钟左右，快速！
[省事]水沸自动断电，多重防干烧熔断保护，烧水无需看管！
[省钱]满壶水烧开，仅耗电0.003°左右，只需几分钱！
产品全部不锈钢壶体，时尚大方，清洗方便！

电热水壶 | 江苏顺发电器有限公司

007

AFC
幸福家
幸福由家开始
豆浆机
SOYMILK
SFS13011B

008

姓名：蒙瑞玉
性别：女
出生时间：1983年12月
毕业院校：广西艺术学院
学位：学士
所在城市：常州
邮箱：147710150@qq.com

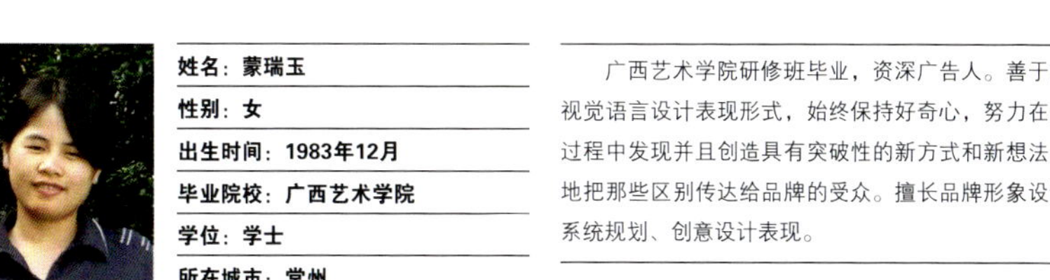

广西艺术学院研修班毕业，资深广告人。善于自由驾驭视觉语言设计表现形式，始终保持好奇心，努力在品牌建立过程中发现并且创造具有突破性的新方式和新想法，以更好地把那些区别传达给品牌的受众。擅长品牌形象设计、视觉系统规划、创意设计表现。

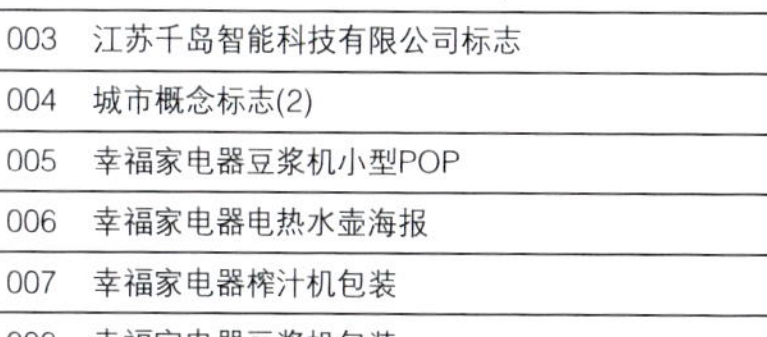

001 城市概念标志(1)
002 中石化(伊朗YADAVARAN项目)标志
003 江苏千岛智能科技有限公司标志
004 城市概念标志(2)
005 幸福家电器豆浆机小型POP
006 幸福家电器电热水壶海报
007 幸福家电器榨汁机包装
008 幸福家电器豆浆机包装

001

002

003

004

005

006

007

008

009

010

011

012

姓名：申青松
性别：男
出生时间：1985年5月
毕业院校：太原理工大学
学位：学士
所在城市：太原
邮箱：sqs613@126.com

现任申度设计机构设计总监，2003年考入太原理工大学，主修视觉传达设计，2007年毕业后从事广告设计工作，2009年创办申度设计机构，专注于提供企业品牌推广设计。

001 启诚广告标志
002 晋中市第一人民医院院徽
003 大嘴厨房标志
004 万礼轩标志
005 唐·凤凰城标志
006 博皓汽车影音标志
007 山西临工标志
008 丰华物流标志
009 博皓汽车影音视觉形象
010 丰华物流视觉形象
011 万礼轩视觉形象
012 大嘴厨房视觉形象

001

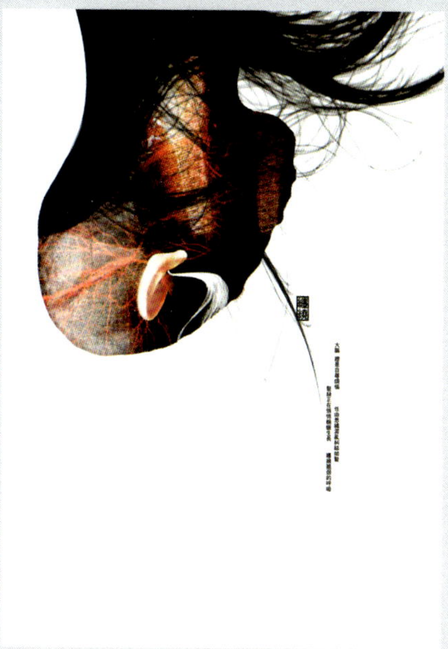

002

003

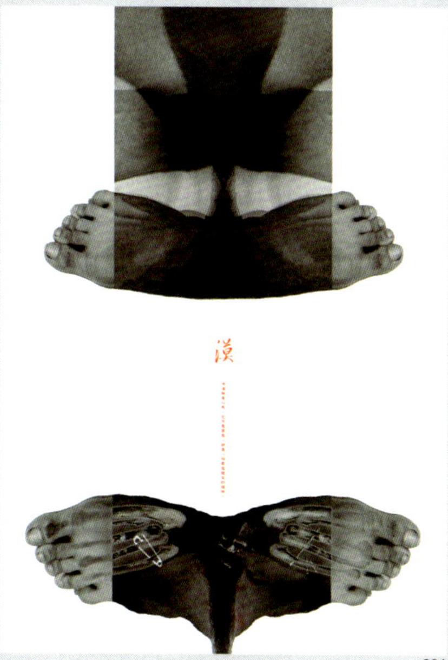

004

005

006

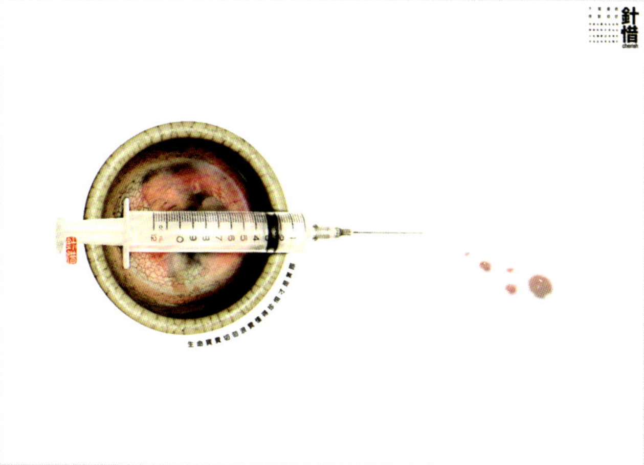

007

008

姓名：张哲铭

性别：男

出生时间：1988年3月

毕业院校："国立东华大学(台湾)"

学位：硕士

所在城市：花莲(台湾)

邮箱：ming77321@hotmail.com

"台湾国立东华大学"科技与艺术系硕士研究生兼"国科会"研究助理，主笔2010年胜世安邦文化节视觉设计项目，连续两届参加南开·东华艺术设计交流展，2009年举办了"美悚"个人展览。参加"一人一百号"油创成果展，并获得多个奖项。

001　倾泻
002　缠饶
003　操弄
004　漠
005　离
006　沉沦
007　针惜
008　挣扎

001

002

003

004

005

006

007

008

009

姓名：曹尚
性别：男
出生时间：1982年12月
毕业院校：河北师范大学
学历：大专
所在城市：北京
邮箱：dersign@126.com

北京德尚设计工房艺术总监，国际平面设计协会(ICOGRADA)联合会会员，都企业形象研究会(CCII)全权会员，煌书法家协会会员。书法作品被敦煌博物馆永久收藏。倡导佛学“和”理念。多件作品被国内外专业出版物收录。2008年，“国家体育场(鸟巢)”标志方案在全社会公开征集中成功中标，被国家体育场确定为北京奥运会主体育场标志。

001	国家体育场标志(鸟巢)
002	日本古典唱片公司标志
003	紫鸿德漆业集团标志
004	神华集团2010足球联赛标志
005	美邦嘉柏酒店标志
006	IMG传媒公司标志
007	香港鞋博士标志
008	盛达置地标志
009	首都科技服务平台标志
010	中国建设视觉形象
011	北京亚细亚精品男装

010

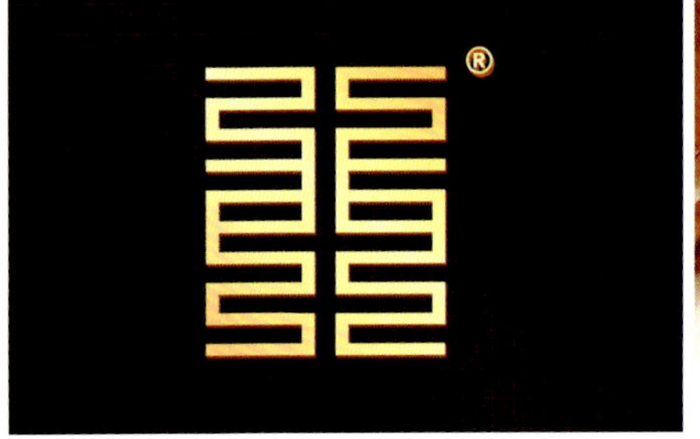

011

001

002

003

004

005

006

008

007

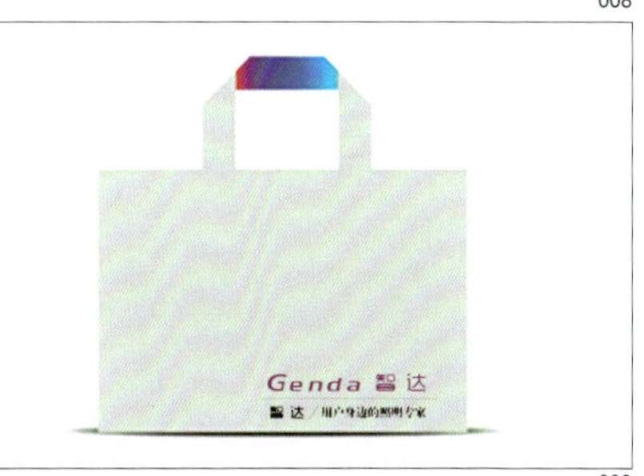

009

姓名：周涛
性别：男
出生时间：1983年10月
毕业院校：廊坊师范学院
学位：学士
所在城市：石家庄
邮箱：zhoutaopower@126.com

2005年毕业于廊坊师范学院，2007年进修于天津美术学院视觉传达专业。毕业后在中国建筑科学研究院《建筑机械化》编辑部任美术编辑，2006年开始从事专业教育，现任职于石家庄计算机职业学院艺术系，在省级以上刊物发表学术论文五篇，参编教材一部。

010

011

001	河北植根人力资源有限公司标志
002	E贸商城标志
003	MEI YAN标志
004	迪步鞋业
005	宇航机械城标志
006	烟台维萨酒业有限公司标志
007	燕照星照明灯标志
008	智达电子CD包装
009	智达科技有限公司视觉形象
010	宇航机械城视觉形象
011	北京萃艺轩网站

001

002

精诚假期
Jingcheng
Holiday

003

004

沈記

005

006

007

008

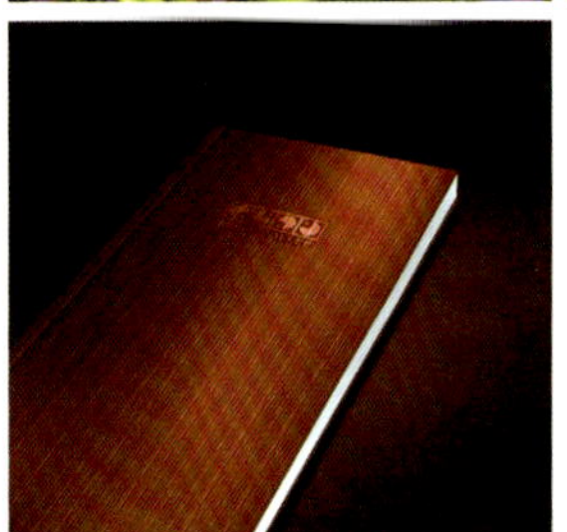

009

姓名：黄君策

性别：男

出生时间：1985年11月28

毕业院校：宁波职业技术学院

学历：大专

所在城市：温州市

邮箱：qnyhtbd@163.com

曾在多家设计公司任职，2009年与人组建温州狮瑞设计顾问机构，多件作品被国内外专业出版物收录。

001 黑白饰界标志
002 红摄起义标志
003 精诚假期标志
004 花之语茶坊标志
005 沈记凉茶标志
006 美典女鞋标志
007 狮瑞设计顾问标志
008 黄浦地产标志
009 MUSE COFFEE视觉形象
010 FEARN LEY视觉形象
011 红人馆韩社会视觉形象

010

紅人館 韩社会

011

001

002

003

004

005

006

007

008

009

CHARMAKE

010

011

012

013

姓名：于茂秀

性别：男

出生时间：1985年6月

毕业院校：烟台大学

学位：学士

所在城市：烟台

邮箱：yumaoxiu@sina.com

烟台大学本科毕业。曾获2006年山东省艺术院校美术作品大赛插画类金奖、2007年第五届中国大学生平面创意设计大赛入围奖、2007年第二届和谐中国公益广告设计大赛三等奖、2007年清华大学教育基金奖、2007年入选《80面孔与"非主流"的感动》展览，2008年以独立设计师身份为瑞典绝对瑞典伏特加广告提案，2009年创办荷善品牌设计工作室，服务过的客户如奔驰、斯玛特、绝对伏特加、招商银行、上汽集团等。

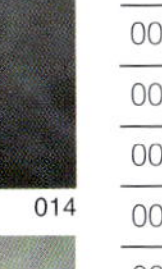

014

015

001	生生元养生会所标志
002	富堂会标志
003	5平方(图形)
004	尚食坊私家菜馆标志
005	南无阿弥陀佛(字体)
006	荷善品牌设计工作室标志
007	锦绣江南食府标志
008	福(虎年图形)
009	星歌会标志
010	CHARMAKE女装标志
011	馋鸭丫(图型)
012	瑞丽安风尚造型名店标志
013	瑞丽安风尚造型名店视觉形象
014	八度酒吧俱乐部视觉形象
015	CHARMAKE女装品牌形象

001

002

003

004

005 006

007

008

009

010

011

姓名： 戴利辉

性别： 男

出生时间： 1978年5月

毕业院校： 西安美术学院

学位： 学士

所在城市： 西安

邮箱： 137992186@qq.com

创作灵感来源于西安古城，作者运用简洁的视觉语言表现作品，在追求理想效果的同时力求客户利益最大化。作品曾得到西安市市长的奖励。成功设计了国际古迹遗址理事会第15届大会会徽及国际古迹遗址理事会国际保护中心标志。

001 国际古迹遗址理事会国际保护中心标志

002 稳定达商贸有限公司标志

003 中和房地产标志

004 西安国土资源局标志

005 陕西2008节能减排博览会标志

006 西安潜安信息科技标志

007 陕西煜通环境标志

008 美恩集团标志

009 国际古迹遗址理事会第十五届大会请柬

010 戴利辉个人名片

011 西安市国土资源局2011年贺卡

001

002

003

姓名：王书风

性别：男

出生时间：1970年12月

学历：高中

所在城市：西安

邮箱：Call7884563@263.net

1999年涉足设计行业，2001年创办陕西佳图设计有限公司，2007年创办陕西书风堂文化传播有限公司，2009年创办西安方像影棚。中国服装协会会员，陕西省服装行业协会常务理事，西安市服装服饰协会理事，陕西省包装协会会员。2009获得第二届西部之星设艺术计大赛专业组包装类金奖，2010获得第五届中国西部(西安)文化产业博览会优秀展览奖，2010获得中国国际新锐设计师创意设计大赛专业组印刷类铜奖，多件作品入选国内外权威出版物。

001 《创新之旅》装帧

002 《影视陕军 砺剑十年》装帧

003 《蓝花花》装帧

001

002

003

007

004

005

Joysant 悦胜

006

姓名：李俊

性别：男

出生时间：1983年2月

毕业院校：重庆文理学院

学位：学士

所在城市：重庆

邮箱：gofurther1983@126.com

中国美术学院高级研修班结业。现于重庆工作，ICOGRADA国际平面设计协会联合会CCII首都企业形象研究会全权会员。多件作品被国内专业出版物收录。曾获2008澳门科技馆馆徽设计比赛荣誉奖、2009重庆科技馆馆徽设计比赛二等奖、2010湖南科技馆馆会设计比赛二等奖。

001　悠游美途标志

002　森迪安防产业发展公司标志

003　重庆地勘局607地质队标志

004　野山科技标志

005　乾元投资标志

006　悦胜贸易标志

007　深目图形延伸产品设计

008　芬华食品包装

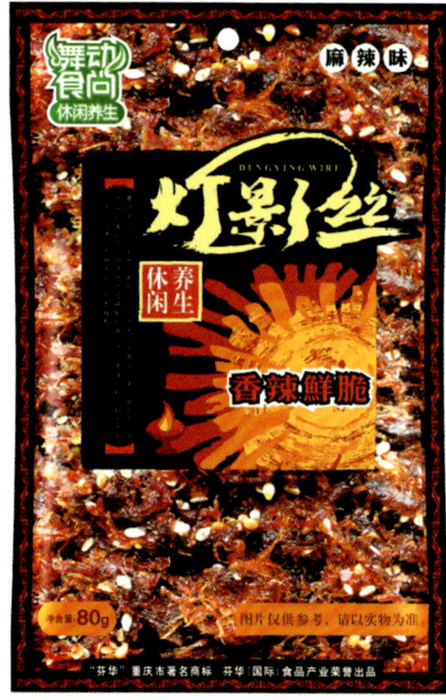

008

001

004

005

006

007

002

003

008

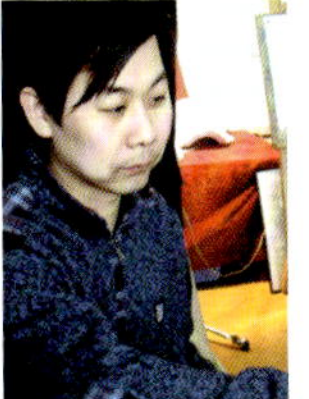

姓名：王爽
性别：男
出生时间：1973年8月
毕业院校：鲁迅美术学院
学位：学士
所在城市：哈尔滨
邮箱：wwwsss73@163.com

哈尔滨师范大学美术学院副教授，哈尔滨师范大学美术学院商业设计研究所设计顾问，兼任哈尔滨科艺制版有限公司设计部主任，中国建筑协会室内设计分会会员，黑龙江省工业设计协会会员，黑龙江省包装协会会员。1996年毕业于鲁迅美术学院，曾任哈尔滨腾达彩印有限公司设计总监，2000-2002年就读苏州大学研修班。出版有著作两部。

001　某高层效果图(夜景)
002　兰西商场鸟瞰图(夜景)
003　某高层效果图
004　萌芽幼儿园标志
005　宝利汽配标志
006　高窑养殖基地标志
007　哈尔滨慧笔设计有限公司标志
008　向日葵幼儿园标志

环艺类

001

002

姓名：张笑

性别：女

出生时间：1980年6月

毕业院校：鲁迅美术学院

学位：硕士

所在城市：沈阳

邮箱：13898810920@126.com

鲁迅美术学院硕士研究生，现为沈阳师范大学美术与设计学院教师。曾主笔铁人王进喜纪念馆精神永存展厅设计、塘沽区历史博物馆渔业——盐滩利民展厅设计、吉林军史馆室内展陈设计、内蒙古解放纪念馆室内展陈设计、南京大屠杀遇难同胞纪念馆侵华日军南京大屠杀史的传承展厅设计、赵尚志纪念馆室内展陈设计、烟台地址博物馆中国金都展厅设计、鞍山博物馆室内展陈设计。获得“为中国而设计”第三届全国环境艺术设计大展优秀奖。

001　渡江战役纪念馆人民支前展厅

002　阿拉善盟博物馆秘境藏珍专题展

003　烟台地址博物馆中国金都展厅

004　中国文字博物馆文化起源展厅

005　宁夏地质博物馆生命演化展厅

003

004

005

001

002

003

姓名：杨春荣

性别：女

出生时间：1984年8月

毕业院校：华中科技大学

学位：学士

所在城市：武汉

邮箱：emoyang@163.com

毕业于华中科技大学建筑与城市规划学院。从事建筑设计工作，跟随国家级设计大师袁培煌先生参与了许多大型建筑的设计工作。现任武汉袁培煌建筑设计事务所设计总监、副总建筑师。设计主体趋于现代主义风格，简约明快，善于运用简洁的线条营造出建筑物的大气之美，在简约的同时不断注入新的元素，强调细节和节点处理，强调场地和现实时代相呼应，将建筑之美与人居理念进行巧妙融合，赋予了建筑物实用的理性和更大的创作自由。主笔或参与的项目有江苏省盐城综合商务楼、中国人民解放军第一六一医院、神农架林区木鱼镇“不夜城”项目、湖北省长江传媒大厦、湖北省宜昌“天堂园”、湖北省罗田医院建筑规划、江苏省盐城商务办公中心、武汉理工大学图书馆等等。

001 长江传媒大厦

002 木鱼镇“不夜城”

003 湖北省罗田医院建筑设计

004 盐城商务办公中心

005 武汉理工大学图书馆

006 盐城商务办公中心

007 中国人民解放军第一六一医院

004

005

006

007

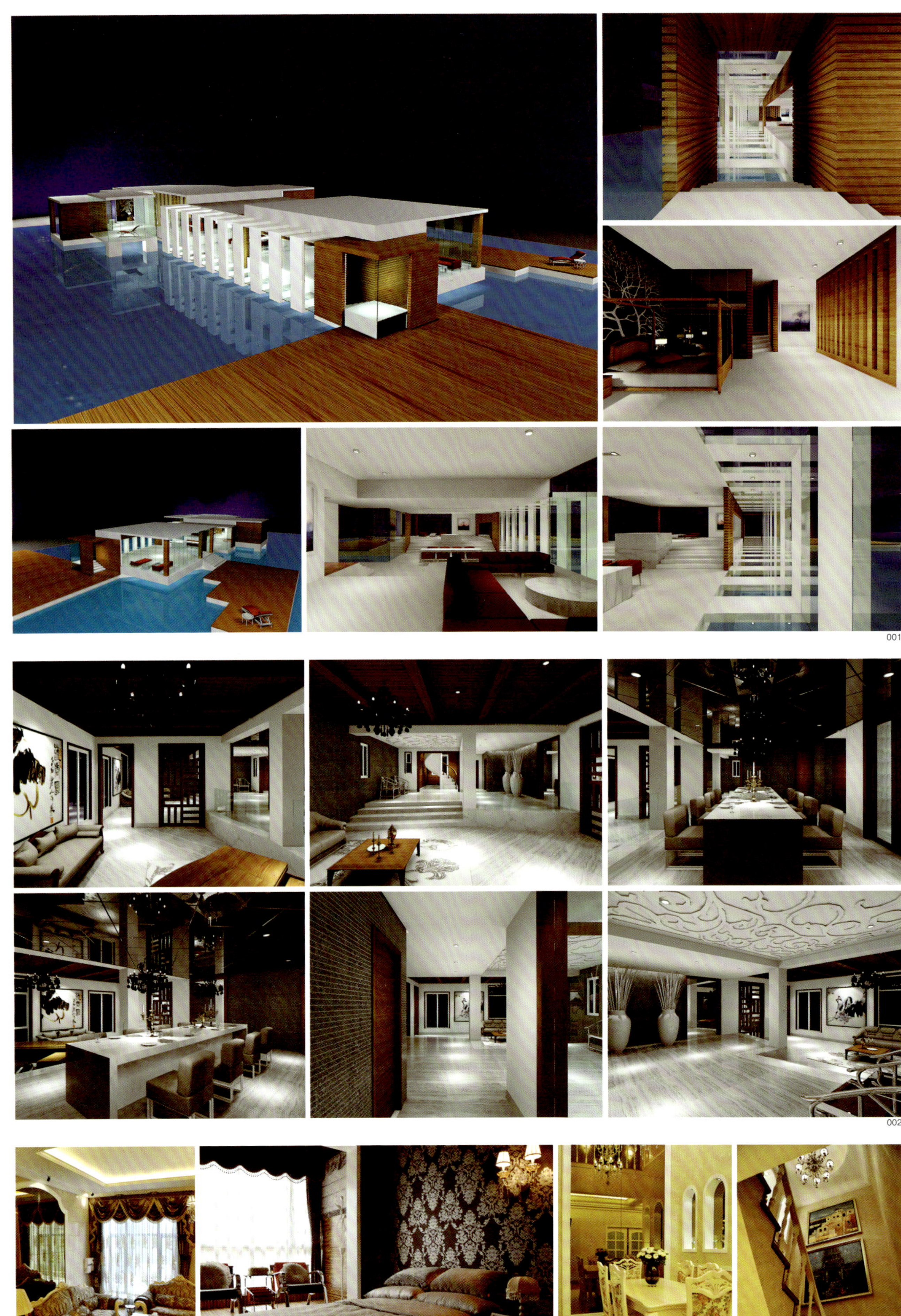

001

002

003

004

005

006

姓名：裴啸

性别：男

出生时间：1977年3月

毕业院校：西安美术学院

学历：大专

所在城市：太原

邮箱：Peixiao9999@yahoo.cn

山西满堂红装饰集团第五工作室首席设计师。摄影作品连续两届入选平遥国际摄影大展，2006年获得海峡两岸四地室内设计大赛三等奖及IFI国际室内设计大赛佳作奖，2007年获得IFI国际室内设计大赛佳作奖，山西省室内设计突出贡献奖、山西“十佳中青年设计师”，2008年获得第七届中国国际室内设计双年展优秀奖，2009年获得IAI亚太室内设计大赛优秀奖，2010年获得中国国际空间环境艺术设计大赛银奖。

001　宽地(1)

002　宽地(2)

003　绿地集团半山国际样板间(1)

004　绿地集团半山国际样板间(2)

005　绿地集团半山国际样板间(3)

006　绿地集团半山国际样板间(4)

001

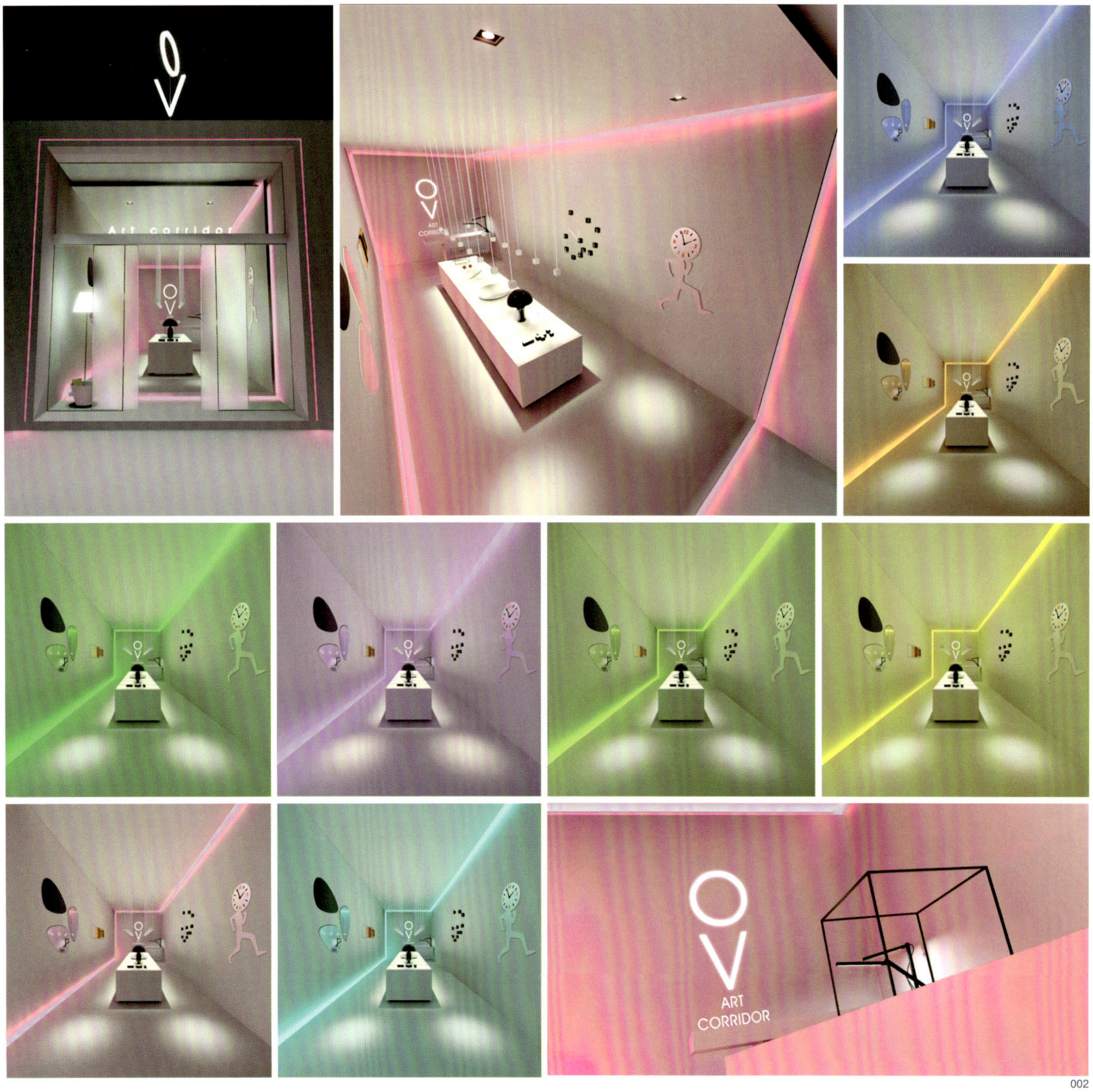

002

003

004

姓名：刘嘉培
性别：男
出生时间：1983年3月
毕业院校：中山市中等专业学校
学历：中专
所在城市：中山
邮箱：seelpp@gmail.com

因不满足于重复工作及无突破的环境，平均每年转换两家工作单位，2005年开始独立。曾获得2005年首届“日立杯”全国室内设计大赛专业组命题类金奖，后来专注于商业空间设计领域。2010年转跟平面设计大师学习平面设计，然后再回到室内设计行业，认为平面是一切设计的基础，试图将平面设计思维融入空间之中。最新完成的作品“80后总经办”荣获2010年金堂奖年度优秀办公空间奖。

001　OV艺术长廊・香港旗舰店・灯饰
002　OV艺术长廊・香港旗舰店・家品
003　广东嘉豪食品股份有限公司总经理办公室
004　广州尚得慧尔皮衣服饰有限公司办公室及展厅

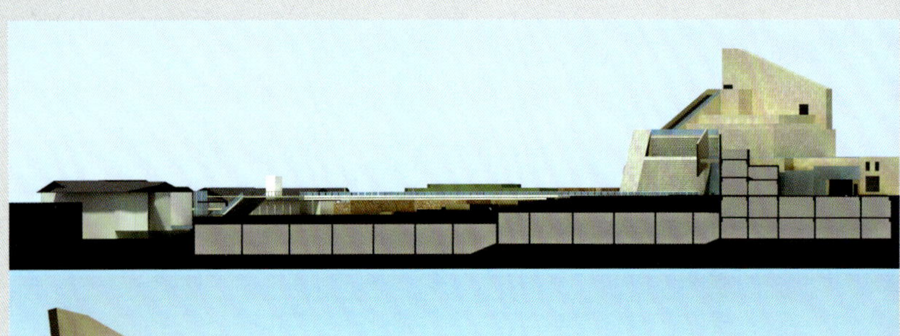

001

002

姓名： 王川

性别： 女

出生院校： 1978年5月

毕业时间： 四川美术学院

学位： 硕士(在读)

所在城市： 重庆

邮箱： wangc000@126.com

1999年本科毕业于南昌大学服装设计专业，曾在多家企业任职，2009年考入四川美术学院环境艺术设计专业就读硕士研究生，研究方向为城市景观设计。目前已在专业核心刊物上发表《可持续发展下的景观美》等论文3篇，设计作品《城市中的果蔬园》入选《第四届中国大学生美术作品年鉴》和四川美术学院第七届研究生作品年展。在校期间代表四川美术学院参与韶山毛泽东同志纪念馆改造概念设计邀请赛，并荣获三等奖；近期参与《重庆綦江千山半岛国际项目规划设计》等4个大型设计项目。

001	毛泽东纪念馆设计方案
002	重庆大学城滨水公园景观规划方案
003	重庆嘉和·永川项目概念性规划方案
004	重庆綦江千山半岛国际项目规划方案
005	折叠式多变空间

003

004

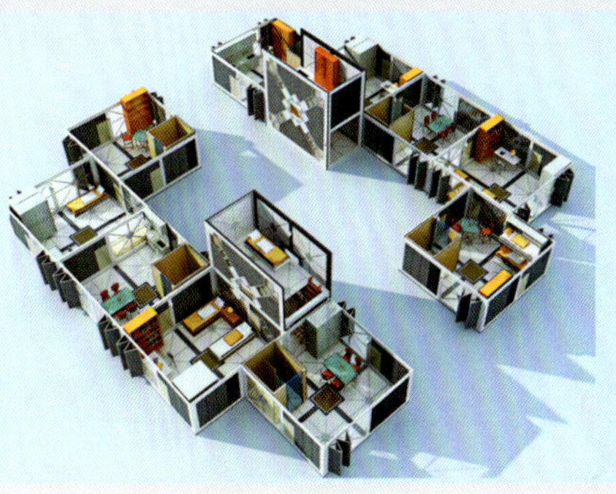
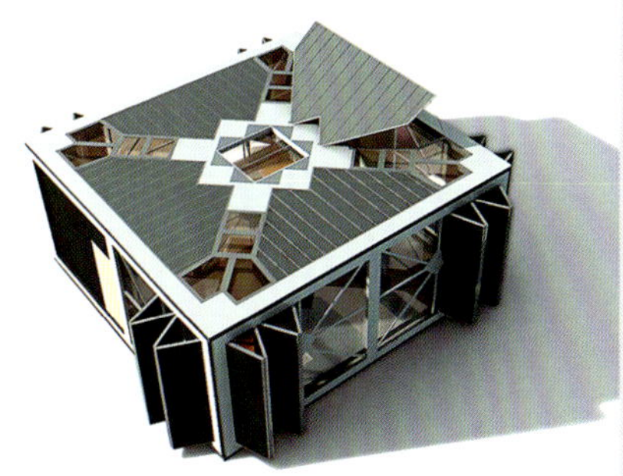

005

001

002

003

004

005

006

姓名：张健

性别：男

出生时间：1981年1月

毕业院校：大连工业大学

学位：学士

所在城市：大连

邮箱：Northsky2008@126.com

大连工业大学环艺专业教师，高级室内建筑师,杰出中青年室内建筑师，星域空间设计事务所设计总监。获首届全国室内墙艺设计大赛特等奖。2009年设计作品评选为中国“最具商业价值”设计50强作品。作品入围中国(上海)国际建筑及室内设计节金外滩奖。主编教材一部，多件作品被国内外专业出版物收录。2008年获第七届中国国际室内设计双年展铜奖，作品受邀参加2007法国华人艺术作品邀请展。

001　伊人CLUB日式俱乐部

002　合生江山帝景售楼处

003　金广东海岸现代奢华样板间

004　东方美郡营销展示中心

005　合生江山帝景售楼处

006　摩登永恒色 — 时代广场精装样板间

001

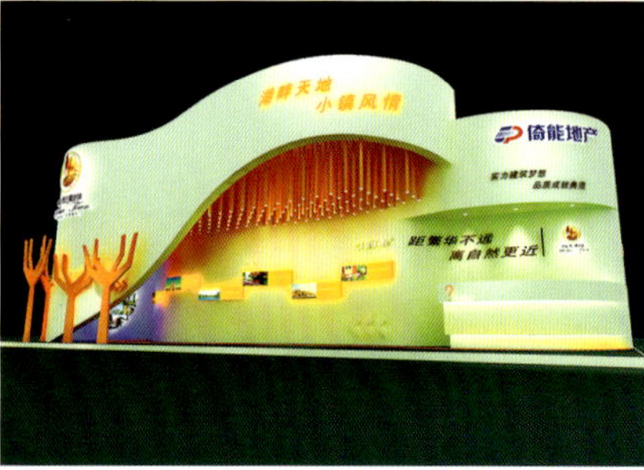

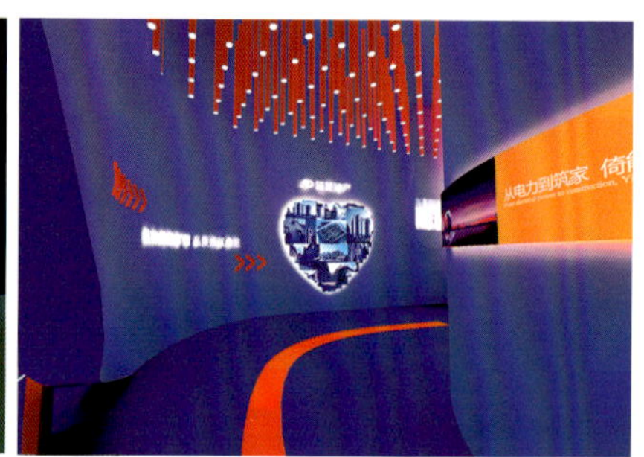

002

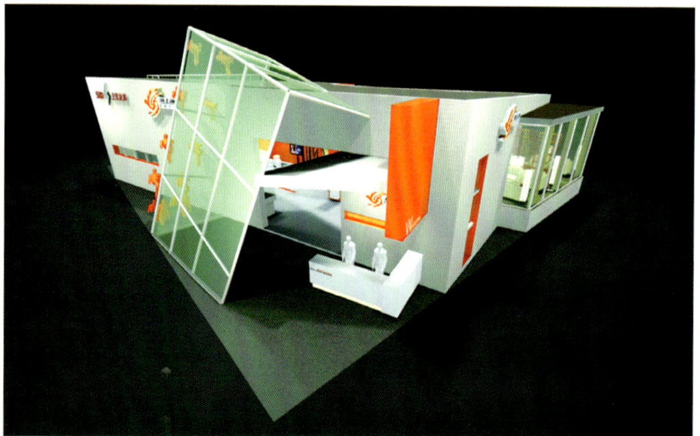

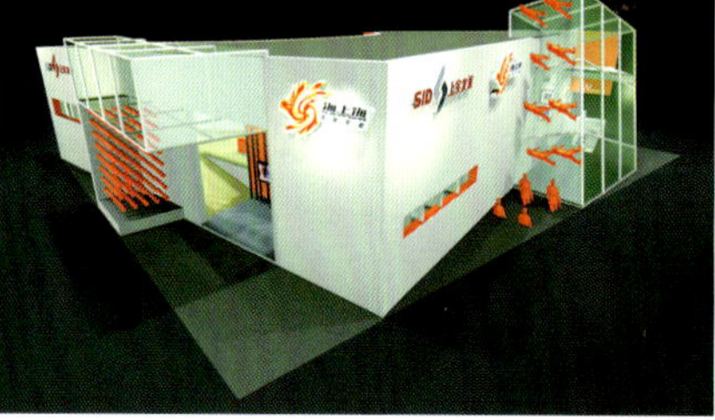

003

姓名：徐教荣
性别：男
出生时间：1979年11月
毕业院校：武汉科技学院
学位：学士
所在城市：上海
邮箱：Magic_xu88@126.com

全身心投入到展览设计中。从自身的专业出发，思考涉及领域之间的广泛联系，既探讨设计自身的可能，也探讨与其他知识领域发生共鸣与合作的可能。从而发现和质疑现实中的种种惰性，将习以为常和不言自明重新"问题化"。被不确定的、并不知道结果的可能和发现的过程吸引。比起由感性的灵感所带来的创造，倾向基于理性的理解力和洞察力之上的发现，以及基于逐步的思考之上的解答。

001　花好月圆(江苏馆)展示设计
002　曲线也疯狂(倚能地产)展示设计
003　解构主义(海上海)展示设计

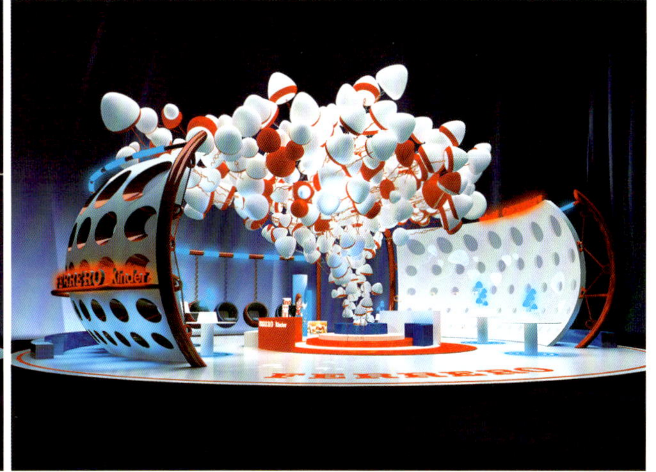

001

002

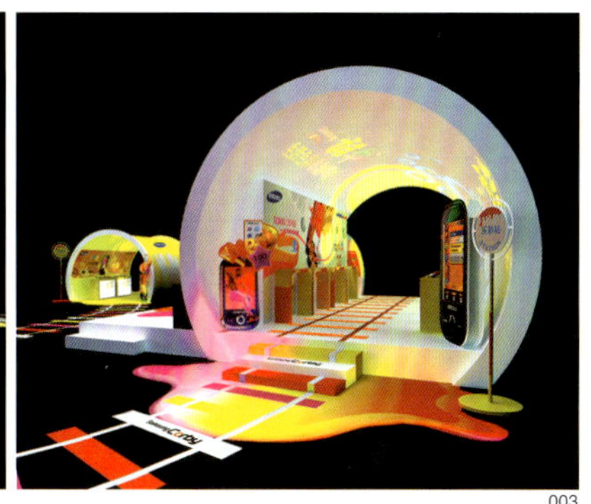

003

姓名：姬亚星

性别：男

出生时间：1983年10月

毕业院校：河南工业大学

学位：学士

所在城市：北京

邮箱：stanlyyear@yahoo.com.cn

毕业于河南工业大学，商业展示与产品设计师。提倡多元化设计，偏重于情感化设计，注重参与者与展示主体之间的对话。曾获得广东之星设计大赛铜奖，首届中国大学生概念汽车设计大赛优胜奖，华泰杯第四届汽车轮毂(概念)设计大赛优胜奖。

001　世博会意大利馆费列罗专区方案

002　2009年士力架中国Road Show方案

003　2009年Samsung Corby Road Show方案

004　华泰杯轮毂设计大赛获奖作品

004

001

姓名：王贵昌
性别：男
出生时间：1974年11月
毕业院校：上海大学
学位：学士
所在城市：潍坊
邮箱：Wangzi_369@163.con

1997年毕业于上海大学美术学院，2001年创立华庭空间设计，2003年创立王梓设计机构，2008年创立臻·饰界软装设计，2010年创立上海王梓设计，担任设计总监职务。

001　蓝月SPA(1-6)

001

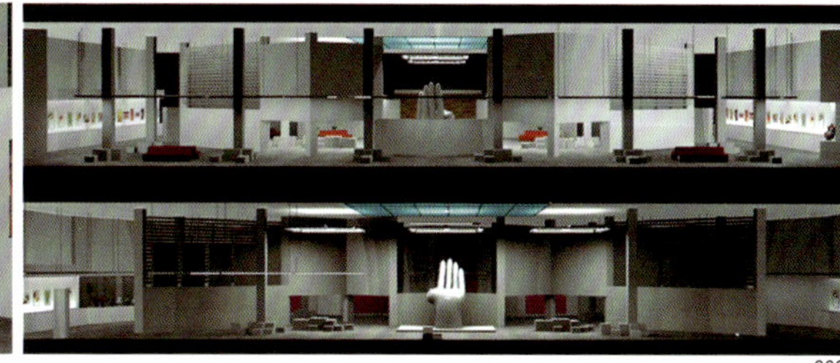

002

姓名：魏玮

性别：女

出生时间：1988年7月

毕业院校：西北民族大学

学位：硕士(在读)

所在城市：兰州

邮箱：751840317@qq.com

本科毕业于兰州大学艺术学院，现为西北民族大学美术学院艺术设计学硕士研究生。擅长招贴及环艺设计。2007年荣获"OLAY女大学生创新与梦想"设计服装设计类比赛第二名及"兰州大学2007年度OLAY创新女大学生"荣誉称号，2008年荣获首届甘肃天水公益广告大赛优秀奖，2009年入围创意甘肃设计大赛。

001	中国电影博物馆
002	雕塑艺术展
003	现代大厦
004	简洁办公区
005	客厅

003

004

005

001

002

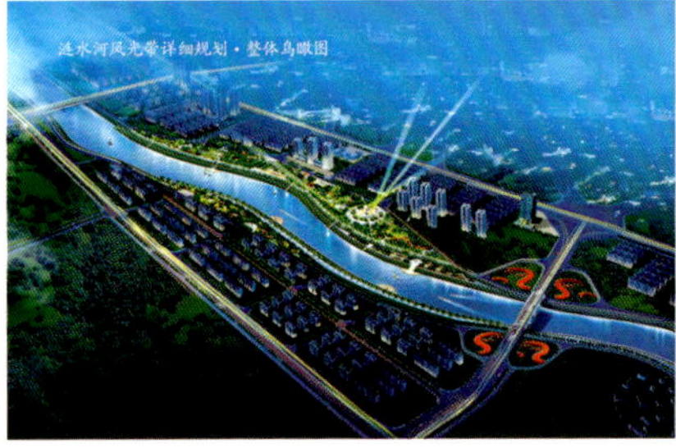

003

姓名：李喜群

性别：男

出生时间：1979年11月

毕业院校：山东大学

学位：硕士

所在城市：娄底

邮箱：lixiqun@126.com

湖南人文科技学院环境艺术设计教研室主任。本科毕业于陕西科技大学，硕士研究生毕业于山东大学。主持项目有：娄底涟水河风光带(氐星广场)景观设计、梅州“客天下旅游产业园”旅游休闲区规划设计、娄底“金碧文苑”景观设计、云南红塔集团“山水佳园”景观设计、内蒙古通辽市“阿卡迪亚”景观设计、娄底“金碧文苑”景观设计、仙女峰别墅样板房室内设计等。

001　梅州客天下旅游产业园景观

002　仙女峰别墅群样板房

003　氐星广场

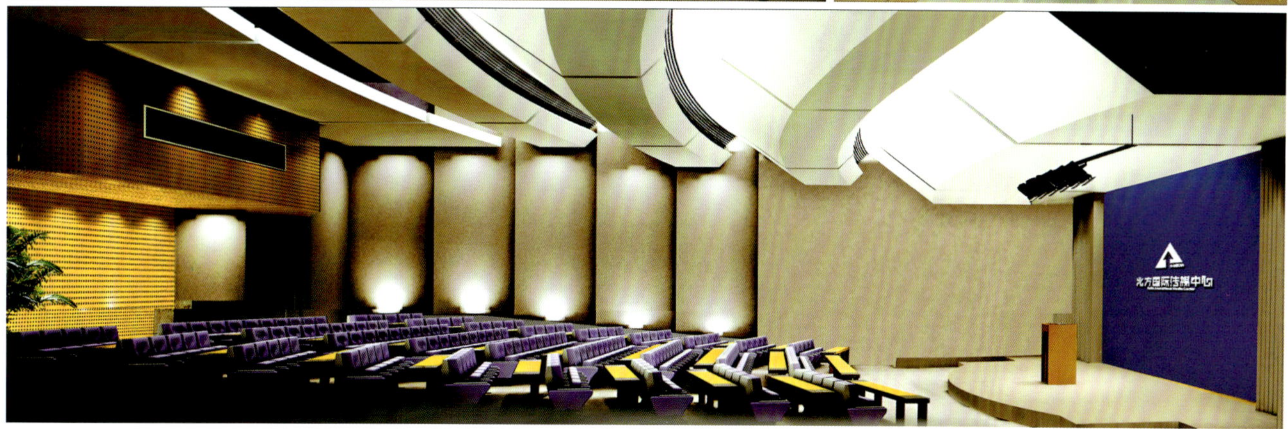

001

姓名：马长明
性别：男
出生时间：1975年2月
毕业院校：鲁迅美术学院
学历：硕士
所在城市：沈阳
邮箱：mcm_888@126.com

本科及研究生均毕业于鲁迅美术学院，现为沈阳化工大学副教授。作品入选第九届全国美展，2000年“生命——鱼”入选辽宁省第三届青年美术作品展，2004年“大连金石滩主题公园系列设计”获首届环境艺术设计大展优秀奖。在国家级期刊发表论文多篇。主要实践作品有：内蒙古通辽博物馆多功能厅设计施工、大连金石滩主题公园系列设计施工、牡丹江镜泊湖景观设计施工、沈阳军区将官级首长别墅系列设计施工、沈阳高校毕业生市场设计施工、沈阳军区司令部首长餐厅设计施工。

001　新北方办公大楼室内方案

002　沈阳香江好天地宾馆方案

002

001

004

002

005

003

姓名：于洪顺

性别：男

出生时间：1975年4月

毕业院校：辽宁师范大学

学位：硕士

所在城市：大连

邮箱：camel0072004@yahoo.com.cn

辽宁师范大学美术学院硕士研究生毕业，现为辽宁师范大学美术学院教师。曾在大连海地装饰艺术公司任职。

001　大连某广场设计方案

002　大连某公寓方案

003　徐州矿业大学首层门厅方案

004　大连审计局方案

005　某家居设计方案

001

002

003

姓名：叶森

性别：男

出生时间：1979年7月8日

毕业院校：辽宁师范大学

学位：硕士(在读)

所在城市：大连

邮箱：yesen909@163.com

本科毕业于内蒙古师范大学国际现代设计艺术学院，主修艺术设计专业室内设计方向，现为辽宁师范大学美术学院环境艺术设计专业教师，中级职称。2009年攻读辽宁师范大学美术学院硕士研究生，主修艺术设计学专业视觉传达方向。曾获"马可波罗杯"中国印象建筑装饰大赛一等奖。

001 大连红旗谷高尔夫俱乐部入口及表演长廊方案

002 发现王国主题公园铁胃汉堡快餐店室内设计

003 发现王国主题公园金骆驼美食餐厅室内设计

004 发现王国主题公园金属工厂电玩城室内设计

004

001

002

003

姓名：吕明哲

性别：男

出生时间：1977年7月

毕业院校：湖南师范大学

学位：学士

所在城市：永州

邮箱：10866894@qq.com

1999年创立铭哲设计师事务所，任创意总监。2010加盟易佰工程设计有限公司，任总经理。现为中国装饰协会专业会员，高级设计师。从事室内设计工作十余年，具备丰富的施工现场管理经验，具有深厚的美术功底和较高的艺术修养。一直致力于酒店、KTV娱乐空间、豪华住宅的室内设计，曾主持和参与帝王售楼部、女子医院、广本4S店等众多大型项目的设计、施工监理。

001　帝王新古典(室内设计)

002　潇湘晨报永州主页办公室(室内设计)

003　帝王简约(室内设计)

004　远志简欧(室内设计)

005　银海田园(室内设计)

004

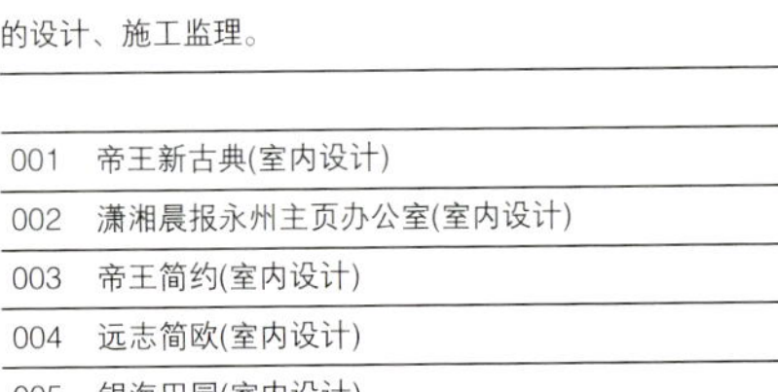

005

001

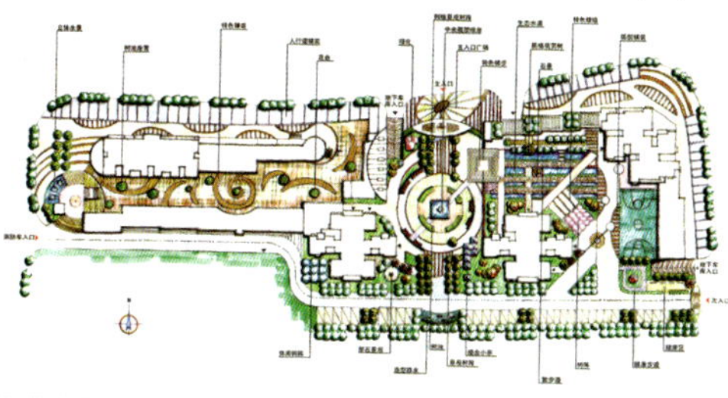

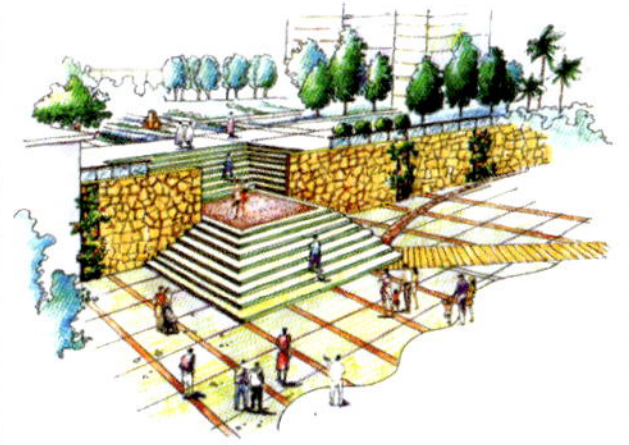

002

003

姓名：范昭平

性别：男

出生时间：1975年9月

毕业院校：重庆大学

学位：硕士

所在城市：贵阳

邮箱：chounuge@163.com

重庆大学美术学专业城市公共艺术方向硕士研究生毕业，现为贵州民族学院美术学院环境艺术设计专业讲师，教研室主任。主要代表作品有重庆南山一棵树观景区改建扩建工程，四川外语学院重庆第二外国语学校校园环境规划设计，重庆银海·北极星住宅区环境设计等环境景观设计项目。在2009年新中国60周年国庆游行活动中担任贵州彩车主创设计师之一，获得“设计专家”称号。

001　重庆“南山一棵树观景园”改建扩建工程

002　重庆“风和日丽”小区景观

003　重庆“浩瀚生态园”规划

001

002

003

004

姓名：王晔

性别：男

出生时间：1978年10月

毕业院校：山西大学

学位：学士

所在城市：太原

邮箱：Wy2323@sina.com

2003年毕业于山西大学美术学院。2004年至2005年在北京恩博瑞装饰设计有限公司担任室内设计师，2006年起在山西大学商务学院艺术系任教。2009年海报作品《节约用水》发表在《包装世界》，2009年9月获得山西省第二届高校艺术设计展教师创作奖，指导的学生获优秀奖，2010年5月作品《山西庆丰商务酒店设计》获得2010中国包装创意设计大赛专业教师组一等奖。2010年8月作品《山西庆丰国际商务酒店设计》获得创意中国第四届全国青年设计艺术双年展金奖。

001 太原丽景苑小区售楼部设计

002 山西太原阳光银座售楼部设计

003 山西某商务酒店大堂设计

004 山西某商务酒店房间设计

005 太原某KTV大厅设计

006 太原某KTV包间设计

007 百威公司接待区

005

006

007

001

005

002

006

003

007

004

姓名：侯阳
性别：男
出生时间：1975年12月
毕业院校：沈阳师范大学
学位：硕士
所在城市：沈阳
邮箱：fushunhaier@163.com

沈阳农业大学林学院讲师，从事艺术设计专业教育十余年。公开发表学术论文数十篇，主编参编专业书籍多本。在专业实践中结合园林规划专业、室内装饰专业，先后主持实施了几十项工程项目，获得良好的社会效益和经济效益。曾获得全国第四届室内设计大展银奖、首届中国室内设计手绘表现图大赛优秀作品奖、金护照中国居住空间室内设计大赛优秀作品奖等。

001 售楼厅过廊
002 售楼厅空间
003 酒吧
004 工业文化展示馆
005 会所大堂
006 酒店大堂
007 剧场空间

001

002

003

004

005

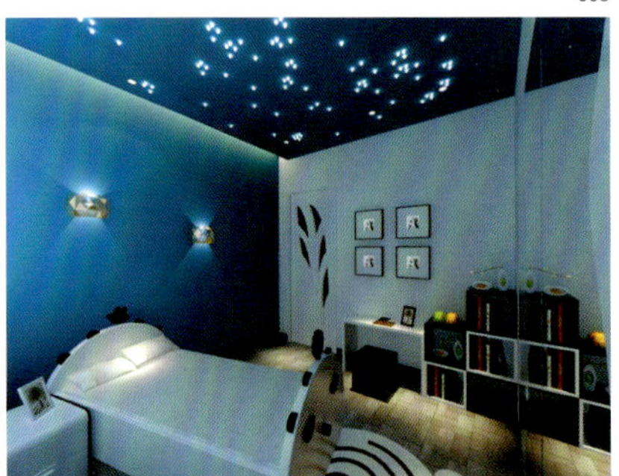

006

姓名：张文裕

性别：男

出生时间：1989年6月

毕业院校：同济大学

学位：学士

所在城市：上海

邮箱：zhwenyu16318@yahoo.com.cn

ICDA国际建筑装饰室内设计协会会员，获得多个设计奖项。世间万物都在沟通，注重沟通并遵循“艺术创造生活”的设计理念，努力使创作更贴近人的生理、心理需求和美化环境的要求，注重提高人的生活品质，懂得品味生活、懂得享受。曾主笔设计李氏别墅、上海世博会新加坡馆儿童书籍展位设计、Cachecahe、promod等项目

001 灵动的优雅(家居篇1)

002 灵动的优雅(家居篇2)

003 灵动的优雅(家居篇3)

004 灵动的优雅(家居篇4)

005 灵动的优雅(家居篇5)

006 灵动的优雅(家居篇6)

001

002

003

004

005

姓名：邱锐

性别：男

出生时间：1986年6月

毕业院校：广东工业大学

学位：硕士(在读)

所在城市：广州

邮箱：Dirui20090903@126.com

广东工业大学设计艺术学硕士研究生，中国建筑学会室内设计分会会员。从事建筑与室内设计相关研究，具备丰富地产项目设计实践经验，曾在碧桂园控股有限公司、广东省集美设计工程公司、AI卓艺设计顾问集美设计工程(T组)任职。曾获2006“总统家杯”中国建筑手绘效果图大赛三等奖、2006中国手绘建筑画大赛优秀奖。

001　东风西韵——碧桂园凤凰城某别墅室内设计

002　广州金泽豪庭某家居室内设计

003　Red Art——红主题酒吧室内设计

004　陆城华庭售楼部室内设计

005　广州达意隆B栋办公大楼室内设计

001

002

003

姓名：代锋
性别：男
出生时间：1977年5月
毕业院校：东北师范大学
学位：硕士
所在城市：秦皇岛
邮箱：daif033@126.com

东北师范大学毕业，获设计艺术学硕士学位。现为河北科技师范学院艺术学院讲师，反常空间营造研究室主持设计师，中国设计师协会理事，中国建筑学会室内设计分会会员，高级室内建筑师。曾获第四届韩国釜山国际环境艺术节铜奖、第三届IFI国际室内设计大赛三等奖、第三届中国国际商业美术设计大赛优秀奖、中国现代文学馆纪念安徒生诞辰200周年活动三等奖。作品参加全球华人大学生国际巡回展，在美国、德国、法国、英国、俄罗斯、日本、匈牙利、西班牙、埃及、澳大利亚、阿根廷、南非、印度、韩国等国家展出。

001	办公空间设计
002	12平方米空间设计
003	几何宅设计
004	盒宅设计

004

001

002

003

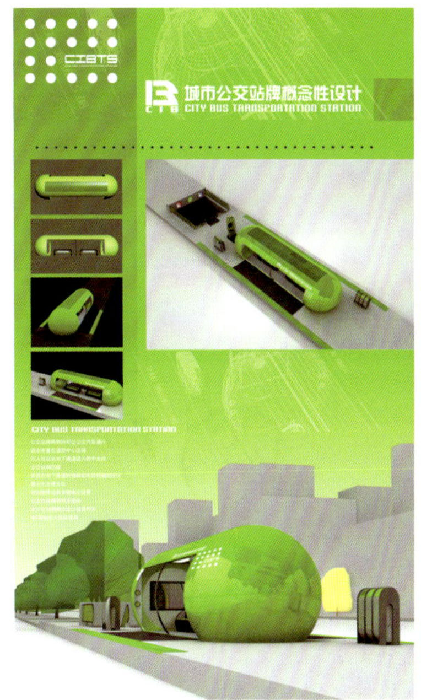

004

姓名：马健丸

性别：男

出生时间：1981年6月

毕业院校：山东艺术学院

学位：硕士(在读)

所在城市：济南

邮箱：soilapper@163.com

本科毕业于山东艺术学院。2008年考上山东艺术学院视觉传达设计专业艺术硕士(MFA)，现任教于山东艺术学院国际艺术交流学院。

001　华堂酒酒瓶设计(人民大会堂专用)

002　城市共交站牌概念性设计(旋转)

003　城市共交站牌概念性设计(管式)

004　城市共交站牌概念性设计(胶囊)

综合类

001

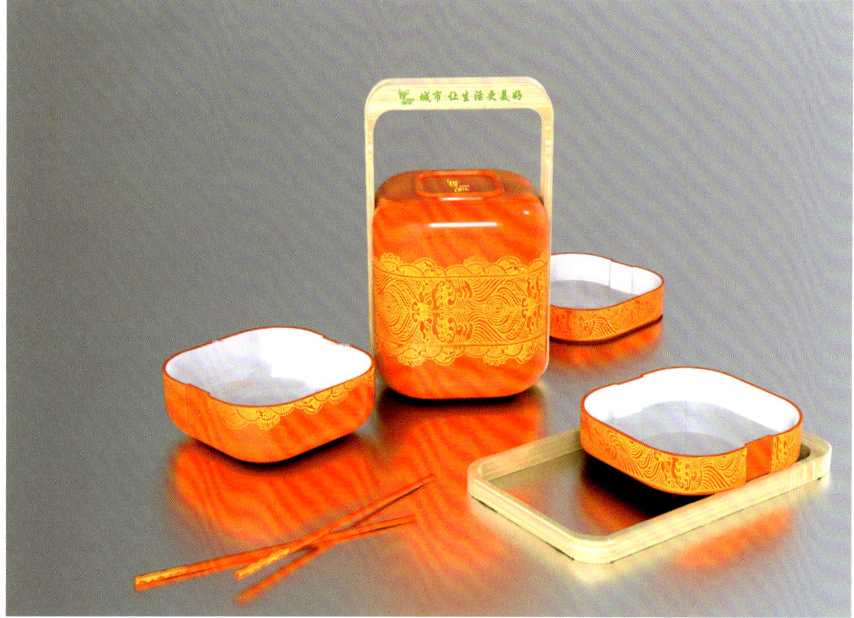

002

姓名：徐延翔

性别：男

出生时间：1987年4月

毕业院校：华东师范大学

学历：本科(在读)

所在城市：上海

邮箱：luckyrainy@163.com

上海华东师范大学设计学院在校生。2009年参与上海世博会特许礼品研发,中国馆特许产品研发，有多项作品被采用并投产。在2009年东莞杯国际工业设计大赛中获得一项铜奖及一项优秀奖，在2009年中华元素创意大赛中获得一项最佳设计奖和四项优秀奖，在第二届全国旅游纪念品大赛中获得一项银奖和两项优秀奖。

001 中国馆套盘

002 吉祥提篮

003 吉祥对碗

004 花瓶碗具

005 十二生肖杯垫

006 筷盒

003

004

005

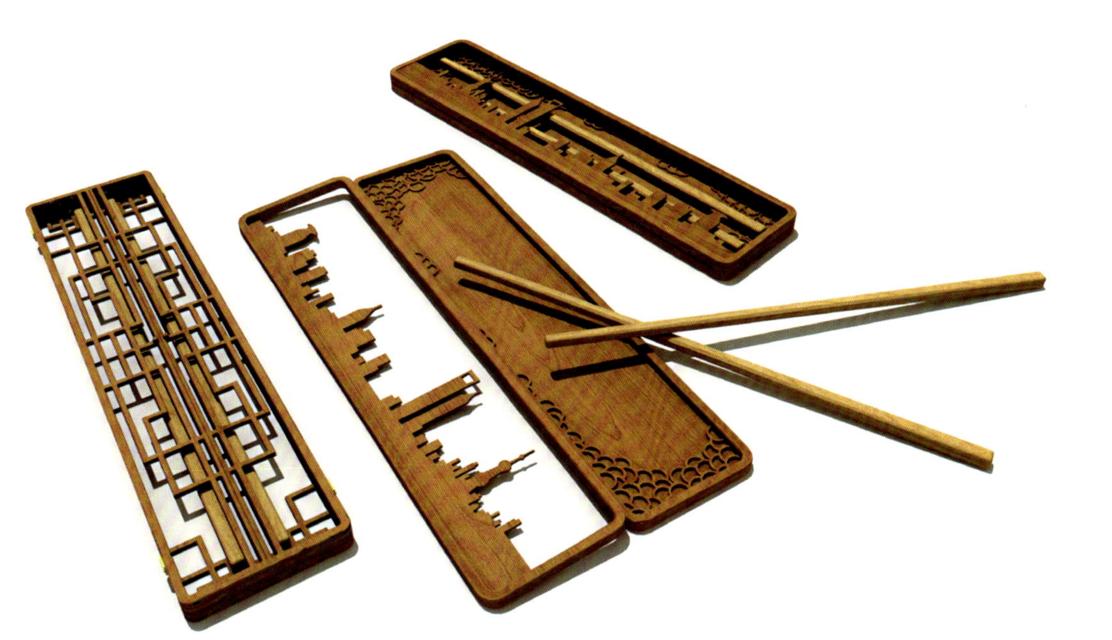

006

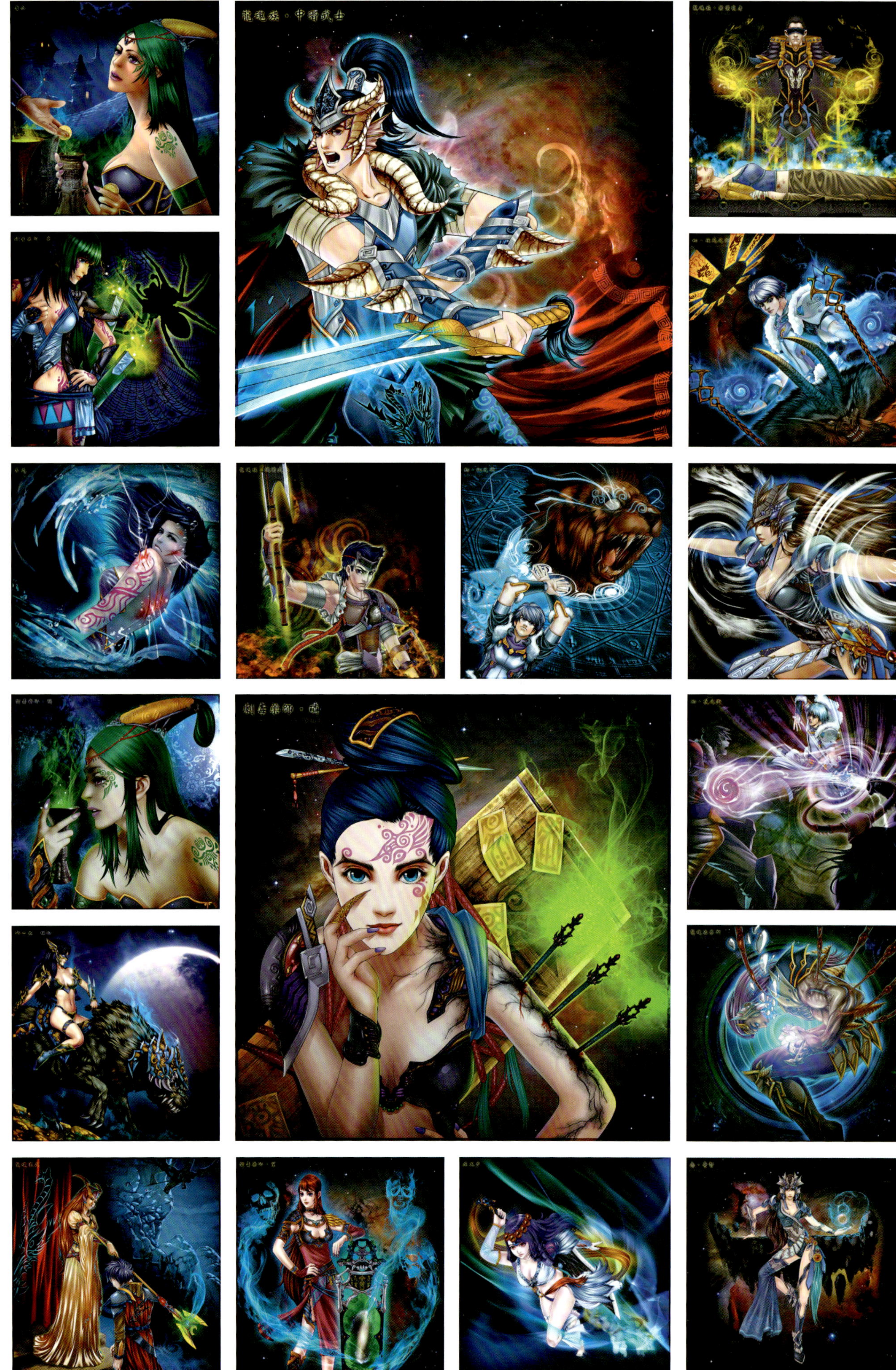
龍魂族·中階武士

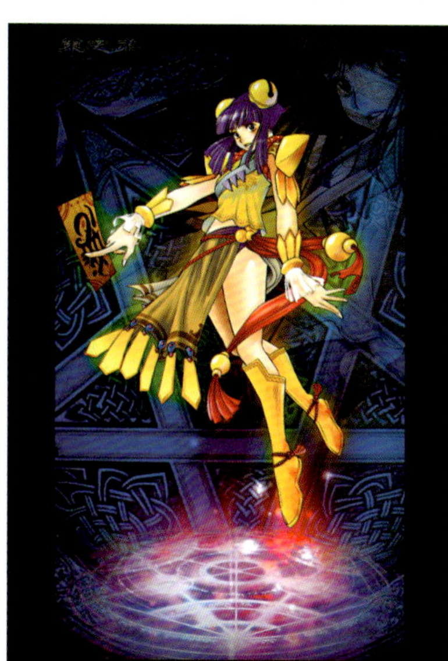

002

姓名：吴博
性别：男
出生时间：1983年3月
毕业院校：武汉大学
学位：博士(在读)
所在城市：武昌
邮箱：Witch173@msn.com

武汉大学哲学学院美学博士在读，现任武汉工业学院工商学院视觉传达教研室主任兼动漫设计教研室主任，武汉数字化青年人才协会常务理事，亚洲动漫学会会员。曾获2010 COMICSTUDIO亚洲漫画大赛中国区第三名，天翼动漫大赛漫画组二等奖，WACOM绘画大赛湖北赛区银奖，获得多个大赛优秀指导教师奖，2010年编著教材《COMICSTUDIO中文标准进阶教程》，由电子工业出版社出版发行。

001　卡牌游戏设计系列(1-18)
002　卡牌游戏设计系列(19-27)

001

002

003

004

005

006

007

008

009

姓名：李晓光
性别：男
出生时间：1984年7月17日
毕业院校：广州美术学院
学位：学士
所在城市：广州
邮箱：LXG-826@163.com

2004年毕业于广州美术学院美术教育系(动漫原画方向)。2006年为香港一家儿童插画公司的出版读物《成功汉语》绘制插图。2007年为思展儿童文化社设计十二生肖的插画设定。2008年获得宁夏首届动漫艺术大赛优秀奖。

001　霸刀斧影
002　霹雳魅影
003　针锋相对
004　暖魔
005　鲨无敌
006　血色翅膀
007　羽扇鹦姿
008　霓裳蝶殇
009　倾城一笑

001

002

003

004

姓名：万先伟

性别：男

出生时间：1980年11月24

毕业院校：台北县复兴商工职业学校(台湾)

学历：高中

所在城市：台北

邮箱：wanhsienwei@hotmail.com

博格网址http://www.streetvoice.com.tw/wanhsienwei

艺名：蒙其。制作过电玩“守护者之剑2”、“圣女之歌系列”、“反三国志”、“秘密Online”、“幻想三国志4”、“火凤三国Online”等。主编了《旗标出版社——CG插画向上计划教程》、《艺术绘者养成志——插画师专访》、《PainterX——彩绘新世界》等，曾被韩国《JUNGLE》游戏设计师专访。

001 从零开始(1)
002 月光女神
003 火凤三国五虎将
004 幻想空岛
005 禁爱
006 从零开始(2)
007 祸国天香・妲己
008 从零开始(3)
009 海盗公爵汉斯
010 人类的背叛
011 Corel少女
012 理想的幸福

005

006

007

008

009

010

011

012

001

004

002

005

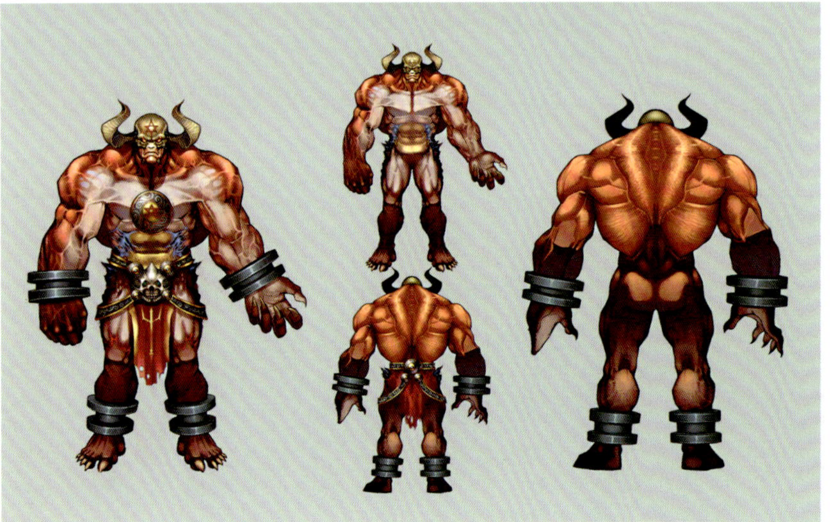

003

006

姓名：黄曦

性别：男

出生时间：1979年11月

毕业院校：四川美术学院

学位：学士

所在城市：成都

邮箱：Williamhx@sina.com

2003年毕业于四川美术学院视觉传达系，曾任职于北京像素软件、成都逸海情天，2004年10月加入上海盛大网络至今，2007年工作重心转为动作设计，现任某动作网游美术总监。

001 合

002 飞行熔炉

003 魔王

004 阎虎星君

005 刑天

006 玛雅的宝藏

001

002

003

004

005

006

007

姓名：胡凯儁

性别：男

出生时间：1972年12月9日

毕业院校：香港时装设计学院

学历：大专

所在城市：香港

邮箱：dualitygraphic@gmail.com

香港时装设计学院毕业，跨媒体创作人。从事漫画、插画及平面设计工作多年，来自东西文化交融的香港，作品流露出强烈的欧美流行风格及中西合璧的特色。中国设计师协会(CDA)会员，第四届全国青年设计艺术双年展铜奖。作品入选多本设计和插画图鉴，参与多个大型展览及比赛活动，并多次获奖。

001	Art On Street
002	Art of the city
003	Art Of Skate And Surf
004	大中华的世界
005	唐楼风云
006	音乐狂想
007	Character art
008	Surfing Heroes
009	积木都市

008

009

001

003

005

004

002

006

姓名：车德智

性别：男

出生时间：1986年3月

毕业院校：佳木斯大学

学位：学士

所在城市：大庆

邮箱：chedezhi101@163.com

佳木斯大学美术学院毕业，佳木斯市美术家协会会员。曾任国内知名电子杂志《动力工坊》美术编辑，为多家企业公司成功设计标志形象及吉祥物。

001	夕阳下的花儿
002	樱花节琐记
003	肖像
004	等待
005	蝶
006	天使回家

姓名：向桦

性别：女

出生时间：1983年2月3日

毕业院校：四川美术学院

学位：硕士(在读)

所在城市：重庆

邮箱：f-23e@163.com

四川美术学院硕士研究生在读。作品2009年参加“川美新写实”前进美教师生作品联展、“我们2009——黄桷坪年度艺术展”，三件插画作品入选第三届中国大学生美术作品年鉴、获得2009年中国高校美术作品学年展（造型艺术类）博硕组三等奖，多件作品参加“她视界——2009国际当代新锐女艺术家邀请展”。

001	Leave 02 Haert is empty
002	Leave 03 Flowers have wi
003	夏威夷(1)
004	夏威夷(2)
005	Graffiti(1)
006	Graffiti(2)
007	静(1)
008	静(2)

003

004

005

006

001

002

007

008

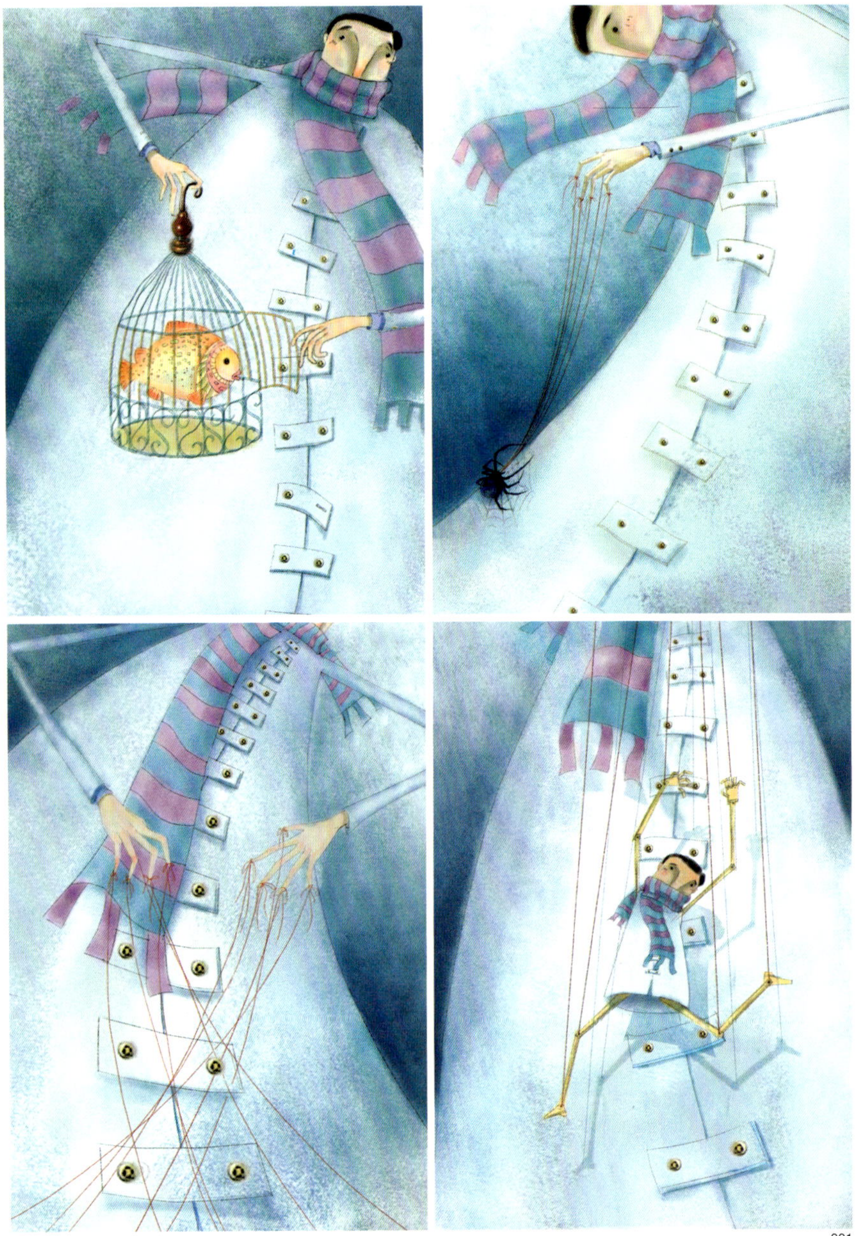

001

002

003

004

005

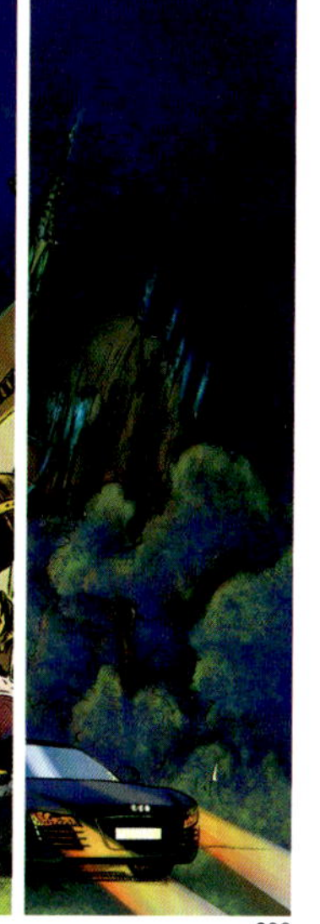

006

姓名：杨艳君

性别：男

出生时间：1986年6月

毕业院校：东北师范大学

学位：硕士(在读)

所在城市：长春

邮箱：731519589@qq.com

动画作品先后入选2009中国(常州)国际动漫节、第十一届全国美展、第六届中国国际动漫节2010美猴奖、2010亚洲青年动漫大赛，插画及漫画作品曾获吉林省高校视觉艺术大赛二等奖、入围第五届中国(北京)国际大学生动画节、东北亚国际动漫论坛暨动漫大赛B类漫画作品银奖；第五届大学生环保漫画、插画大赛中获优秀奖；插画作品曾刊登于《吉林画报》，在三维动画系列教材编著中担任副主编。

001 沉默系列(1-4)

002 生之咏(1-5)

003 心瓶系列(1-4)

004 纳尼亚王子

005 城市系列(1)

006 城市系列(2)

007 和

007

001

002

姓名：杨田恒

性别：男

出生时间：1984年10月

毕业院校：东北师范大学

学位：硕士(在读)

所在城市：长春

邮箱：280405302@qq.com

导演作品《生之味》先后入选第十一届全国美展、第六届常州国际动漫艺术周、2010白杨奖，并获得第六届中国国际动漫节“美猴奖”学生短片提名奖、2010东北亚国际动漫大赛动画作品银奖。导演作品《蓝房子》入选北京电影学院动画学院奖、入围2010白杨奖。插画作品《漫画中华成语》获第二届中国动漫文化遗产大赛优秀奖、2010东北亚国际动漫大赛漫画作品银奖，《海景》获第二届全国大学生艺术展演二等奖，《海星的梦想》获吉林省高校视觉艺术大赛二等奖，并被《吉林画报》第389期刊登。

001　落色系列(1–4)

002　净鸣——只不过是一声多余的呐喊

003　变形记

004　假象

005　西游

006　漫画中华成语

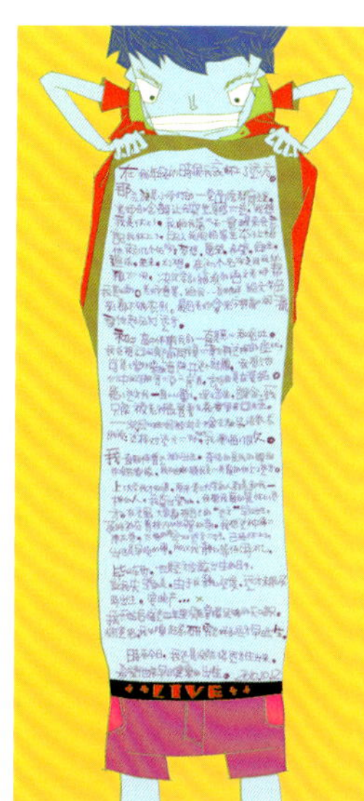

003

004

005

006

001

002

003

004

005

006

007

008

姓名：李美霖

性别：女

出生时间：1982年4月

毕业院校：远东国立大学(俄罗斯)

学位：博士

所在城市：沈阳

邮箱：xinsuo-389@126.com

沈阳大学美术学院讲师。著有专著，作品曾在2009伊尔库斯克青年美术家协会举办的展会获一等奖、2010年度“GSSP(金曦奖)国际设计金奖”大赛创新艺术设计奖、获2010台湾富邦艺术基金会举办的橱窗艺术大赛最佳视觉奖、获2010 俄罗斯美术家协会举办的Мой дом(我的家乡)大赛入围奖、动画作品入围2010台湾信友幼儿基金会，漫画作品参加新加坡Asian Festival of Children`s Content 2010展览。所指导的学生获得多个国内外奖项。

001 逐月

002 胆小的小熊

003 祈祷

004 神鸟

005 海神

006 古屋

007 青蛙王子

008 鲤鱼先生

001

002

003

姓名：雍涛

性别：男

出生时间：1982年8月

毕业院校：云南大学

学位：学士

所在城市：深圳

邮箱：yongjj@126.com

云南大学设计学院环境艺术设计专业本科毕业。曾获得深圳国际家具大赛奖项及奖金。从事游戏美术设计工作，至今分别参与了网易《天下二》、台湾游戏米果《真封神》、韩国WEBZEN上海分公司《一骑当千》、深圳尚游网络《诺亚传说》等项目的研发工作。

001　诺亚传说人物海报

002　诺亚传说引导页面设计

003　天门山

004　诺亚传说开篇背景插画

004

001

002

003

姓名：杨树
性别：男
出生时间：1979年3月
毕业院校：中国美术学院
学位：硕士
所在城市：杭州
邮箱：740989414@qq.com

本科毕业于鲁迅美术学院，2010年取得中国美术学院硕士学位，现为中国美术学院传媒动画学院讲师。曾先后在省级卫视和大型影视制作机构担任艺术总监，主要研究方向为影视动画和广告制作。除个人独立作品外，还担任多部动画片、MV剪辑，其中由本人担任剪辑和场景设计的大型动画片《小红军长征记》获第11届全国美展金奖。

001　太阳石(大型纪录片)
002　暗恋桃花源(预告片)
003　舟山市普陀区招商宣传片
004　杭州第五届国际动漫节“美猴奖”广告片
005　杭州非主流男装全国十佳大型秀视频
006　乐乐动漫馆(杭州电视台少儿频道栏目包装)

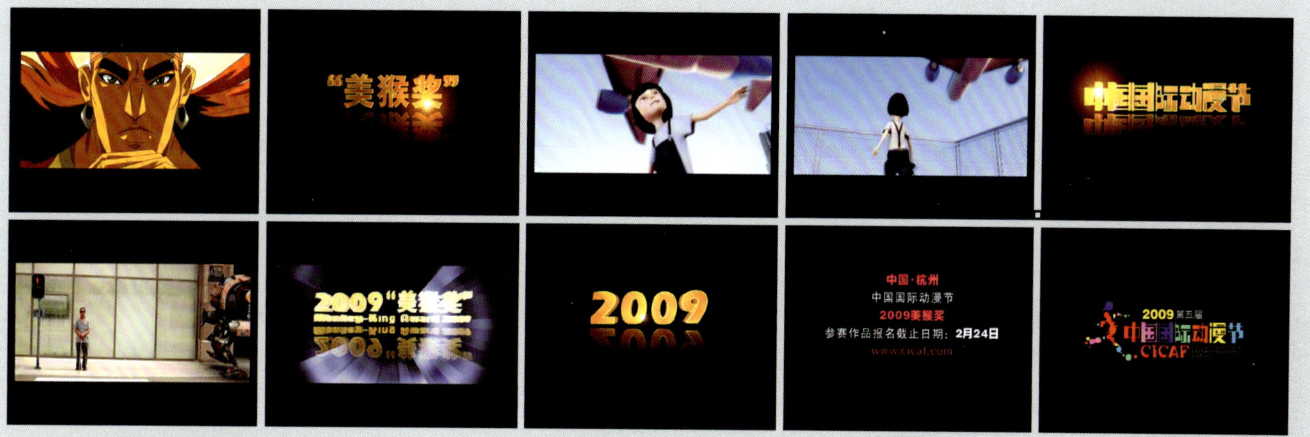
“美猴奖”
中国国际动漫节
2009
中国·杭州
中国国际动漫节
2009美猴奖
参赛作品报名截止日期：2月24日
www.cicaf.com
2009 第五届
中国国际动漫节
CICAF

004

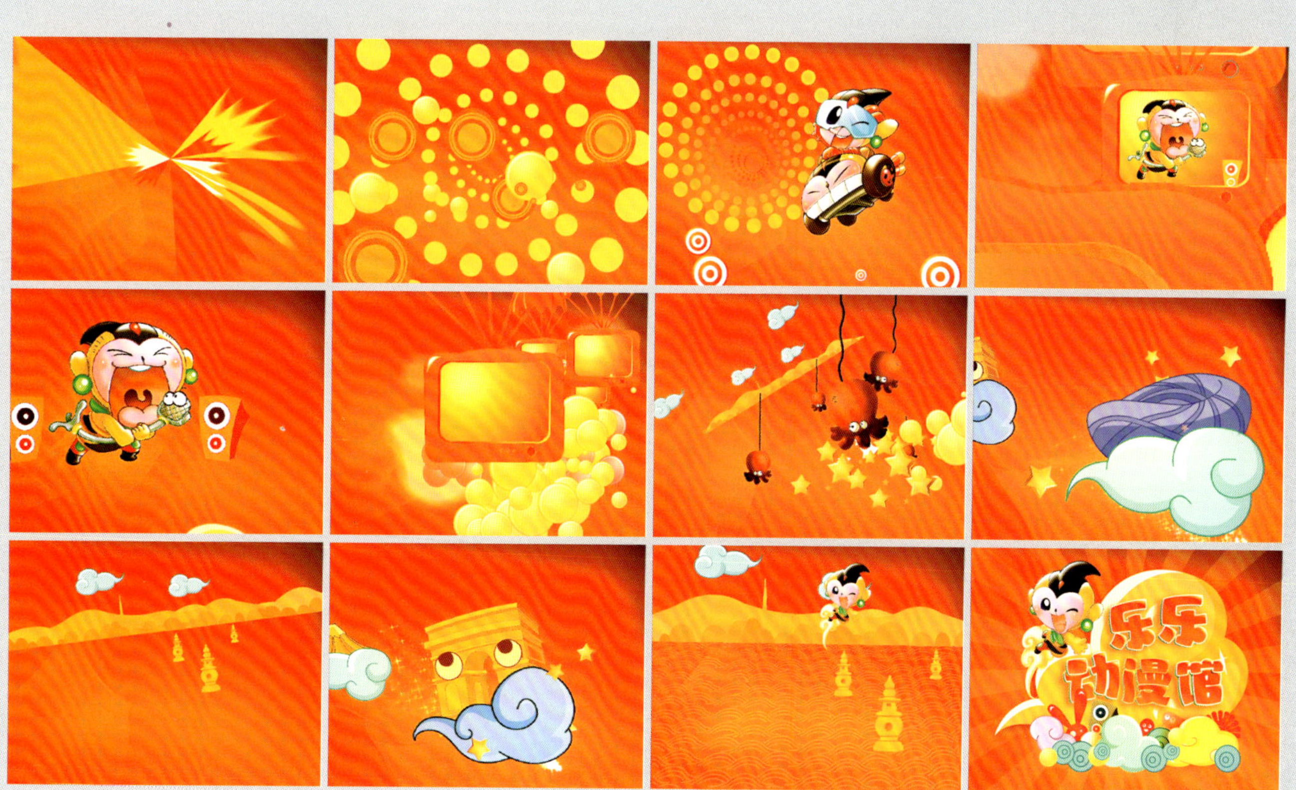

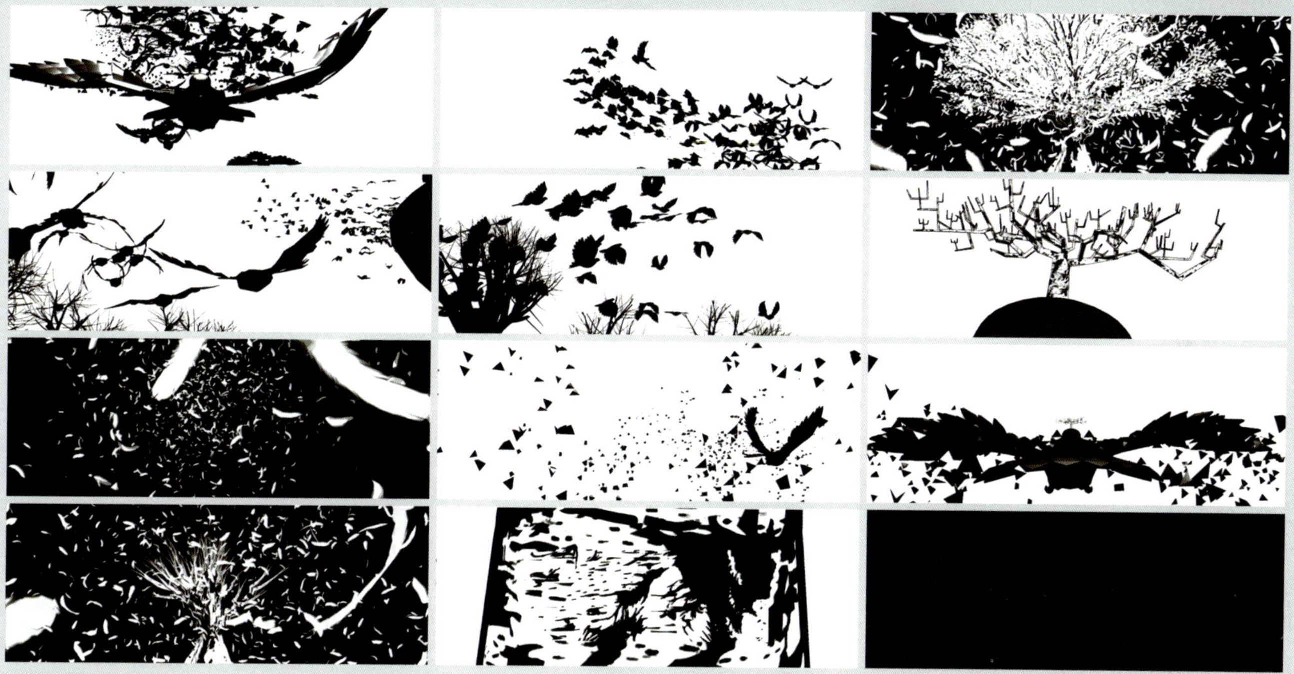

005

乐乐
动漫馆

006

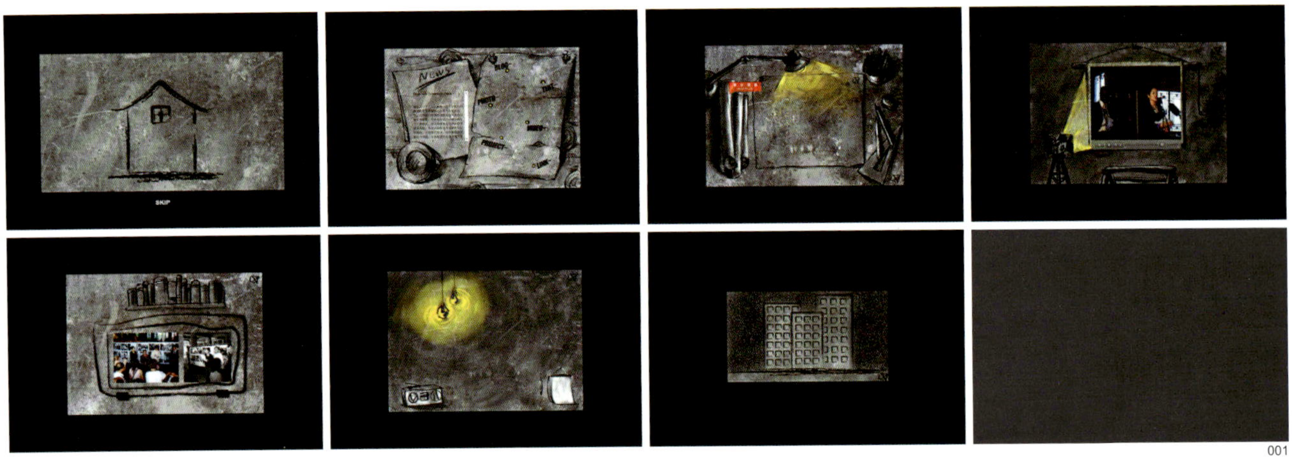

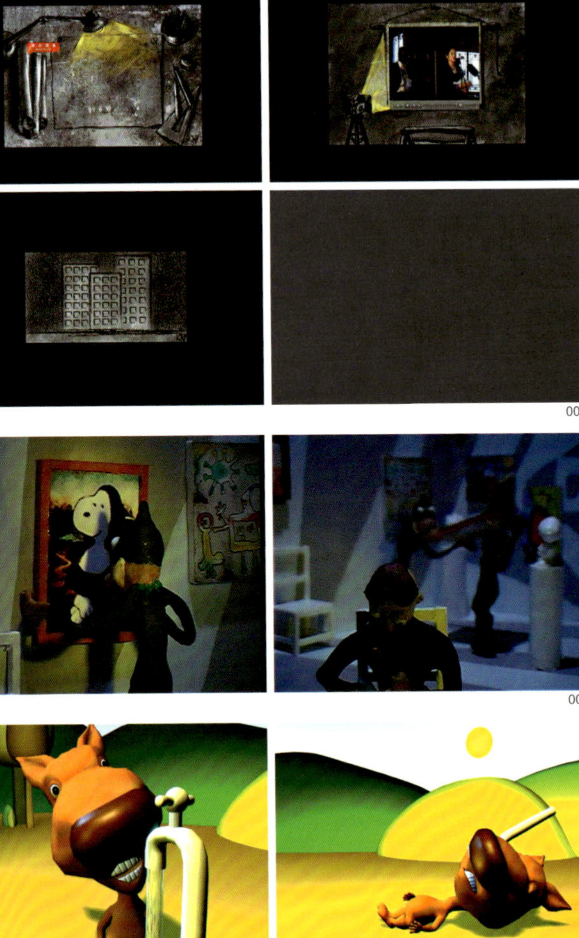

001

002

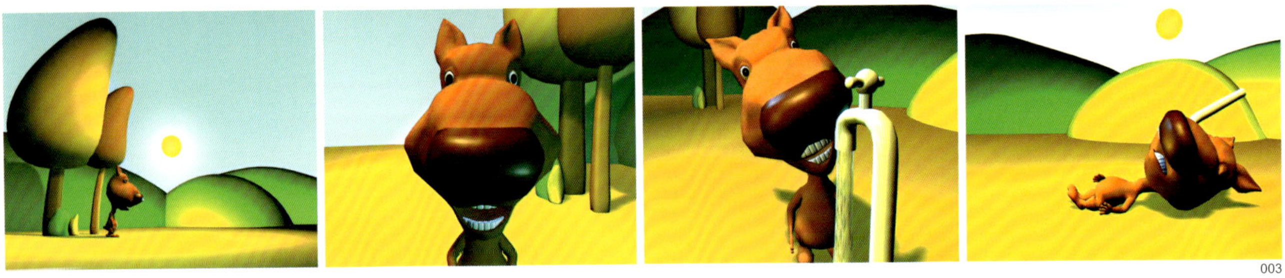

003

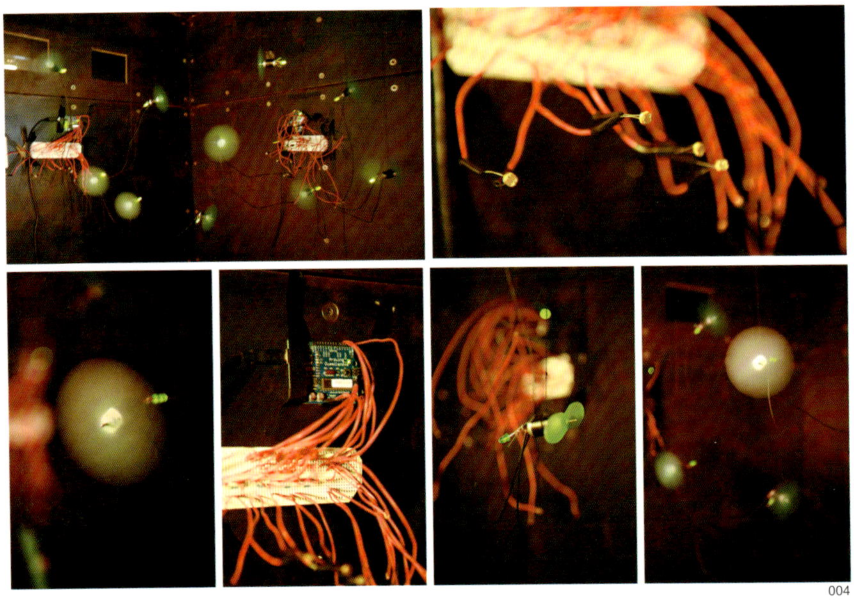

004

005

姓名：姚婵

性别：女

出生时间：1985年7月

毕业院校：中央美术学院

学位：硕士

所在城市：北京

邮箱：Magicwand30@gmail.com

中央美术学院硕士研究生。多件作品被国内专业出版物收录。2007年7月《树—TREE》获中央美术学院2007届本科生优秀毕业作品三等奖。2007年9月《Mapping Beijing》参展上海电子艺术节，曾参与中央美术学院设计学院与三星中国研究所"中国文化合作研究"项目。《找工宝》作品参加微软"设计博览2009"国际设计竞赛项目(Design Expo)竞赛并获最佳移动设计奖；2009年10月担任2009世界设计大会(Icograda)组委会工作人员；交互作品《屯里的那点儿事》参展第四届NOTCH 09(2009北欧中国艺术节)等多个项目展。

001 Mapping Beijing(网站)

002 Thief(黏土动画)

003 COCOA(三维动画)

004 萤火虫(交互装置)

005 找工宝(交互产品)

001

002

003

004

姓名：王也

性别：男

出生时间：1984年4月13日

毕业院校：中央美术学院

学位：硕士

所在城市：上海

邮箱：alex20576577@gmail.com

上海师范大学美术学院教师。曾获三分钟奥运短片大赛优秀动画奖，作品参展上海电子艺术节《Maping in Beijing》，2008年撰写论文《硬件曝光条件选择对低速摄影效果的促进》；2009年担任"美宝源减肥茶"广告拍摄副导演，2009年获中国大学生美术作品年鉴年度大赛铜奖，2009年参加"寻绿启示——第二届艺术环保主题展"，2009年参加北欧艺术节展览；2010年编写高等院校数字影视专业教材一本。

001 山人(电影)

002 所有人的奥运(动画)

003 三打白骨精(动画)

004 美宝源减肥茶广告

001

005

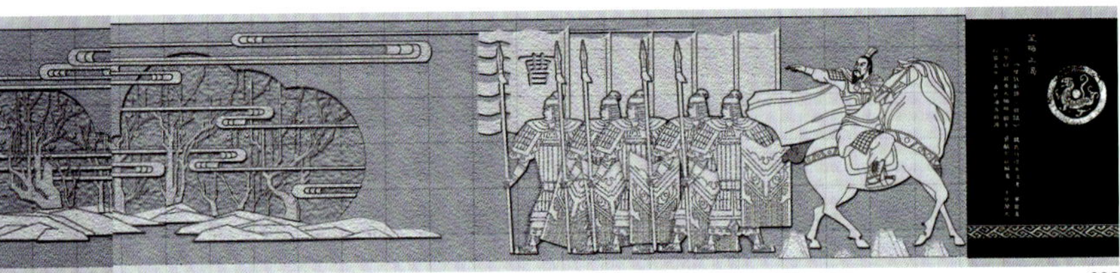
002

006

003

004

姓名：李昆鹏

性别：男

出生时间：1979年1月

毕业院校：安徽工程科技大学

学位：学士

所在城市：合肥

邮箱：309036889@qq.com

主笔完成多个项目，主要有2005年东莞科技馆雕塑，2006年安徽合肥三国遗址公园主题场馆，2007年安徽潜山市民广场文化柱，2008年第二届安徽美术大展展馆，2009年安徽淮南龙湖公园主题浮雕等。

001	信息时代(浮雕)
002	望梅止渴(浮雕)
003	塞万提斯
004	祥龙吐瑞
005	腾龙
006	对舞

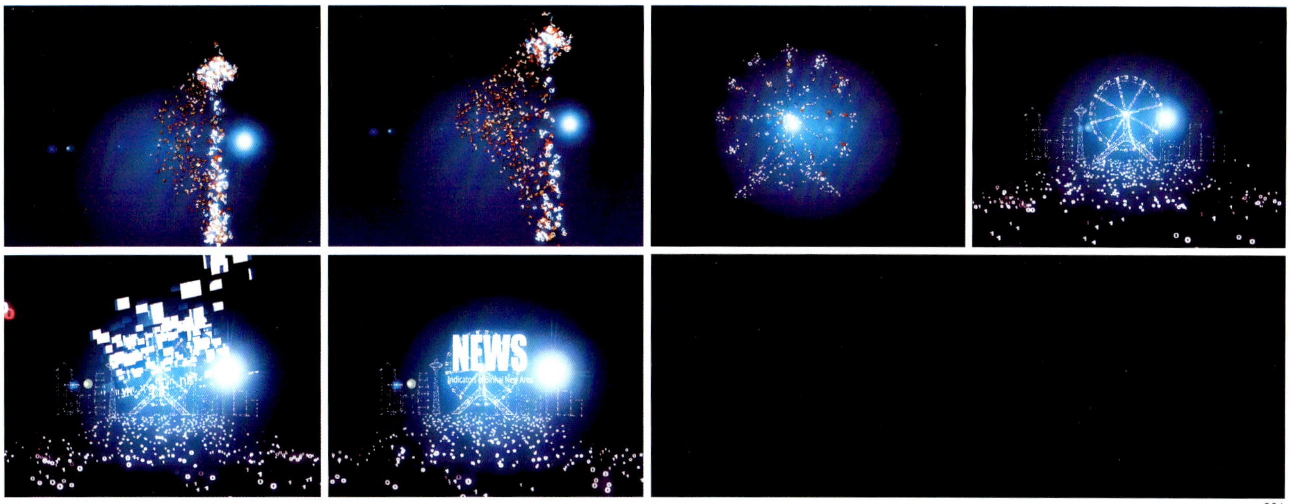

001

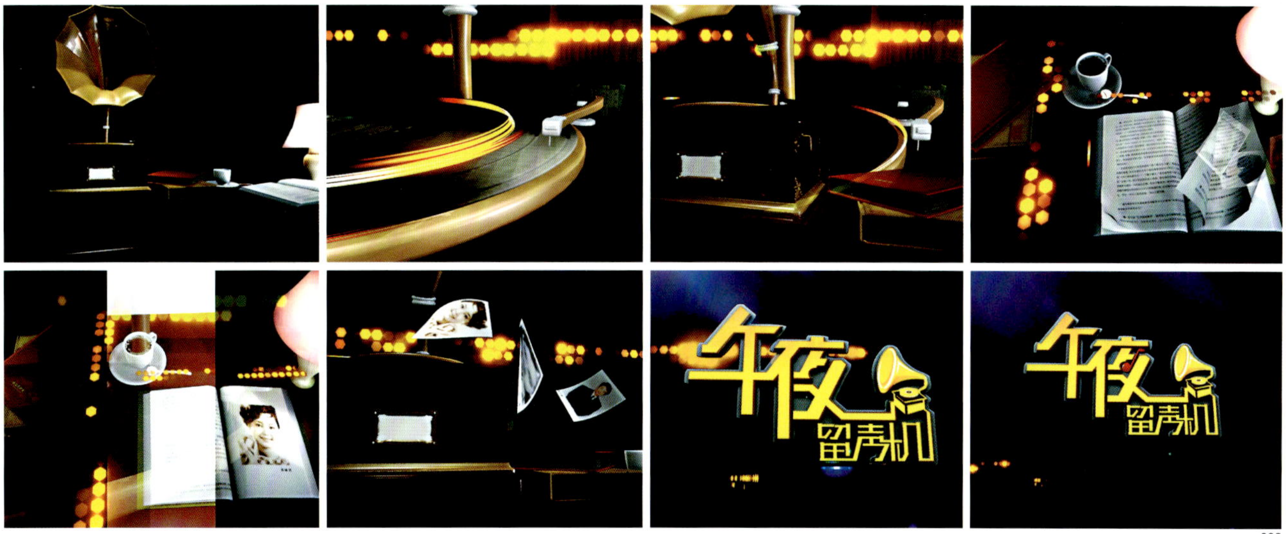

002

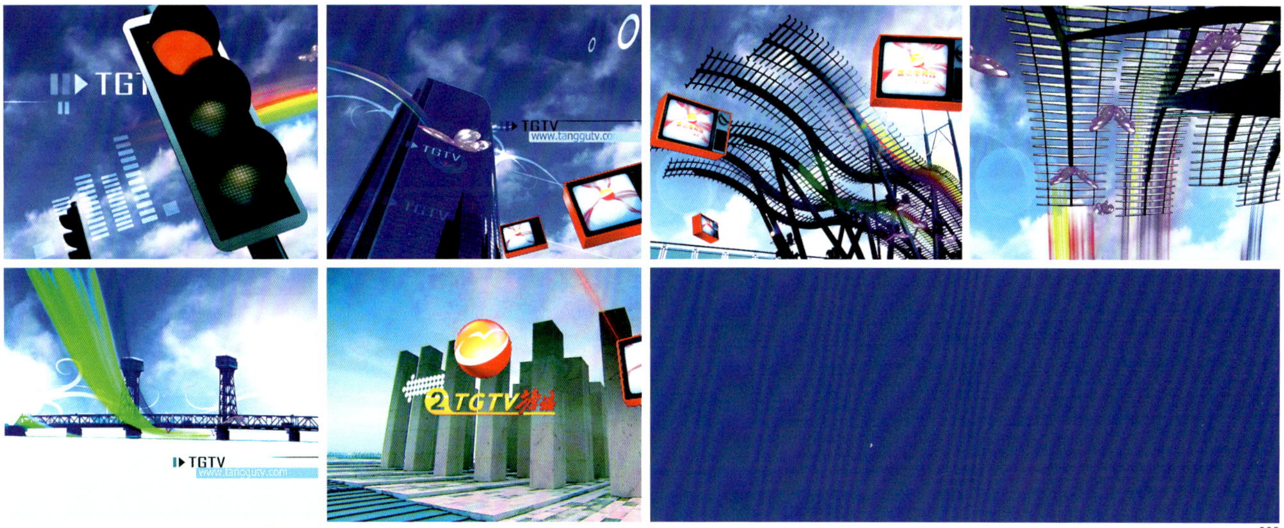

003

姓名：杨成文
性别：男
出生时间：1981年4月
毕业院校：吉林艺术学院
学位：学士
所在城市：天津
邮箱：avidesp@163.com

天津科技大学动画系讲师。2000年毕业于吉林艺术学院动画系。参与天津电视台少儿频道的栏目制作及塘沽电视台多套栏目的包装制作工作，编写有《3D MAX5.0入门与进阶》《XSI-SOFTINMAGE动画技术精萃》等动漫教材。

001 数字滨海(新闻)
002 午夜留声机栏目片头
003 塘沽电视台片头

001

002

姓名：龙贵斌

性别：男

出生时间：1981年12月

毕业院校：湖南商学院

学位：学士

所在城市：深圳

邮箱：12374298@qq.com

中国摄影门户网站"摄影吧"创建成员之一。兴趣广泛，爱好摄影，尤爱风景和人像摄影，喜欢原野的大自然风景和古城古镇。

001 彩云之南系列(1-4)

002 爱迪尔珠宝系列(1-8)

001

002

姓名：耿洪杰

性别：男

出生时间：1984年8月

毕业院校：东北师范大学

学位：学士

所在城市：哈尔滨

邮箱：9076566@qq.com

高级摄影师，Adobe认证设计师。2008年创办“1985摄影工作室”，2010年6月至今在哈尔滨理工大学网络信息中心从事电视包装、摄影、摄像、影视后期工作。

001 舞动(1-2)

002 灵动(1-2)

003 沉思

004 魅影(1-2)

003

004

001

002

003

004

005

006

007

姓名：魏志成

性别：男

出生时间：1979年9月

毕业院校：南京艺术学院

学位：硕士

所在城市：合肥

邮箱：weizc7991@126.com

2005年获得南京艺术学院硕士研究生学位，现任教于合肥工业大学建筑与艺术学院。近年主要从事数字艺术教育与创作实践。作品曾参加中国油画三年展、江苏省油画展江苏省体育美展，参加视觉惊艳——上海青年美术大展。2009年参加安徽省第三届美术作品展，2010年参加合肥当代艺术双年展等多种专业展览。

001　清明

002　冬至

003　白驹

004　白露

005　逍遥游(1)

006　逍遥游(2)

007　逍遥游(3)

001

002

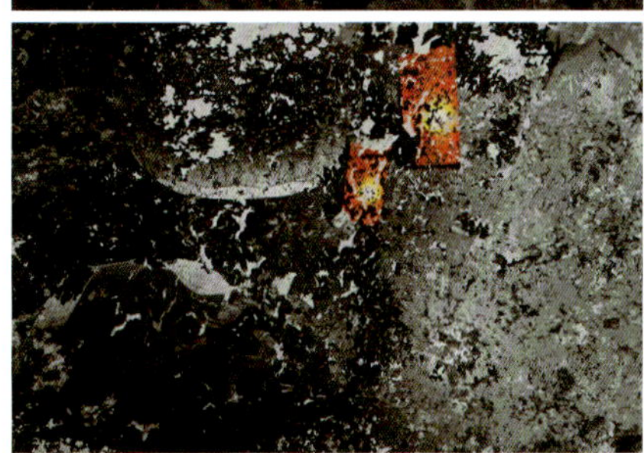

003

004

005

006

姓名：陈鹏飞
性别：男
出生时间：1986年12月
毕业院校：青岛大学
学位：学士
所在城市：淮北
邮箱：heilifudezhufei@163.com

淮北胜源文化传播有限公司艺术总监，中国摄影家协会会员，东方传媒网摄影家成员。曾获"新锐青年摄影师奖"、第八届全国高校摄影艺术作品展获入围奖、青岛第三届"设计艺术精英奖"纵横网络动漫设计奖，动画短片入围2008全国大学生短片盛典。

001　迁—lian
002　迁—shou
003　万年行记(知己、过客、单行)
004　梦・贪图
005　梦・欲望
006　梦・迷失

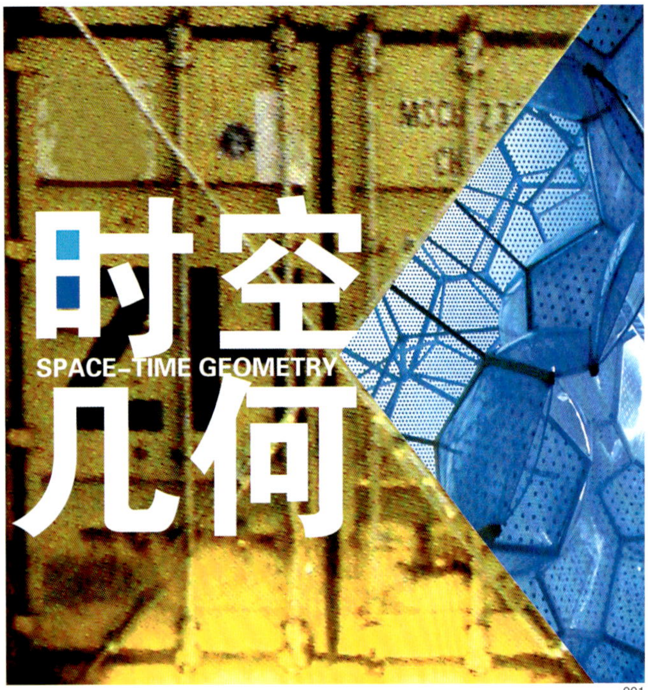

时空几何

SPACE-TIME GEOMETRY

001

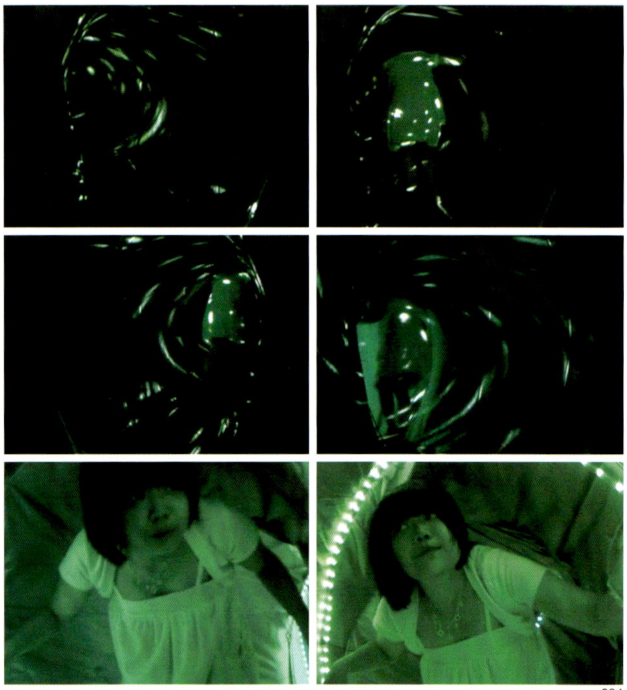

004

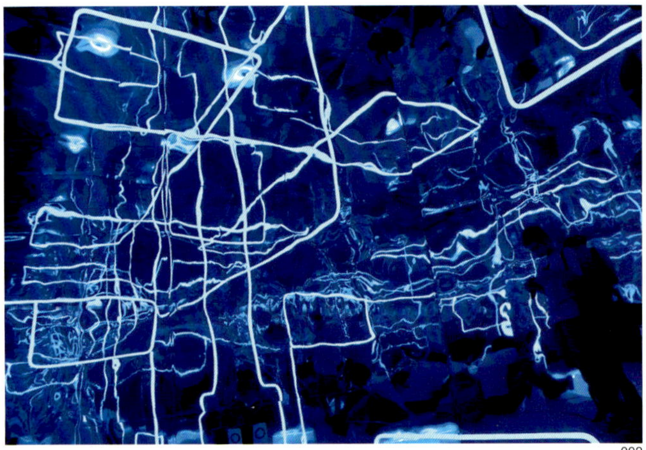

002

005

003

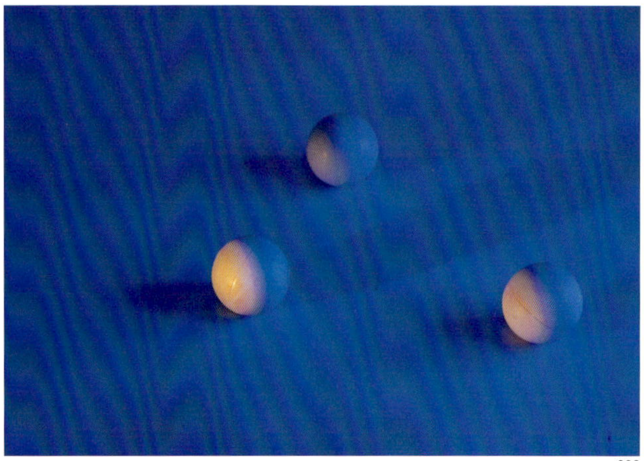

006

姓名：吴佳桉

性别：男

出生时间：1985年4月

毕业院校：湖南师范大学

学位：硕士(在读)

所在城市：长沙

邮箱：wsj81958@126.com

2008年广州美术学院新媒体设计专业毕业，现为湖南师范大学在读研究生，在新媒体、摄影、平面设计及企业品牌策划等领域有所研究。曾有多幅设计作品参加《长沙印象》主题海报全国设计师邀请展，获优秀奖，多件设计作品被社会机构与企业采用。现兼任长沙意融品牌设计有限公司设计师。

001　时空几何(1)

002　时空几何(2)

003　时空几何(3)

004　时空(互动装置)

005　影像球体(1)

006　影像球体(2)

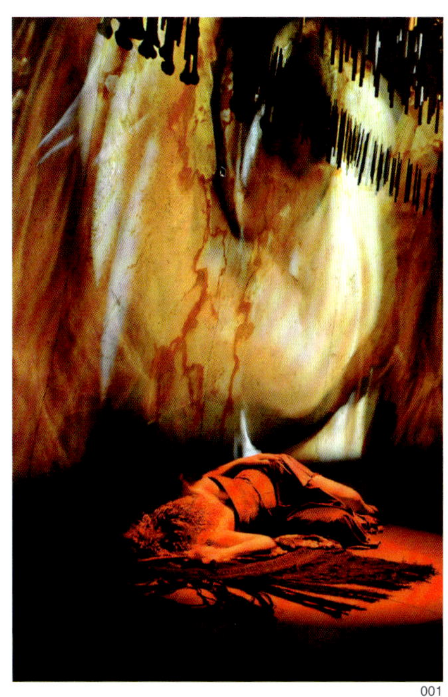
001

002

003

004

005

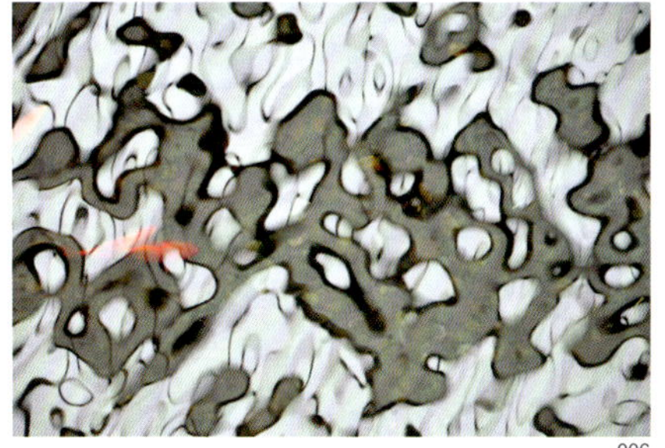
006

007

008

009

姓名：贾佳
性别：女
出生时间：1981年8月
毕业院校：武汉纺织大学
学位：硕士
所在城市：无锡
邮箱：Jiajiajia588@126.com

毕业于武汉纺织大学艺术设计学院，设计艺术学硕士学历。现任教于无锡城市职业技术学院艺术设计系。

001　视界之火
002　视界之光
003　视界之D大调
004　视界之穿越
005　视界之天幕
006　视界之幻想
007　视界之门
008　视界之遥远
009　视界之廓

001

004

005

002

006

007

003

008

姓名：黄承俊
性别：男
出生时间：1981年10月
毕业院校：西华大学
学位：学士
所在城市：深圳
邮箱：idmd@163.com

在深圳从事工业设计多年，擅长于数码、通讯、视听设备等产品设计，现为深圳技师学院应用设计系产品设计专业教师。

001 灿晶电子有限公司移动DVD
002 沃讯科技有限公司摄像头
003 ADSL宽带猫
004 移动电池
005 奥宇数码MP3随身听
006 PST-031变电站综合自动化系统测试仪
007 雪天使BX-07 音响
008 E-book电子阅读器

001

002

003

004

005

006

姓名：陈淑光
性别：男
出生时间：1970年3月
毕业院校：山东工艺美术学院
学位：学士
所在城市：济南
邮箱：Chenshuguang70@sina.com

山东工艺美术学院副教授。在日常教学与科研中，进行过大量的艺术设计实践、研究和交流活动。出版专著2部，作品多次在国家级及省级大赛中获奖，其中座椅设计入选第十届全国美术作品展览。多件作品发表于国内专业出版物，数篇论文发表于《设计艺术》等专业期刊，多件设计作品被社会采用。

001 诱(座椅)
002 谐(路由器)
003 休闲椅(1)
004 休闲椅(2)
005 瓢虫(路由器)
006 蓝韵(路由器)

001

002

003

004

姓名：任成元

性别：男

出生时间：1978年11月

毕业院校：天津美术学院

学位：

所在城市：天津

邮箱：renchengyuan@hotmail.com

毕业于天津美术学院，现任教于天津工业大学。作品获韩国“绿色生活”2009仁川国际设计大赛入选奖，发表中文核心期刊论文8篇；IEEE论文2篇，申请国家发明专利6项，参编教材《色彩设计》，项目合作与ST4M Electronics Inc开发设计网络DVD近眼显示屏幕。

001 “椅”脉相承

002 a particular kitchen as Magic cube

003 The Castle—cover

004 Rotary mobile phone

001

002

003

004

姓名：隋婧
性别：女
出生时间：1987年12月
毕业院校：山东工艺美术学院
学位：学士
所在城市：北京
邮箱：509547576@qq.com

北京华扬联众广告公司高级设计师。作品《壹瓶》的设计灵感来源于日常生活。以利用废弃瓶子为切入点，将废弃瓶改造成属于自己独一无二并且具有封存记忆的环保玻璃瓶的行为称“壹瓶”，以此方式减少污染，推广“壹瓶”环保理念。《壹瓶》入选创意中国2010全国优秀毕业设计，入编《山东工艺美术学院2010届设计特刊》一书，并参展视觉中国十周年庆典。

001 壹瓶·创意环保瓶
002 壹瓶·创意环保瓶(秘密篇)
003 壹瓶·创意环保瓶(儿时篇)
004 壹瓶·创意环保瓶(三头鹿篇)
005 壹瓶·创意环保瓶(瓶塞耳环篇)
006 壹瓶·创意环保瓶(LED京剧画灯瓶篇)
007 壹瓶·创意环保瓶(项链瓶篇)
008 壹瓶·创意环保瓶(城市记忆篇)
009 壹瓶·创意环保瓶(动物回忆篇)
010 壹瓶·创意环保瓶(人物封存篇)

005

006

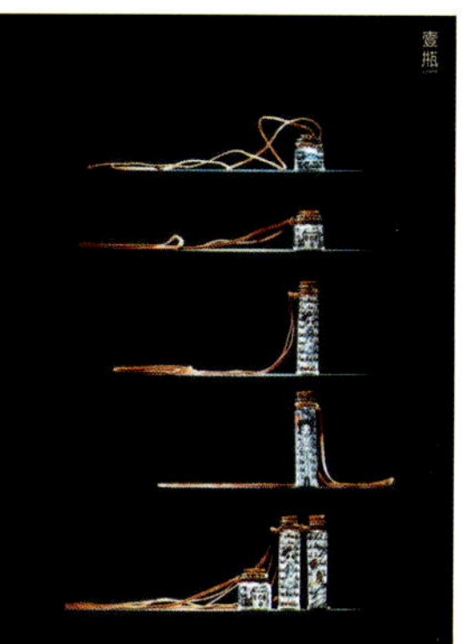
007

008

009

010

作者名录

《中国新锐设计师年鉴》丛书征稿

征稿时间：每年的6月——12月

作品范围：平面、环艺、产品、动画、服装等设计类作品

投稿规范：单件作品A4幅面，CMYK模式，350dpi，ai或JPEG(最佳品质)格式

投稿邮箱：cd_cy@vip.163.com

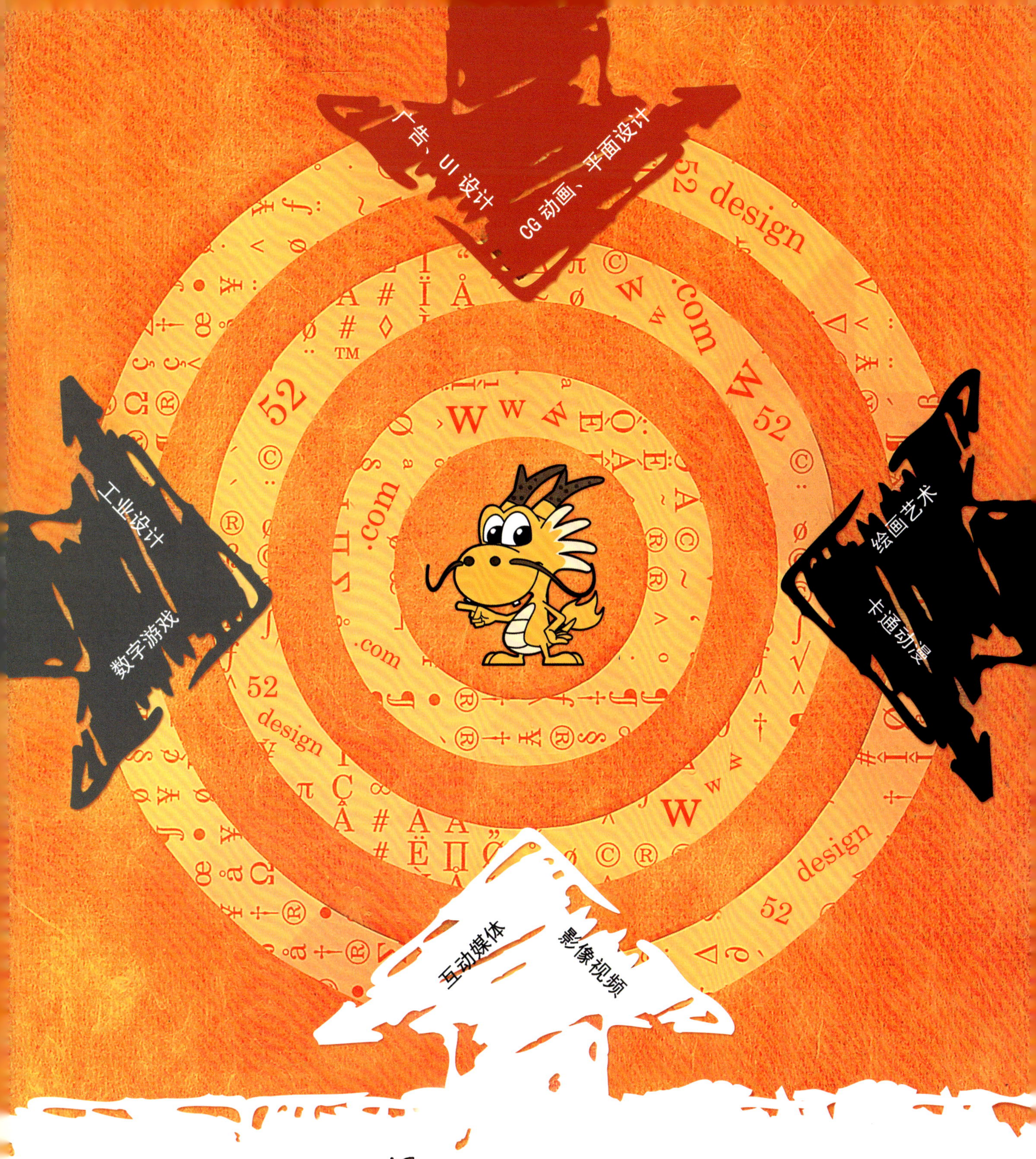

保护创意权益·管理设计作品·维护交易公平

数字设计作品备案中心目前已受理各类作品备案一万多份，其中发生侵权纠纷的案例只有3例，侵权发生比例大幅下降。以此可以证明，通过作品备案，可以有效防止侵权行为的发生，社会效益明显。

维权成功率百分之百